MATHS

3e PRÉPA-MÉTIERS

→ Activités, automatismes, consolidation

→ Algorithmique et programmation avec Scratch

→ 11 tutoriels vidéo calculatrices

+ Entraînements au brevet et deux sujets complets

Isabelle Baudet, PLP Mathématiques/Physique-Chimie, académie de Versailles

Laurent Breitbach, IEN Mathématiques/Physique-Chimie, académie de Normandie

Ludivine Druel-Lefebvre, PLP Mathématiques/Physique-Chimie, académie de Rouen

Denise Laurent, professeure de mathématiques

FOUCHER

Crédits photographiques

Photos stock.adobe.com : p. 7 ph© grandfailure ; p. 15 ph© nito ; p. 17-1 ph© salparadis ; p. 17-2 ph© ArieStudio ; p. 19 ph© Tom Wang ; p. 20 ph© PheelingsMedia ; p. 21 ph© Claudio ; p. 23 ph© DM7 ; p. 25 ph© saiko3p ; p. 30 ph© Anton Balazh 2018 ; p. 30 ph© auremar ; p. 33 ph© BrightSpace ; p. 34 ph© WithanTor ; p. 35 ph© Christian Müller ; p. 37 ph© Pixel-Shot ; p. 39 ph© photographyfirm ; p. 42 ph© Chlorophylle ; p. 44 ph© Brandelet Didier ; p. 46 ph© alexandro900 ; p. 48 ph© jasckal ; p. 51 ph© Guy Pracros ; p. 54 ph© deagreez ; p. 56 ph© kusuriuri ; p. 61 ph© d_e_r_i_c ; p. 63 ph© bertys30 ; p. 65 ph© zapp2photo ; p. 68 ph© JustSuper ; p. 70 ph© Artsiom P ; p. 71 ph© koya979 ; p. 72 ph© HJBC ; p. 74 ph© koosen ; p. 77 ph© icemanphotos ; p. 79 ph© Artem ; p. 84 ph© kalou1927 ; p. 85-1 ph© voraphong pirawd ; p. 85-2 ph© Art Photo Picture ; p. 86 ph© LUMIERES ; p. 87 ph© michaklootwijk ; p. 91 ph© adimas ; p. 95 ph© coco ; p. 102 ph© Stephane Bonnel ; p. 103 ph© Johan Swanepoel ; p. 107 ph© mat75002 ; p. 111 ph© Marco Saracco ; p. 112 ph© Image'in ; p. 113-1 ph© silentalex88 ; p. 113-2 ph© NLPhotos ; p. 114 ph© contrastwerkstatt ; p. 116 ph© skroxa ; p. 119 ph© Jeannette Tas ; p. 121 ph© FrankBoston ; p. 126 ph© charles taylor ; p. 131 ph© Lulu Berlu ; p. 133 ph© catalyseur7 ; p. 135 ph© AigarsR ; p. 142 ph© megara68 ; p. 145 ph© Jakkarin 14 ; p. 147 ph© ronstik ; p. 148 ph© Simone Winkler ; p. 149 ph© Anselm ; p. 154 ph© Thierry Hoarau ; p. 155 ph© JYF ; p. 161 ph© cirex ; p. 163-1 ph© PhotoKD ; p. 163-2 ph© Brad Pict ; p. 164-1 ph© Brad Pict ; p. 164-2 ph© Pixel-Shot ; p. 169 ph© catalyseur7 ; p. 172 ph© Christian Décout ; p. 179 ph© Eric Gevaert ; p. 182 ph© Igor Negovelov ; p. 183 ph© REDPIXEL ; p. 184 ph© schankz ; p. 191 ph© esoxx

Conception graphique : Véronique Lefebvre
Mise en pages et infographies : Grafatom

ISBN 978-2-216-16466-0

Présentation

Structure d'un chapitre

De 2 à 4 activités par chapitre

Activités et entraînements mettent en pratique les 6 compétences du progamme du cycle 4 :

- Chercher
- Modéliser
- Représenter
- Raisonner
- Calculer
- Communiquer

Activités

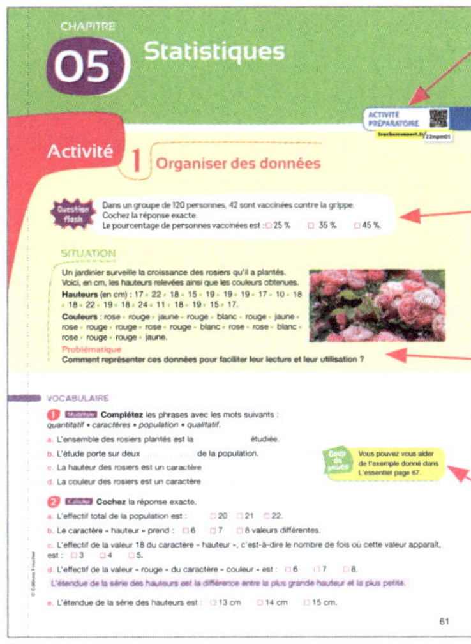

Une activité interactive pour réactiver une notion

Une question flash pour lancer la séance

Une mise en contexte avec sa problématique

Un questionnement progressif et des coups de pouce réguliers

L'essentiel

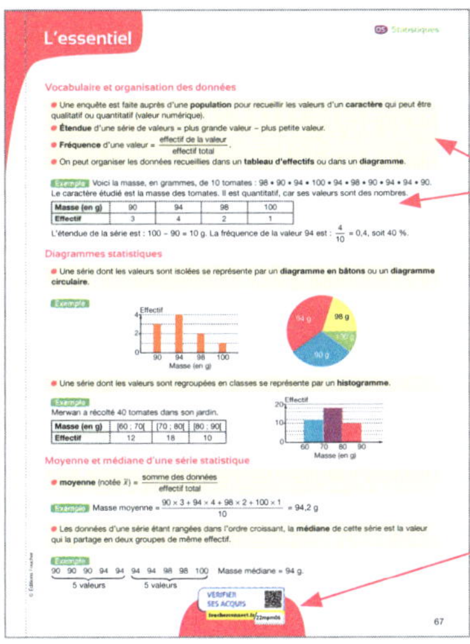

L'essentiel et un exemple pour chaque activité

3 exercices interactifs pour vérifier ses acquis

Exercices et problèmes

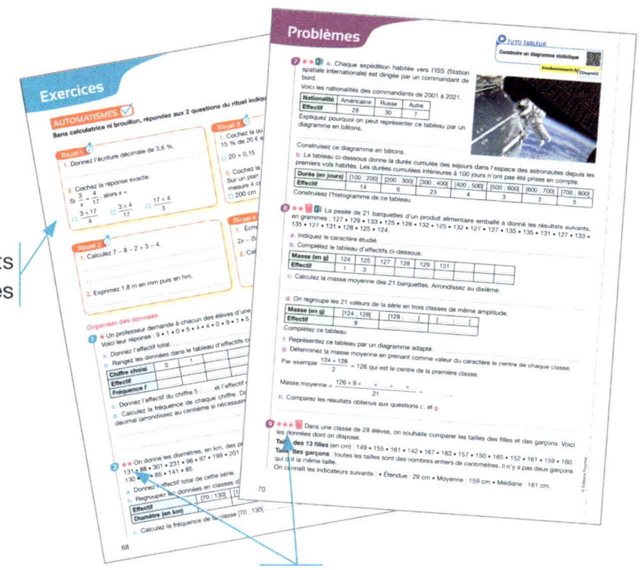

Des entraînements aux automatismes

Exercices et problèmes gradués

Vers les métiers

Mise en contexte professionnel

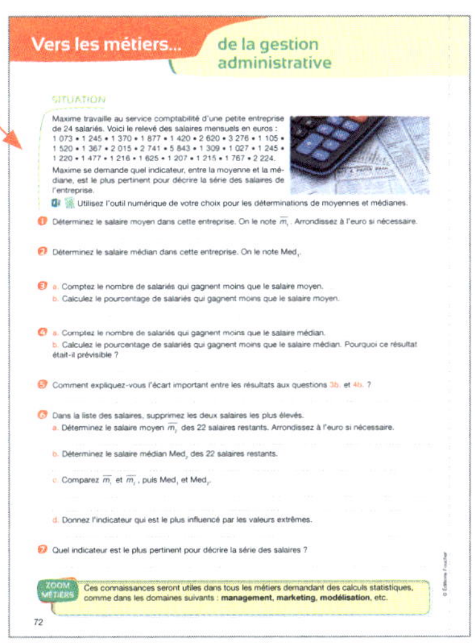

De nombreux champs professionnels sont illustrés pour donner des pistes d'orientation

Vers le brevet

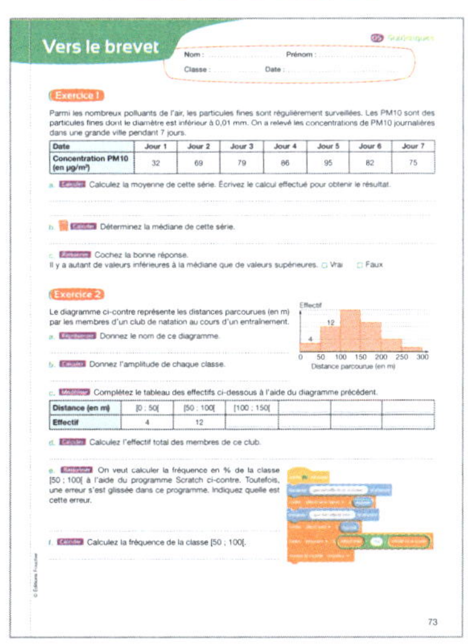

Plusieurs exercices conformes aux attendus de l'épreuve

Une grille d'évaluation à télécharger

En fin d'ouvrage

- 2 sujets complets de DNB
- Programmer avec Scratch : 6 fiches pratiques
- Consolidation : mémos et entraînements

Sommaire

Sommaire

Vos ressources numériques

Toutes les ressources numériques de cet ouvrage sont accessibles directement et sans inscription via une adresse internet ou un QRCode.

ACTIVITÉ PRÉPARATOIRE
foucherconnect.fr/22mpm08

En ouverture de chapitre, un exercice interactif pour réactiver une notion ou une méthode de calcul

TUTO CALCULATRICE
Décomposer un nombre entier en un produit de facteurs premiers
foucherconnect.fr/22mpm09

11 vidéos pour acquérir les savoir-faire utiles afin d'utiliser la calculatrice

VÉRIFIER SES ACQUIS
foucherconnect.fr/22mpm13

3 exercices interactifs pour vérifier sa compréhension de l'essentiel

foucherconnect.fr/22mpm10

Tous les fichiers utiles aux activités informatiques : Excel, Scratch, GeoGebra

CHAPITRE

01 Nombres entiers et divisibilité

ACTIVITÉ PRÉPARATOIRE
foucherconnect.fr/22mpm08

Activité 1 Utiliser les diviseurs d'un nombre entier

Question flash

Cochez la réponse exacte aux deux affirmations suivantes :
- 56 est un multiple de 8 : ☐ Vrai ☐ Faux
- 0 est un diviseur de 16 : ☐ Vrai ☐ Faux

SITUATION

Les robots O-bots ont envahi la Terre. Vous êtes des survivants chargés de sauver l'humanité de l'emprise de ces machines infernales. Vous voyagez dans le temps pour arriver en 2139 dans un vieux laboratoire désaffecté. Vous y trouvez une intelligence artificielle qu'il faut désactiver grâce à un code constitué de cinq chiffres. Pour le trouver, il faudra résoudre les énigmes qui vont suivre.

Problématique

Quel est le code permettant de désactiver l'intelligence artificielle ?

DIVISEURS D'UN NOMBRE ENTIER

Un nombre entier *b* non nul est un diviseur d'un nombre entier *a* si le reste de la division de *a* par *b* est nul.

1 Chercher Calculer La première énigme consiste à déterminer le chiffre à associer à chacun des symboles du tableau. Pour cela vous disposez de deux indices.

Complétez le tableau de l'énigme pour déterminer les quatre premiers chiffres du code.

Dessin	⌛	📼	🕷	☠
Chiffre	....	....	....	....

Indice n° 1

4⌛52 est divisible par 9.

8 48📼 est divisible par 5 mais pas par 2.

5 76🕷 est divisible par 2 et par 5.

3 4☠4 est divisible par 4 mais pas 6 22☠

1 ☠02 est divisible par 3.

Indice n° 2

Critères de divisibilité
- 2 — Le nombre se termine par 0, 2, 4, 6, 8
- 4 — Le nombre formé par les deux derniers chiffres est divisible par 4
- 3 — La somme des chiffres du nombre est divisible par 3
- 9 — La somme des chiffres du nombre est divisible par 9
- 5 — Le nombre se termine par 5 ou 0
- 10 — Le nombre se termine par 0

Effectuer une division euclidienne d'un nombre entier a par un nombre entier $b \neq 0$ revient à trouver deux autres nombres q et r tels que $a = b \times q + r$. On dit que a est le dividende, b est le diviseur, q est le quotient et r le reste.

2 a. Calculer Voici la seconde énigme ; elle permet de trouver le cinquième chiffre du code. Dans le tableau ci-dessous, **coloriez** toutes les cases où le reste de la division euclidienne n'est pas nul.

62 ÷ 4	12 ÷ 3	4 242 ÷ 4	7 474 ÷ 2	10 101 ÷ 10	7 531 ÷ 3
4 864 ÷ 9	2 853 ÷ 9	3 309 ÷ 9	3 545 ÷ 5	3 456 ÷ 9	7 332 ÷ 3
2 688 ÷ 3	9 310 ÷ 5	24 676 ÷ 3	3 210 ÷ 3	7 951 ÷ 2	4 252 ÷ 4

Si le reste de la division euclidienne d'un nombre entier a par un nombre entier $b \neq 0$ est nul, alors a est un multiple de b. Par exemple, 252 ÷ 6 = 42 et le reste est égal à 0 ; 6 est donc un diviseur de 252 et 252 est un multiple de 6.

b. Calculer Pour les cases où le reste de la division est nul, **calculez** les quotients.

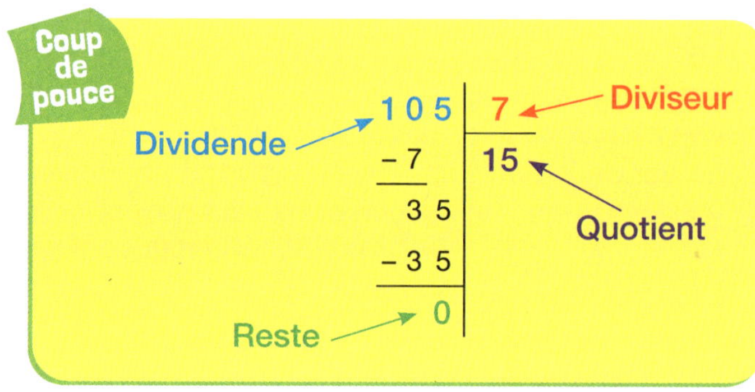

c. Chercher Dans le tableau de la question 2a., **entourez** le quotient qui est un multiple de 3. **Justifiez** votre réponse ci-dessous.

d. Chercher Le nombre de cases du tableau pour lesquelles le quotient est un multiple de 3 donne le dernier chiffre du code.

Donnez ce nombre.

EN CONCLUSION

3 Communiquer **Répondez** à la problématique.

Activité 2 Repérer les nombres premiers et décomposer un nombre entier

Question flash

Parmi les nombres suivants, cochez ceux qui sont divisibles par 3.

☐ 13 ☐ 33 ☐ 36 ☐ 42 ☐ 93 ☐ 100

SITUATION

Paul aménage sa salle de musculation en deux parties : une salle de cardio et une salle de renforcement musculaire. Par souci d'esthétisme, Paul souhaite que la salle de cardio soit recouverte d'un nombre entier de dalles carrées toutes identiques de côté *c* le plus grand possible.

Problématique

Combien de dalles Paul doit-il prévoir pour recouvrir la salle de cardio ?

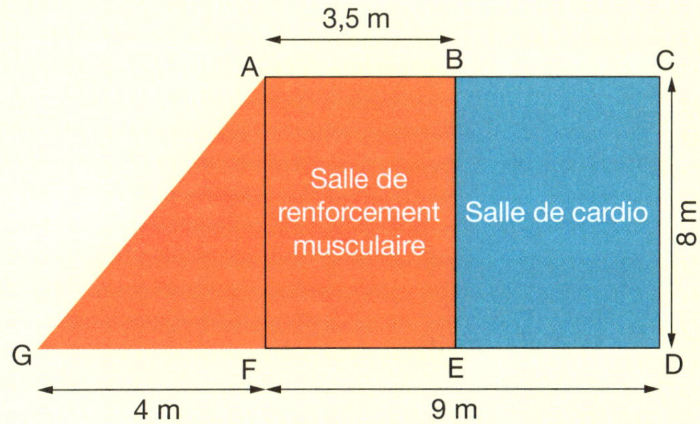

Le schéma n'est pas à l'échelle.

DÉFINITION D'UN NOMBRE PREMIER

Pour répondre à la problématique, vous allez utiliser une méthode de décomposition des nombres entiers en utilisant des nombres premiers. Yuri Matiasevich, un mathématicien russe, a créé un graphique, appelé nomogramme, qui permet de les trouver.

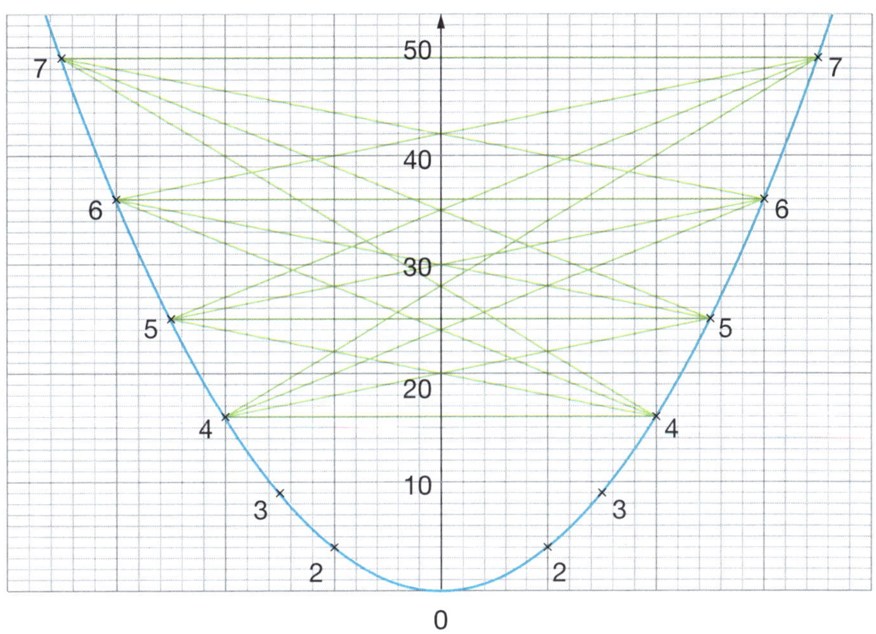

Un nombre premier est un nombre entier positif qui admet **exactement deux diviseurs** : 1 et lui-même.

1 Chercher **Observez** bien le nomogramme et **expliquez** où il est possible de lire le produit de 2 par 4.

....

....

2 Représenter **Complétez** le nomogramme précédent en reliant par un segment rouge tous les nombres entiers qui permettent de déterminer un produit.

3 Chercher Sur l'axe vertical, les nombres par lesquels il ne passe aucun segment rouge sont des nombres premiers. **Complétez** la liste des nombres premiers compris entre 1 et 20.

…… ; 3 ; 5 ; …… ; …… ; …… ; 17 et ……

DÉCOMPOSER UN NOMBRE ENTIER EN PRODUIT DE FACTEURS PREMIERS

Tout nombre entier peut s'écrire comme un produit de nombres premiers. Par exemple, 60 peut s'écrire $2 \times 2 \times 3 \times 5$ soit $2^2 \times 3 \times 5$.

4 Calculer **Complétez** les décompositions de 550 et 800 en un produit de facteurs premiers.

$550 = 2 \times 5 \times$ …… $\times$ …… $= 2 \times 5$ …… $\times$ ……

$800 = 2 \times 2 \times 2 \times 2 \times$ …… $\times$ …… $\times$ …… $=$ …… $\times 5$ ……

TUTO CALCULATRICE
Décomposer un nombre entier en un produit de facteurs premiers
foucherconnect.fr/22mpm09

5 Calculer **Vérifiez** les résultats précédents à l'aide de la calculatrice.

6 Calculer **Complétez** la liste des diviseurs de 550 et de 800.

Les diviseurs de 550 sont : …… ; …… ; …… ; …… ; 11 ; 22 ; 25 ; 50 ; 55 ; 110 ; 275 ; 550.

Les diviseurs de 800 sont : …… ; …… ; …… ; …… ; …… ; …… ; …… ; 20 ; 25 ; 32 ; 40 ; 50 ; 80 ; 100 ; 160 ; 200 ; 400 ; 800.

7 Chercher **Listez** tous les diviseurs qui sont communs à 550 et 800.

……

8 Calculer **Donnez** les dimensions de la salle de musculation, exprimées en cm.

……

9 Raisonner **Déduisez-en** la valeur maximale du côté *c* des dalles carrées que Paul doit choisir.

……

10 Raisonner Calculer **Déterminez** le nombre de dalles que Paul peut mettre dans la longueur de la salle de cardio.

……

11 Raisonner Calculer **Déterminez** le nombre de dalles que Paul peut mettre dans la largeur de la salle cardio.

……

EN CONCLUSION

12 Calculer Communiquer **Répondez** à la problématique.

……

……

Activité 3 Simplifier une fraction

Question flash

Parmi les nombres suivants, cochez ceux qui sont des diviseurs de 12.

☐ 1 ☐ 2 ☐ 3 ☐ 4 ☐ 5 ☐ 6 ☐ 7

☐ 8 ☐ 9 ☐ 10 ☐ 11 ☐ 12

Mauryne et Maxime sont très intéressés par la cryptographie. Pour s'échanger des messages, ils les codent. Voici celui que Maxime envoie à Mauryne :

$$\frac{10}{110} \quad \frac{44}{143} \quad \frac{6}{42} \quad \frac{210}{462} \quad \frac{495}{3\,135} \quad \frac{14\,586}{46\,189}$$

Pour pouvoir le décrypter, il faut simplifier le plus possible chacune de ces fractions. La lettre correspondante se trouve à l'intersection du numérateur (à lire verticalement) et du dénominateur (à lire horizontalement) dans le tableau ci-contre.

Par exemple, si la fraction simplifiée au maximum est égale à $\frac{3}{11}$, la lettre à trouver se trouve à l'intersection du 3 et du 11. Ce sera la lettre L.

1	A	B	C	D	E
2	F	G	H	I	J
3	K	L	M	N	O
4	P	Q	R	S	T
5	U	V	W	X	Y
6	Z	:	.	espace	!
	7	11	13	17	19

Problématique

Quel message Maxime a-t-il envoyé à Mauryne et quel code peut-elle lui renvoyer pour lui dire « MERCI ! » ?

SIMPLIFICATION D'UNE FRACTION

1 Représenter Raisonner SCRATCH On considère le programme Scratch ci-contre. Il permet de simplifier une fraction.

foucherconnect.fr/22mpm10 Ouvrez le fichier

« C01_01_simplification_fraction.sb3 ».

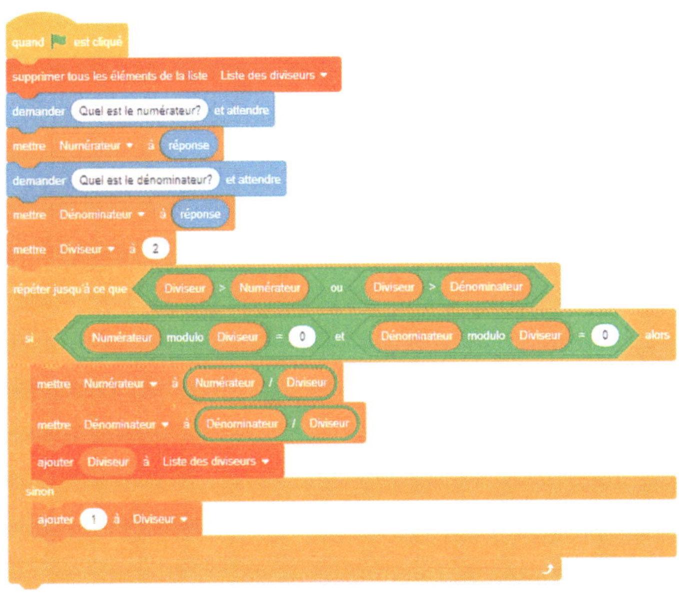

a. **Donnez** la commande qui permet d'afficher en sortie la liste des diviseurs communs au numérateur et au dénominateur.

....

....

b. **Expliquez** ce que permet de vérifier la commande : 

....

....

c. **Expliquez** pourquoi l'instruction ci-contre est nécessaire pour trouver tous les diviseurs communs au numérateur et au dénominateur.

....

....

2 Calculer Sans utiliser le programme Scratch, **simplifiez** les fractions du message de Maxime afin de les rendre irréductibles. **Faites** apparaître les détails de vos calculs.

$\frac{10}{110} = \frac{\ldots \times \ldots}{\ldots \times \ldots \times \ldots} = \frac{\ldots}{\ldots}$ $\frac{44}{143} = \ldots = \ldots$

$\frac{6}{42} = \ldots = \ldots$ $\frac{210}{462} = \ldots = \ldots$

$\frac{495}{3\,135} = \ldots = \ldots$ $\frac{14\,586}{46\,189} = \ldots = \ldots$

Coup de pouce Pour simplifier une fraction, on divise numérateur et dénominateur par leurs diviseurs communs :

$$\frac{132}{121} = \frac{2 \times 2 \times 3 \times \cancel{11}}{11 \times \cancel{11}} = \frac{12}{11}$$

3 Calculer **Utilisez** le fichier « **C01_01_simplification_fraction.sb3** » pour vérifier les résultats que vous avez obtenus aux trois premières fractions.

FRACTION IRRÉDUCTIBLE

Une fraction irréductible est une fraction que l'on ne peut plus simplifier. Autrement dit, le numérateur et le dénominateur de cette fraction n'ont plus de diviseurs entiers communs différents de 1.

4 Calculer **Vérifiez** les résultats que vous avez obtenus à la question 2 à l'aide de la calculatrice.

Exemple : pour simplifier la fraction $\frac{693}{616}$

Sur Casio : [▭/▭] **693** [▼] **616** [▶] **Simp** **EXE**

Sur TI : **mode** (quitter) [▼] (3) [▶] **entrer** **2nde** **mode** (quitter) **693** [n/d] (f◂▸d) **616** **entrer**

5 Chercher En vous aidant du tableau donné dans la situation, **décryptez** le message de Maxime.

....

6 Chercher En utilisant le même codage, **déterminez** les fractions simplifiées du message que Mauryne souhaite envoyer à Maxime. ....

7 Chercher Calculer **Créez** alors de nouvelles fractions à partir de ces fractions simplifiées pour terminer le codage en détaillant tous vos calculs.

....

....

EN CONCLUSION

8 Communiquer **Répondez** à la problématique.

....

....

L'essentiel

Diviseurs d'un nombre entier

- Un entier naturel est un nombre entier positif ou nul. Lorsque la division euclidienne d'un nombre entier positif *a* par un nombre entier strictement positif non nul *b* donne un reste nul, alors on dit que *b* est un **diviseur** de *a* et que *a* est un **multiple** de *b*.

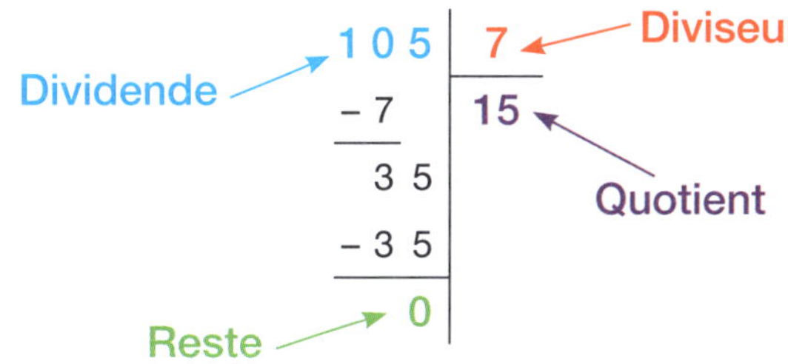

Exemples

- Le quotient de la division euclidienne de 105 par 7 est égal à 15 et le reste est nul. 7 et 15 sont des diviseurs de 105 et 105 est un multiple de 7 et de 15.
On peut alors écrire l'égalité suivante : $105 = 7 \times 15$.
- Le quotient de la division euclidienne de 6 894 par 23 est égal à 299 et le reste est égal à 17. Donc 23 et 299 ne sont pas des diviseurs de 6 894 et 6 894 n'est pas un multiple de 23 et 299.
On peut alors écrire l'égalité suivante : $6\,894 = 23 \times 299 + 17$.

- Un **diviseur commun** à deux nombres entiers est un nombre entier diviseur de chacun de ces deux nombres.

Exemple

- Les diviseurs de 42 sont 1 ; 2 ; 3 ; 6 ; 7 ; 14 ; 21 et 42.
Les diviseurs de 28 sont 1 ; 2 ; 4 ; 7 ; 14 et 28.
Donc les diviseurs communs à 42 et 28 sont 1 ; 2 ; 7 et 14.

Nombres premiers et décomposition d'un nombre entier

- Un nombre est **premier** s'il admet exactement deux diviseurs : 1 et lui-même.

Exemples

- 5 est un nombre premier, car ses diviseurs sont uniquement 1 et 5.
- 8 n'est pas un nombre premier, car il admet plus de deux diviseurs : 1, 2, 4 et 8.

- Tout nombre entier, **non premier**, peut s'écrire comme un **produit de nombres premiers**.

Exemples

- $60 = 2 \times 2 \times 3 \times 5$
- $140 = 2 \times 2 \times 5 \times 7$

Fraction irréductible

- Une fraction **irréductible** est une fraction que l'on ne peut pas simplifier.

Exemples

$$\frac{60}{140} = \frac{2 \times 2 \times 3 \times 5}{2 \times 2 \times 5 \times 7} = \frac{3}{7}$$

La fraction $\frac{3}{7}$ est irréductible.

$$\frac{13}{260} = \frac{1 \times 13}{2 \times 2 \times 5 \times 13} = \frac{1}{25}$$

La fraction $\frac{1}{25}$ est irréductible.

VÉRIFIER SES ACQUIS
foucherconnect.fr/22mpm13

Exercices

AUTOMATISMES

Sans calculatrice ni brouillon, répondez aux 2 questions du rituel indiqué par votre professeur.

Rituel 1 (2')

1. Calculez l'aire du rectangle ci-contre, en cm².

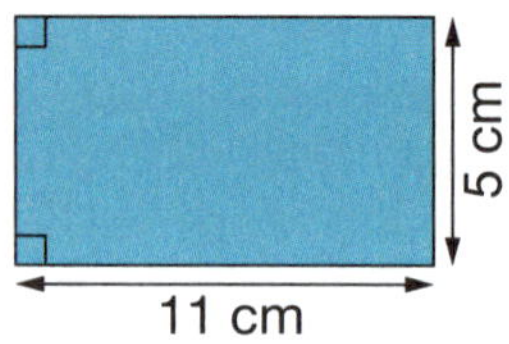

2. Écrivez sans parenthèses, puis réduisez.

$(-2x + 3) + (3x - 1) =$ ……………

Rituel 2 (2')

1. Soit une fonction f telle que l'image de 3 par la fonction f est égale à 8. Cochez la réponse exacte :

☐ $f(3) = 8$ ☐ $f(8) = 3$ ☐ $f(x) = 8$

2. Exprimez 2,324 km en m puis en cm.

Rituel 3 (2')

1. Soit un triangle rectangle en A tel que AB = 16 cm et AC = 12 cm. Donnez le nom du théorème qui permet de calculer BC.

2. Calculez 10 % de 300.

Rituel 4 (2')

1. On considère la représentation graphique de la fonction f sur l'intervalle $[-2 ; 2]$. L'image de 1 par la fonction f est égale à :

☐ 1 ☐ 3 ☐ 0.

2. Calculez $\frac{2}{3} + \frac{1}{5}$.

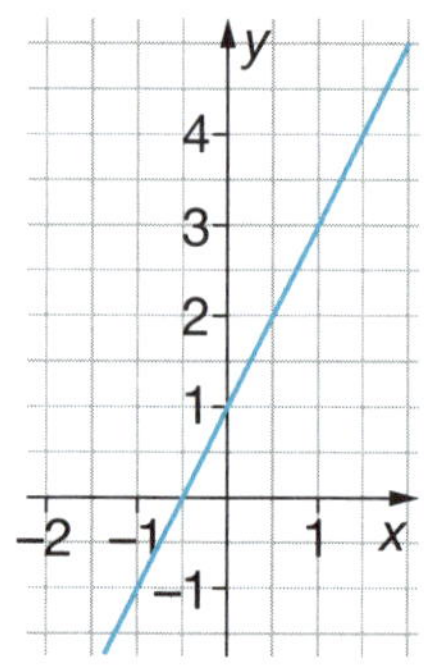

Utiliser les diviseurs d'un nombre entier

1 * Dites si les affirmations suivantes sont vraies ou fausses.

a. 57 est divisible par 3 : ……………

b. 900 est divisible par 5 : ……………

c. 4 divise 52 : ……………

d. 9 532 est divisible par 9 : ……………

e. 216 n'est pas divisible par 4 : ……………

f. 720 est un multiple de 2 : ……………

g. 13 est un multiple de 39 : ……………

h. 56 est un multiple de 8 : ……………

2 ** a. Donnez tous les diviseurs de 90 : ……………

b. Donnez tous les diviseurs de 75 : ……………

c. Donnez le plus grand diviseur commun à 75 et 90 : ……………

Repérer les nombres premiers et décomposer un nombre entier

3 * On désigne sous le nom de « crible d'Eratosthène » une méthode de recherche simple des nombres premiers datant de 276-194 avant J.-C.

a. Dans le tableau ci-contre :
- barrez le chiffre 1 ;
- barrez tous les multiples de 2, sauf 2 ;
- barrez tous les multiples de 3, sauf 3 ;
- barrez tous les multiples de 5, sauf 5 ;
- barrez tous les multiples de 7, sauf 7.

1	2	3	4	5	6	7	8	9	10
11	12	13	14	15	16	17	18	19	20
21	22	23	24	25	26	27	28	29	30
31	32	33	34	35	36	37	38	39	40
41	42	43	44	45	46	47	48	49	50
51	52	53	54	55	56	57	58	59	60
61	62	63	64	65	66	67	68	69	70
71	72	73	74	75	76	77	78	79	80
81	82	83	84	85	86	87	88	89	90
91	92	93	94	95	96	97	98	99	100

b. Relevez tous les nombres qui n'ont pas été barrés.

c. Combien avez-vous trouvé de nombres premiers compris entre 0 et 100 ?

d. Le nombre de nombres premiers à trouver est un multiple de 5. Cela correspond-il à votre réponse ?

4 * Parmi les produits suivants, entourez les décompositions en produit de nombres premiers des nombres 100 et 102.

- 2×51
- $10 \times 5 \times 2$
- $5 \times 2 \times 2$
- $2 \times 2 \times 5 \times 5$
- $2 \times 17 \times 3$
- 2×50

5 *** Pauline a remarqué que $256 = 16 \times 16$. À l'aide de cette remarque, déterminez la décomposition en produits de nombres premiers du nombre 256.

Simplifier une fraction

6 ** Après avoir décomposé le numérateur et le dénominateur en produit de facteurs premiers, rendez irréductibles les fractions suivantes.

a. $\frac{75}{135} =$

b. $\frac{9}{18} =$

c. $\frac{45}{261} =$

d. $\frac{72}{18} =$

e. $\frac{132}{121} =$

f. $\frac{52}{130} =$

7 ** Pour l'anniversaire de sa petite sœur, Aurélien a préparé des sachets de bonbons à offrir aux invités (1 sachet par invité). Pour cela, il a commandé 84 guimauves et 60 nougats. Il prépare des sachets ayant tous la même composition.

a. Écrivez la fraction $\frac{84}{60}$ sous forme irréductible.

b. Donnez les trois nombres par lesquels vous avez simplifié la fraction.

c. Calculez le produit de ces nombres et expliquez ce que représente ce produit pour Aurélien.

d. Donnez la composition exacte de chacun des sachets de bonbons.

Autoévaluation

Cochez la ou les bonnes réponses parmi les propositions.

a. 2 115 est divisible par : ☐ 2 ☐ 5 ☐ 9.

b. 576 est divisible par : ☐ 2 ☐ 5 ☐ 9.

c. 622 est divisible par : ☐ 2 ☐ 5 ☐ 9.

d. La fraction $\frac{576}{2\,115}$ est irréductible : ☐ Vrai ☐ Faux

e. La fraction $\frac{622}{576}$ est irréductible : ☐ Vrai ☐ Faux

f. La décomposition en produit de nombres premiers de 2 115 est égale à :
☐ $3 \times 3 \times 5 \times 47$ ☐ $9 \times 5 \times 47$ ☐ $3 \times 15 \times 47$.

Problèmes

8 * Un nombre parfait est un nombre entier strictement supérieur à 1 qui est égal à la somme de ses diviseurs (autre que lui-même). Par exemple, le premier nombre parfait est 6. En effet, les diviseurs de 6, autres que 6, sont 1, 2 et 3 et 1 + 2 + 3 = 6 !

TUTO CALCULATRICE
Déterminer les diviseurs d'un nombre
foucherconnect.fr/22mpm11

a. Montrez que 28 est un nombre parfait.

....

....

b. Parmi les quatre nombres suivants, cochez ceux qui sont parfaits : ☐ 6 ☐ 8 ☐ 494 ☐ 496

9 ** On considère l'engrenage ci-contre constitué de 3 roues dentées. La roue A tourne dans le sens horaire, c'est-à-dire dans le sens des aiguilles d'une montre.

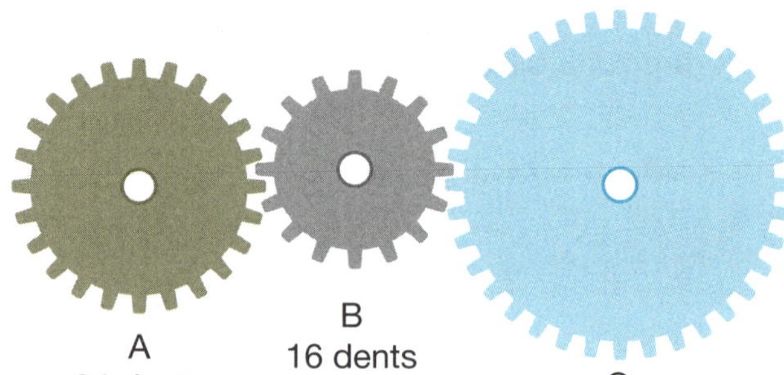

A
24 dents

B
16 dents

C
36 dents

a. Indiquez au-dessus des roues B et C leur sens de rotation respectif (sens horaire ou antihoraire).

b. Dressez la liste des 10 premiers multiples de 24, 16 et 36.

....

....

....

....

c. Déterminez le plus petit commun multiple de 24, 16 et 36.

....

d. Déduisez-en le nombre de tours, pour chacune des 3 roues, au bout duquel cet engrenage sera de nouveau, et pour la première fois, dans la même position que la position initiale.

....

10 ** En mathématiques, on appelle conjecture une règle qui n'a jamais été prouvée. On a vérifié qu'elle était vraie sur beaucoup d'exemples, mais on n'est pas sûr qu'elle soit toujours vraie. C'est le cas de la *conjecture de Goldbach* découverte par le mathématicien russe Christian Goldbach. Elle annonce que « *Tout nombre pair supérieur à 2 est la somme de deux nombres premiers.* » De nombreux mathématiciens cherchent encore à l'expliquer, car personne n'y est arrivé.

Vérifiez cette conjecture en donnant toutes les sommes de deux nombres premiers pour les nombres 26, 58 et 100.

Coup de pouce Attention, il peut y avoir plusieurs possibilités ! Pour 100, il y en a 6 !

....

....

....

11 ** L'utilisation des nombres premiers fait aussi partie des méthodes de cryptographie. Par exemple, les clés de contrôle des cartes bancaires sont calculées à partir de nombres premiers. On peut reconnaître un nombre premier en vérifiant qu'il n'est divisible par aucun nombre premier inférieur ou égal à sa racine carrée. On va vérifier si le nombre 127 est un nombre premier.

a. Avec la calculatrice, calculez la racine carrée de 127. Arrondissez à l'unité. $\sqrt{127} \approx$ ....

b. En vous aidant éventuellement du crible d'Ératosthène de l'exercice 3, donnez la liste des nombres premiers inférieurs ou égaux à $\sqrt{127}$.

....

c. Vérifiez si 127 est divisible par chacun des nombres premiers obtenus à la question b.

d. 127 est-il un nombre premier ? Justifiez votre réponse.

12 *** L'épreuve des poteaux est l'épreuve finale de l'émission télévisée Koh-Lanta. Le principe est simple : tenir le plus longtemps sur un poteau planté en mer. La difficulté réside dans le fait que la taille de la plate-forme rectangulaire sur laquelle les finalistes se tiennent se réduit au cours du temps. On distingue 4 étapes :

Étape 1 : le rectangle de départ mesure 23 cm par 16 cm.
Étape 2 : la partie droite du rectangle est retirée et il ne reste qu'un rectangle de 17 cm par 16 cm.
Étape 3 : la partie supérieure est retirée et il ne reste qu'un rectangle de 11 cm par 17 cm.
Étape 4 : après 2 heures d'épreuve, la partie gauche est retirée et il ne reste qu'un carré de 11 cm de côté.

a. Entre l'étape 1 et l'étape 2, le rectangle conserve la même largeur. Mais sa longueur passe de 23 cm à 17 cm. L'aire du rectangle est multipliée par $\frac{17}{23}$. Déterminez par quelle fraction l'aire de chaque rectangle est multipliée entre l'étape 2 et l'étape 3, puis entre l'étape 3 et l'étape 4.

b. Déduisez de la question a. (sans calculer d'aires) la fraction par laquelle l'aire du rectangle à l'étape 1 est multipliée pour obtenir l'aire finale du carré de l'étape 4. Écrivez le résultat sous la forme d'une fraction irréductible.

13 *** Prise d'initiative Pour produire moins d'emballages et agir pour notre planète, certaines entreprises de fabrication de savon liquide proposent des recharges de forme cubique. Pour les transporter, on les empile dans des caisses parallélépipédiques dont le fond est un rectangle de 96 cm de large et de 156 cm de long. On souhaite recouvrir la totalité du fond de la caisse avec des recharges. Une caisse a une hauteur de 132 cm.

En décomposant les valeurs 96 et 156 en un produit de nombres premiers, montrez que la longueur maximale de l'arête des recharges sera de 12 cm. Déterminez le nombre de recharges que la caisse peut contenir. Détaillez votre raisonnement et vos calculs.

Vers les métiers... de la menuiserie

SITUATION

Alane doit construire un escalier pour un client. Ce dernier lui impose quelques contraintes.

- La hauteur des marches doit être un nombre entier et doit être comprise entre 15 et 22 cm.
- Le giron doit être compris entre 20 et 31 cm.

Alane doit aussi s'assurer que l'escalier est sécurisé et confortable. Pour cela, il utilise la formule de Blondel : lorsqu'on additionne le giron et deux fois la hauteur d'une marche d'escalier, on doit obtenir un résultat compris entre 60 cm et 64 cm.

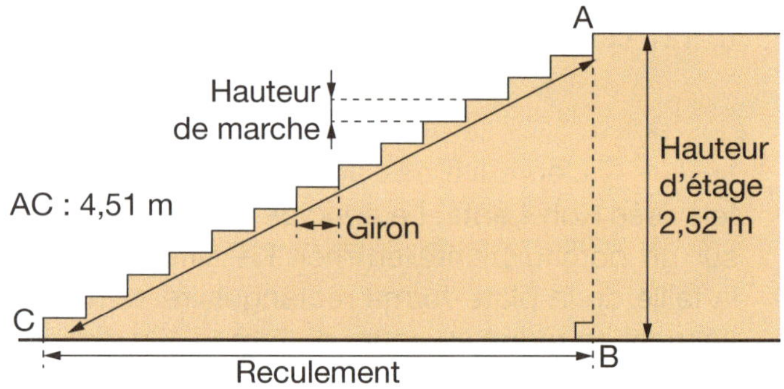

Le but de cet exercice est de déterminer la hauteur des marches et la longueur des girons pour que l'escalier soit sécurisé et pratique.

1 En vous aidant du schéma ci-dessus, déterminez toutes les hauteurs de marche possibles.

TUTO TABLEUR
Déterminer les diviseurs d'un nombre
foucherconnect.fr/22mpm11

2 Déterminez la ou les hauteurs de marche qui respectent la contrainte imposée par le client d'Alane.

3 En fonction des hauteurs possibles, déduisez-en le nombre de marches de l'escalier.

4 Montrez que le reculement de cet escalier est égal à 3,74 m. Arrondissez votre résultat au centième.

5 Déterminez alors toutes les valeurs possibles pour la longueur des girons.

6 Déterminez la ou les hauteurs de giron qui respectent la contrainte imposée par le client d'Alane.

7 Appliquez la formule de Blondel aux mesures du giron et à la hauteur des marches que vous avez trouvées.

Hauteur de marche : h	Longueur du giron : g	Formule de Blondel : $g + 2h$

8 Répondez à la problématique.

ZOOM MÉTIERS Ces connaissances seront utiles dans les métiers de la mécanique, de la tapisserie, de la charpente, de l'agencement, de l'ameublement, etc.

Vers le brevet

Nom : .... Prénom : ....

Classe : .... Date : ....

Exercice 1

Calculer Utilisez les égalités ci-dessous pour écrire, sans calculatrice, les décompositions en facteurs premiers des nombres proposés.

a. 36 = 4 × 9 = ...

b. 18 375 = 3 × 125 × 49 = ...

c. 3 872 = 32 × 121 = ...

Exercice 2

Dans un centre aéré, on veut répartir la totalité des 154 garçons et 126 filles dans des groupes de même composition. C'est-à-dire que tous les groupes compteront le même nombre de garçons, et le même nombre de filles.

a. **Chercher** **Raisonner** Est-il possible de réaliser 11 groupes ? Justifiez.

b. **Chercher** On veut déterminer la liste de tous les diviseurs d'un nombre à l'aide du programme Scratch ci-contre, mais deux erreurs se sont glissées. Corrigez-les.

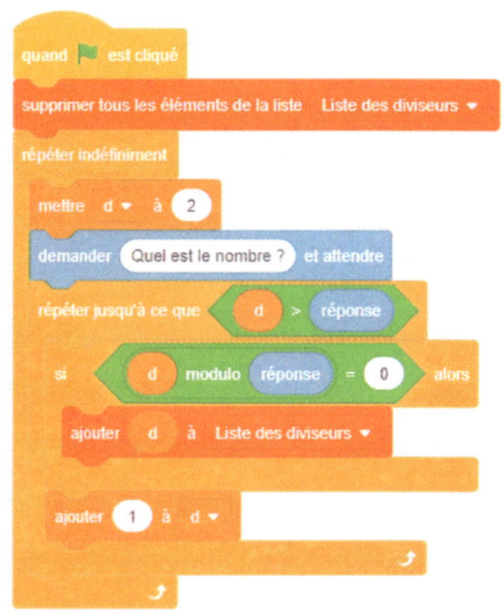

c. **Chercher** **Raisonner** Expliquez pourquoi l'instruction ci-contre est nécessaire pour déterminer tous les diviseurs d'un nombre.

d. **Calculer** Complétez la liste de tous les diviseurs de 154.

Les diviseurs de 154 sont .... 11, 14, 22, 77 et 154.

e. **Calculer** Complétez la liste de tous les diviseurs de 126.

Les diviseurs de 126 sont .... 9, 14, 18, 21, 42, 63, 126.

f. **Chercher** Relevez tous les diviseurs communs à 154 et à 126.

g. **Raisonner** Combien de groupes peut-on réaliser ? Donnez toutes les possibilités.

h. **Chercher** **Raisonner** On décide de faire le plus grand nombre possible de groupes. Déterminez combien il y aura de garçons et de filles dans chaque groupe.

Exercice 3

Pour fêter son brevet, les parents de Zoéline lui ont offert une montre connectée. Motivée, Zoéline décide de se fixer des objectifs d'activités physiques. Chaque jour, pour que sa montre vibre – ce qui signifie qu'elle a atteint ses objectifs – elle doit dépasser les seuils minimums suivants : 12 000 pas et 2 400 calories brûlées.

a. **Modéliser** **Calculer** Le premier jour, un lundi matin, Zoéline lit sur sa montre à la fin de son jogging « 6 400 pas, 900 calories brûlées ». Pour chacun des deux indicateurs suivis, écrivez sous la forme d'une fraction irréductible la proportion de l'objectif quotidien déjà atteinte par Zoéline après son jogging.

Pas : $\frac{6\,400}{12\,000} =$ ....

Calories : ....

b. **Modéliser** **Calculer** À 15 h, après différentes activités, Zoéline voit qu'elle a fait les 3/4 de son objectif de nombre de pas et les 7/12 de son objectif pour les calories. Calculez à 15 h, le nombre de pas effectués et le nombre de calories déjà brûlées qui s'affichent sur la montre.

....

c. **Représenter** À la fin de la journée, si elle compare aux résultats notés à 15 h, Zoéline voit que son nombre de pas a été multiplié par 1,4 et le nombre de calories brûlées multiplié par 10/7. Écrivez 1,4 sous la forme d'une fraction irréductible.

....

d. **Chercher** **Calculer** Pour chacun des deux indicateurs, calculez, puis réduisez sous la forme d'une fraction irréductible, la proportion atteinte de l'objectif à la fin de la journée.

Pas : $\frac{3}{4} \times \frac{7}{5} =$ ....

e. **Raisonner** **Communiquer** Sans faire de calcul, indiquez si Zoéline a atteint ses objectifs. Justifiez votre réponse.

....

Grille d'évaluation

foucherconnect.fr/22mpm12

Compétences travaillées	Connaissances et capacités associées	Questions	Appréciation du niveau d'acquisition		
			(rouge)	(orange)	(vert)
Chercher	• Extraire des informations.	2a. 2b. 2c. 2f. 2h. 3d.			
Modéliser	• Reconnaître une situation de proportionnalité.	3a. 3b.			
Représenter	• Représenter un nombre sous forme fractionnaire.	3c.			
Raisonner	• Mettre en œuvre une méthode de résolution.	2a. 2c. 2g. 2h. 3a. 3e.			
Calculer	• Décomposer un nombre. • Donner les diviseurs d'un nombre. • Simplifier une fraction. • Utiliser un programme.	1a. 1b. 1c. 2d. 2e. 3b. 3d.			
Communiquer	• Rédiger et justifier ses réponses.	3e.			

CHAPITRE

02 Puissances et racine carrée

ACTIVITÉ PRÉPARATOIRE

foucherconnect.fr/22mpm47

Activité 1 Calculer une puissance d'un nombre

Question flash

a. Donnez l'écriture décimale des nombres suivants :

- un centième ....
- 3 millions ....
- 18 milliers ....
- 5 dixièmes ....

b. Écrivez chacun des nombres suivants sous la forme d'un produit de facteurs égaux à 3.

- 27 = 3 × ....
- 81 = ...
- 243 = ...

SITUATION

Le blob est un organisme très particulier constitué d'une seule cellule avec de nombreux noyaux. Il ressemble à un champignon mais ce n'en est pas un.

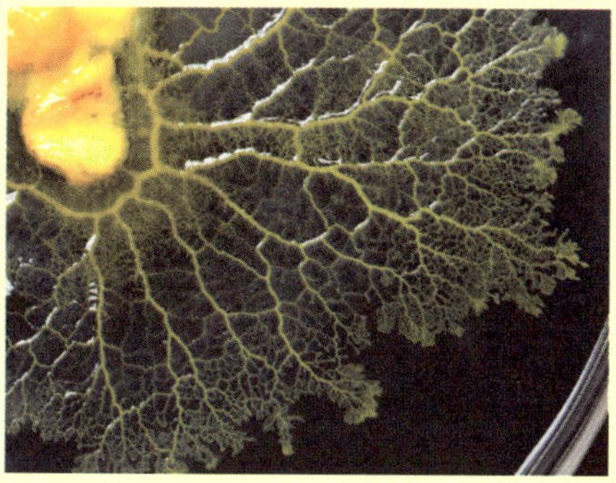

Audrey étudie le blob en laboratoire. Après prélèvement sous un microscope, elle place 1 mm² de blob au centre d'une boîte de culture dont la surface est un disque de 9 cm de diamètre. À l'abri de la lumière et bien nourri, le blob double de taille tous les jours.

Johan, un collègue d'Audrey, prélève un disque de blob de 500 micromètres de rayon et le met en culture dans les mêmes conditions qu'Audrey (pas de lumière, même nourriture, boîte identique).

Problématique

En supposant que le blob grandisse de la même façon dans toutes les directions, combien de temps mettra-t-il pour occuper toute la surface de la boîte d'Audrey ? De celle de Johan ou d'Audrey, quelle boîte sera pleine la première ?

PUISSANCES D'EXPOSANT POSITIF

1 Chercher Calculer **a. Calculez**, en cm², la taille du blob au bout d'un jour : ....

Au bout de deux jours : ....

b. Cochez les réponses exactes. La taille du blob au bout de 3 jours peut s'écrire :

☐ 1 × 2 × 2 × 2 ☐ 4 × 2 ☐ 1 × 2 × 3 ☐ 1×2^3.

Le produit $a \times a \times a$ peut aussi s'écrire a^3. C'est le **cube** du nombre a.
Plus généralement, pour n entier positif, a^n est le produit de n facteurs égaux à a. Le nombre a^n est une **puissance de a** ; n est son **exposant**.
Ainsi, $10^4 = 10 \times 10 \times 10 \times 10 = 10\,000$; 10 000 est la puissance de 10 d'exposant 4.

2 Raisonner **a. Écrivez** la taille du blob au bout de 5 jours en utilisant une puissance de 2. ....

b. Calculer **Effectuez** ce calcul. ....

c. **Raisonner** **Retrouvez** ce résultat sur votre calculatrice.
Sur calculatrice TI : 2 x^n 5 entrer   Sur calculatrice Casio : 2 $x^{■}$ 5 EXE

3 **Chercher** **Calculer** a. **Calculez**, en cm, le rayon de la boîte. ....

b. **Calculez**, en cm², l'aire de la boîte. **Arrondissez** au centième.

....

c. **Convertissez** cette aire en mm². ....

Coup de pouce
Aire d'un disque de rayon R
Aire = $\pi \times R \times R = \pi \times R^2$

4 **Raisonner** **Calculer** a. La boîte d'Audrey sera-t-elle remplie par le blob au bout de 12 jours ? **Justifiez.**

....

b. La boîte d'Audrey sera-t-elle remplie par le blob au bout de 13 jours ? **Justifiez.**

....

PUISSANCES D'EXPOSANT NÉGATIF

Si a n'est pas égal à 0 et si n est un entier positif, on note a^{-n} l'inverse de a^n : $a^{-n} = \dfrac{1}{a^n}$.

Ainsi, $10^{-5} = \dfrac{1}{10^5} = \dfrac{1}{100\,000} = 0{,}000\,01$.

5 **Représenter** **Donnez** l'écriture décimale de 10^3 ; 10^{-3} ; 10^6 ; 10^{-6}.

10^3 = ... ; 10^{-3} = ... ; 10^6 = ... ; 10^{-6} = ...

Voici un tableau des préfixes avec leur symbole et les puissances de 10 associées.

Préfixe	giga	méga	kilo	hecto	déca	unité	déci	centi	milli	micro	nano
Symbole	G	M	k	h	da		d	c	m	µ	n
Puissance de 10	10^9	10^6	10^3	10^2	10^1	10^0	10^{-1}	10^{-2}	10^{-3}	10^{-6}	10^{-9}

Par exemple, 16 mégaoctets = 16 Mo = 16 × 10^6 octets = 16 000 000 octets.

6 a. **Représenter** Pour exprimer des longueurs très petites, on peut utiliser comme unité le micromètre. **Cochez** le symbole du micromètre.

☐ mm ☐ nm ☐ µm ☐ µ

b. **Raisonner** **Complétez** à l'aide du tableau : 1 micromètre = ... m = ... mm

c. **Calculer** **Exprimez** 500 µm en mm. ....

7 **Calculer** a. **Calculez** la taille, en mm², du prélèvement de Johan. **Arrondissez** au centième.

....

b. **Comparez** la taille des prélèvements d'Audrey et de Johan.

....

EN CONCLUSION

8 **Raisonner** **Communiquer** **Répondez** à la problématique.

....

....

....

Activité 2 Notation scientifique d'un décimal

Question flash

L'écriture de 1 000 sous forme d'une puissance de 10 est : □ 10^2 □ 10^3 □ 10^{-3}.
L'écriture de 1 mégatonne sous forme d'une puissance de 10 est :
□ 10^6 □ 10^8 □ 10^9 tonnes.

SITUATION

Sur la planète Krypton il existe un métal aux propriétés extraordinaires : le giganium. D'une résistance hors du commun, il est capable d'absorber une très grande quantité d'énergie. Le giganium a une masse volumique 4 fois plus faible que l'acier, ce qui le rend très léger.

Sa résistance à la rupture (avant de casser) est 300 fois supérieure à celle de l'acier.

Pour se battre, les Kryptoniens s'équipent de combinaisons recouvertes d'une couche de 1 mm d'épaisseur de giganium.

Problématique

Quelle est la quantité d'énergie maximale qu'une combinaison en giganium peut accumuler avant de rompre ?

Vous êtes le scientifique désigné pour répondre à cette problématique et, en cette qualité, vous devrez transmettre tous vos résultats en ***notation scientifique*** *!*

NOTATION SCIENTIFIQUE

La **notation scientifique** d'un nombre décimal est l'écriture de ce nombre sous la forme $a \times 10^n$ où a est un nombre décimal tel que $1 \leqslant a < 10$.

1 Chercher Calculer La masse volumique de l'acier est égale à 7 860 kg/m³. **Calculez** la masse volumique du giganium en kg/m³.

$\frac{\dots}{\dots}$ = ... = 1,965 × .... = 1,965 × $10^{\dots}$.

....

2 **a.** Chercher **Donnez**, en m, l'épaisseur de la couche de giganium ajoutée sur les combinaisons des Kryptoniens.

1 mm = ... m = 1 × $10^{\dots}$ m

b. Chercher Calculer **Calculez** le volume $V_{giganium}$, en m³, de la couche de giganium des combinaisons des Kryptoniens.
La surface du corps d'un adulte est en moyenne de 1,9 m².

Coup de pouce
Le volume V de giganium est égal à :
$V_{giganium}$ = surface du corps d'un adulte × épaisseur de la couche de giganium

....

c. Chercher Calculer À l'aide de la relation ci-dessous et de la réponse à la question b., **déterminez** la masse m, en kg, de la couche de giganium d'une combinaison.
Exprimez le résultat en notation scientifique.
On admet que la masse volumique du giganium est égale à $1{,}965 \times 10^3$ kg/m^3.
m = masse volumique du giganium × volume du giganium

m = ...

....

Coup de pouce $10^0 = 1$

Coup de pouce Pour saisir $1{,}9 \times 10^{-3}$ sur calculatrice, on réalise la séquence de touches suivante :
[1] [,] [9] [×10ˣ] [−] [3]

CALCULS AVEC LES PUISSANCES DE 10

3 Chercher a. **Cochez** la réponse exacte.
1 MPa = □ 10^3 Pa □ 10^6 Pa □ 10^9 Pa

b. Calculer La résistance à la rupture de l'acier est égale à 400 mégapascals (un pascal, noté Pa, est une unité de pression).
Convertissez la résistance à la rupture de l'acier en pascals.

400 MPa = 400 × $10^{...}$ Pa = ... × $10^{...}$ × 10^6 Pa = 4 × $10^{...}$ Pa

Coup de pouce Un exemple pour vous aider :
$10^2 \times 10^3 = 10 \times 10 \times 10 \times 10 \times 10 = 10^5$
Il est aussi possible d'additionner les exposants.

c. Chercher Calculer **Déterminez** la résistance à la rupture du giganium en pascals. **Exprimez** le résultat en notation scientifque.

....

....

....

....

....

4 Pour calculer l'énergie qu'une combinaison en giganium peut accumuler, on multiplie la résistance à la rupture du giganium (en Pa) par le volume $V_{giganium}$ de la couche de giganium (en m^3). Le résultat obtenu s'exprime en Joule (J).

a. Chercher Calculer **Calculez** l'énergie qu'une combinaison en giganium peut accumuler.

....

....

....

b. Calculer À l'aide de la séquence de touches ci-dessous, **donnez** l'écriture scientifique de 228 000 000.

Sur calculatrice Casio, saisissez votre résultat puis [EXE] [SECONDE] [x].

Sur calculatrice TI, saisissez votre résultat puis [2nde] [(] [entrer =].

....

EN CONCLUSION

5 Communiquer **Répondez** à la problématique.

....

....

....

Activité 3 Donner la valeur exacte ou une valeur approchée d'une racine carrée

Question flash

Complétez sans calculatrice les égalités des carrés parfaits.

$\ldots = 6^2$ $9 = \ldots^2$ $100 = \ldots$ $\ldots = 1^2$ $\ldots = 12^2$ $49 = \ldots$

SITUATION

Gaëtan, passionné par les gratte-ciel et les tours mythiques, s'interroge sur le temps que met un objet à atteindre le sol si on le lâche sans vitesse initiale du haut d'une tour.

Pour calculer la distance *d* parcourue par un objet en chute libre pendant un temps *t*, il utilise le programme de calcul suivant :

> Donner la valeur de *t*
> Mettre *t* au carré
> Multiplier par 4,9 le résultat
> Afficher le résultat

Le 3e étage de la tour Eiffel étant situé à une hauteur environ cinq fois plus grande que la hauteur de la tour de Pise, Gaëtan affirme que le temps de chute libre d'un objet pour atteindre le sol sera cinq fois plus important. Il affirme également qu'un objet lâché sans vitesse initiale du haut de la tour Burj Khalifa (828 m) mettra moins de dix secondes pour atteindre le sol.

Données :
Hauteur tour de Pise (Italie) : 55,8 m.
Hauteur 3e étage de la tour Eiffel : 276 m.
Hauteur tour Burj Khalifa (Dubaï) : 828 m.

Problématique

Les deux affirmations de Gaëtan sont-elles correctes ?

ENCADREMENT D'UNE VALEUR

1 Calculer **Utilisez** le programme de calcul pour connaître la distance parcourue pendant une chute libre de 1 seconde, 2 secondes… **Notez** vos résultats dans le tableau.

***t* (en s)**	1	2	3	4	5	6
***d* (en m)**	...	...	...	...	...	...

2 Calculer **Complétez** les égalités suivantes de façon à retrouver le temps de chute correspondant à une hauteur de chute de 313,6 m.

$4{,}9 \times t^2 = \ldots$ d'où $t^2 = 313{,}6 \ldots = \ldots = \ldots^2$

La durée d'une chute de 313,6 m est de ... secondes.

3 Raisonner **a. Indiquez** s'il est possible de procéder comme à la question **2** pour trouver la durée de la chute d'un objet lâché du haut de la tour de Pise.

...

b. À l'aide des données du tableau de la question 1, **donnez** un encadrement à l'unité de la durée t_p de la chute d'un objet lâché du haut de la tour de Pise. .... $< t_p <$ ....

c. En procédant par essais successifs, **donnez** un encadrement au dixième de la durée t_p. .... $< t_p <$ ....

> **Coup de pouce**
> Calculer d avec 3,5 s. Si $d > 55{,}8$, on essaie une valeur plus petite ; si $d < 55{,}8$ on teste une valeur plus grande et ainsi de suite jusqu'à trouver les deux valeurs au dixième qui encadrent 55,8.

VALEUR EXACTE OU APPROCHÉE D'UNE RACINE CARRÉE

La **racine carrée** d'un nombre positif x, notée $\sqrt{x}$, est le **nombre positif** qui élevé au carré donne x : $(\sqrt{x})^2 = x$. $\sqrt{x}$ est la **valeur exacte** de la racine carrée.
Si $x^2 = a$ (a nombre positif, x positif), alors $x = \sqrt{a}$. On dit qu'on prend la racine carrée de a.

4 Calculer — La valeur exacte de la durée t_p correspond au nombre : $t_p = \sqrt{\frac{55{,}8}{4{,}9}}$.

a. **Calculez** la valeur de t_p en suivant la séquence de touches ci-dessous. **Arrondissez** le résultat au centième.

[seconde] [x²] [(] [5] [5] [.] [8] [÷] [4] [.] [9] [)] [EXE] $t_p \approx$ ....

b. Cette valeur est-elle cohérente avec la réponse 3c. ? **Justifiez**.

....

5 Modéliser — pix Compétence 1.3

Complétez l'algorithme suivant avec les différentes étapes du calcul de la durée de la chute, connaissant la hauteur de chute (en m).

- Saisir la valeur de la hauteur de chute
- Mettre la variable d à la valeur saisie
- Diviser d par ....
- Prendre .... du résultat
- Mettre la variable t à la valeur du résultat
- Afficher t

6 Représenter — SCRATCH — pix Compétence 1.3 — foucherconnect.fr/22mpm48

Ouvrez le fichier « **C02_01_chute.sb3** ».

a. **Complétez** les instructions en vous aidant de l'algorithme précédent.

b. **Exécutez** le programme avec d = 313,6 m, puis **comparez** le résultat à celui de la question 2.

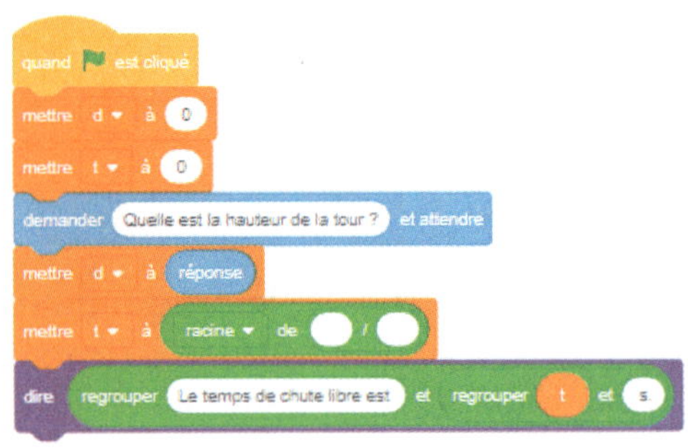

....

c. À l'aide du programme, **calculez** les temps de chute du haut des différentes tours. **Arrondissez** au millième.

Tour de Pise : .... 3e étage de la tour Eiffel : .... Tour Burj Khalifa : ....

EN CONCLUSION

7 Communiquer — **Répondez** à la problématique. **Justifiez** la réponse.

....

....

....

....

L'essentiel

Puissances d'un nombre *a*

- Pour tout *n* entier positif, a^n est le produit de *n* facteurs égaux à *a* : $a^n = \underbrace{a \times a \times \ldots \times a \times a}_{n \text{ fois}}$

Le nombre a^n **est une puissance de** ***a*** ; *n* est son **exposant**.
a^2 est le **carré** du nombre *a*, a^3 est le **cube** du nombre *a*.
Remarque : un carré parfait est le carré d'un nombre entier.

- Pour tout *a* différent de 0 et *n* entier positif, on note a^{-n} **l'inverse de** a^n : $a^{-n} = \dfrac{1}{a^n}$.
- Touches de la calculatrice : [x²], [x³] ou [xⁿ].

Exemples
Pour calculer $12{,}3^4$ à la calculatrice : [1] [2] [.] [3] [xⁿ] [4] [EXE] ou [entrer] ce qui donne $12{,}3^4 = 22\ 888{,}664\ 1$.
Pour calculer $(-6)^2$ à la calculatrice : [(] [(-)] [6] [)] [x²] [EXE] ou [entrer] ce qui donne $(-6)^2 = 36$.

Les puissances de 10 et leurs préfixes

- Les puissances de 10 sont très utiles pour exprimer des quantités très grandes ou à l'inverse infimes.

Exemples
$1\ 000\ 000\ 000\ 000 = 10^{12}$ $0{,}000\ 000\ 001 = 10^{-9}$

- Pour désigner certaines puissances de 10 fréquemment rencontrées, on utilise des préfixes.

Préfixe	giga	méga	kilo	hecto	déca	unité	déci	centi	milli	micro	nano
Symbole	G	M	k	h	da		d	c	m	μ	n
Puissance de 10	10^9	10^6	10^3	10^2	10^1	10^0	10^{-1}	10^{-2}	10^{-3}	10^{-6}	10^{-9}

Exemples
1 mégawatt = 1 MW = 1 000 000 watts = 10^6 watts ; 1 micromètre = 1μm = 0,000 001 m = 10^{-6} m.

Notation scientifique

La notation scientifique d'un nombre décimal est l'écriture de ce nombre sous la forme $a \times 10^n$ où *a* est un nombre décimal tel que $1 \leqslant a < 10$.

Exemples $3{,}51 \times 10^2$ est la notation scientifique de 351.
Le nombre 0,956 a pour notation scientifique $9{,}56 \times 10^{-1}$.

Valeur exacte ou valeur approchée d'une racine carrée

- La racine carrée d'un nombre positif *x*, notée $\sqrt{x}$, est le nombre positif qui élevé au carré donne *x* : $(\sqrt{x})^2 = x$. $\sqrt{x}$ **est la valeur exacte** de la racine carrée.
- Si $x^2 = a$ (*a* nombre positif, *x* positif), alors $x = \sqrt{a}$. On dit qu'on prend la racine carrée de *a*.
- Touche de la calculatrice [√] ou [2nde] [x²]. Il est parfois nécessaire de donner une valeur approchée du résultat.

Exemples
$\sqrt{49} = 7$, car $7 \times 7 = 49$.
Si $x^2 = 13$ alors, si *x* positif, $x = \sqrt{13}$ (valeur exacte) $\approx 3{,}61$ (valeur approchée au centième).

VÉRIFIER SES ACQUIS
foucherconnect.fr/22mpm49

Exercices

AUTOMATISMES

Sans calculatrice ni brouillon, répondez aux 2 questions du rituel indiqué par votre professeur.

Rituel 1 (2')

1. Résolvez les équations $0{,}015x = 3$ et $0{,}015 + x = 3$.

……

2. Soit la fonction f telle que $f(x) = -2x + 3$. Max a trouvé $f(-6) = -9$. Vrai ou faux ?

……

Rituel 3 (2')

1. La maquette d'un avion réalisée à l'échelle $\frac{1}{100}$ mesure 62 cm. Donnez la taille réelle de l'avion en m.

……

2. Linda a acheté 5,5 mètres de tissu au tarif de 10,6 €/m. Combien a-t-elle payé ?

……

Rituel 2 (2')

1. Développez $3x(5 - 2x)$.

……

2. Donnez les coordonnées des points M et N.

……

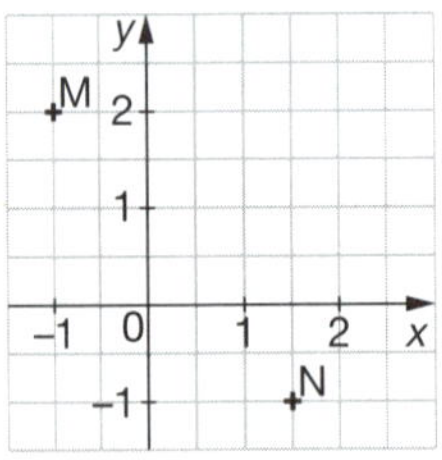

Rituel 4 (2')

1. Calculez 5 % de 3 500.

……

2. Calculez la valeur de x pour laquelle le périmètre du triangle vaut 25 cm.

……

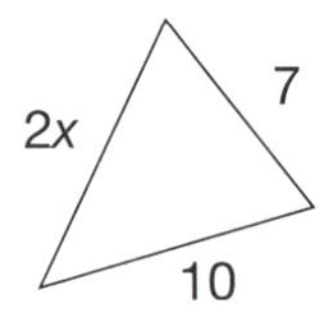

Calculer une puissance d'un nombre

1 * Calculez sans calculatrice.

- $2^3 =$ …… • $10^3 =$ …… • $(-7)^2 =$ ……
- $(-1)^4 =$ …… • $4^3 =$ …… • $9^2 =$ ……

2 * Vrai ou faux ?

- $20^{-1} = 0{,}02$ ☐ Vrai ☐ Faux
- $1{,}04^3 = 1{,}124\ 864$ ☐ Vrai ☐ Faux
- 490 est un carré parfait. ☐ Vrai ☐ Faux
- $0{,}8^{-2} = 1{,}5625$ ☐ Vrai ☐ Faux
- Le cube de $-2{,}6$ est 17,567. ☐ Vrai ☐ Faux
- 121 est un carré parfait. ☐ Vrai ☐ Faux

3 * **a.** Calculez les puissances des nombres suivants :

$5^5 =$ …… ; $(-2)^3 =$ …… ; $4^{-1} =$ …… ; $8^{-2} =$ …… ; $1^{100} =$ …… .

b. Calculez : $2^0 =$ …… ; $10^0 =$ …… ; $10\ 000^0 =$ …… ; $(-4)^0 =$ …… .

Déduisez-en la valeur de tout nombre non nul à l'exposant 0. ……

4 * **a.** Exprimez avec les puissances de 10 les valeurs suivantes :

1 kilowatt = …… watts ; 1 décamètre = …… mètres ; 1 million d'euros = …… € ; 1 nm = …… m ;

1 mA = …… A ; 1 MWh = …… Wh.

b. Exprimez 10 milliards de dollars en puissance de 10. ……

5 * a. Calculez sans calculatrice. Donnez le résultat sous la forme d'une puissance de 10.

$10^4 \times 10^6 =$ .... ; $\frac{10^4}{10^2} =$ ....

$10^4 \times 10^{-7} =$ .... ; $\frac{10^5}{10^1} =$ ....

b. En observant les exposants de chaque calcul et de leur résultat, retrouvez les deux règles de calcul sur les exposants : □ $10^m \times 10^n = 10^{m+n}$ □ $10^m \times 10^n = 10^{m-n}$ □ $\frac{10^m}{10^n} = 10^{m+n}$ □ $\frac{10^m}{10^n} = 10^{m-n}$.

Écrire un nombre en notation scientifique

6 * a. Cochez la proposition qui correspond à la notation scientifique du nombre.

- 126 □ $0{,}126 \times 10^2$ □ $1{,}26 \times 10^1$ □ $1{,}26 \times 10^2$
- 0,58 □ $5{,}8 \times 10^1$ □ $5{,}8 \times 10^{-1}$ □ 58×10^{-2}
- 3,87 □ $3{,}87 \times 10^1$ □ $3{,}87 \times 10^0$ □ $0{,}387 \times 10^1$

b. Complétez les écritures en notation scientifique.

- $91{,}7 = 9{,}17 \times 10^{...}$
- $0{,}04 = 4 \times 10^{...}$
- $1\,054 = 1{,}054 \times 10^{...}$
- $653{,}6 = 6{,}536 \times 10^{...}$

c. Donnez l'écriture en notation scientifique des nombres suivants.

- 0,2 = ...
- 981 = ...
- 71 000 = ...
- 6,4 = ...

d. Donnez l'écriture décimale des nombres suivants.

- $1{,}54 \times 10^{-1} =$ ....
- $6{,}05 \times 10^3 =$ ....
- $5{,}53 \times 10^6 =$ ....
- $5 \times 10^{-3} =$ ....

Donner la valeur exacte ou une valeur approchée d'une racine carrée

7 * a. Calculez, sans calculatrice, les racines carrées suivantes :

$\sqrt{100} =$ ...... ; $\sqrt{16} =$ ...... ; $\sqrt{1} =$ ...... ; $\sqrt{144} =$ ......

b. Calculez en arrondissant à 0,1 si nécessaire :

$\sqrt{5\,000} \approx$ ...... ; $\sqrt{12{,}25} =$ ...... ; $\sqrt{26{,}13} \approx$ ...... ; $\sqrt{0{,}09} =$ ......

8 ** La figure ci-contre est constituée de deux disques et d'un carré de côté c ayant le même centre O. Le disque de couleur rose a un rayon R de 3 cm.

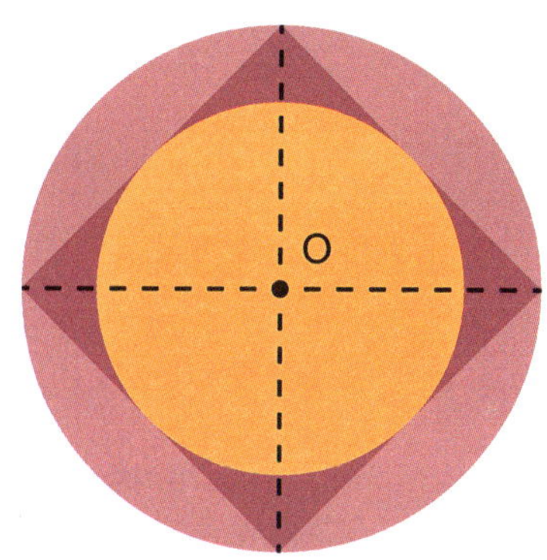

a. Donnez la valeur de la longueur d'une diagonale du carré.

....

....

b. Le théorème de Pythagore appliqué dans l'un des triangles rectangles isocèles délimités par les diagonales permet d'écrire que $c = \sqrt{3^2 + 3^2}$. Donnez la valeur exacte de c ainsi qu'une valeur approchée au dixième.

....

c. Déduisez-en la valeur du rayon r du disque orange.

....

Autoévaluation **Cochez la bonne réponse parmi les trois propositions.**

a. La notation scientifique de 1 789 est :	□ $17{,}89 \times 10^2$	□ $1{,}789 \times 10^2$	□ $1{,}789 \times 10^3$
b. Le cube de –2 est :	□ – 6	□ 8	□ – 8
c. Le produit $10^6 \times 10^{-7}$ est égal à :	□ 10^1	□ 10^{-1}	□ 10^{13}
d. Une valeur approchée au centième de $\sqrt{21}$:	□ 4,58	□ 4,6	□ 10,5

Problèmes

9 * SCRATCH **a.** Indiquez le numéro du script qui permet de calculer 10^5. ......

Script 1

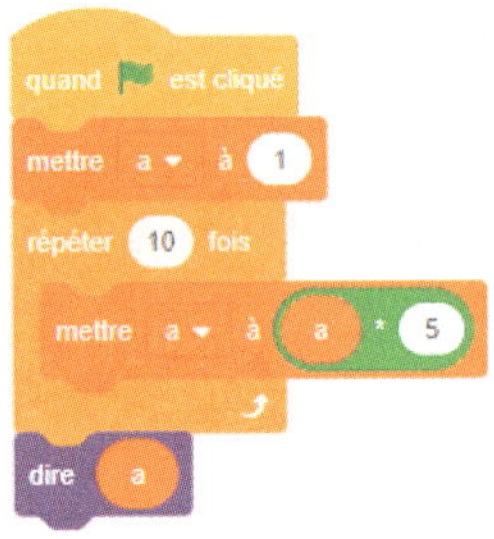

Script 2

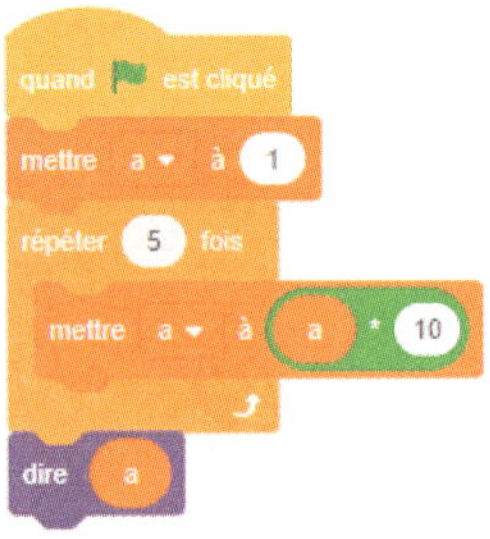

Script 3

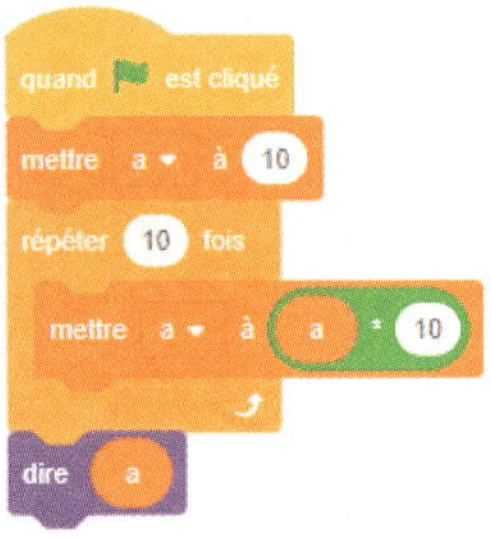

b. Précisez quels calculs de puissances sont obtenus avec les deux autres scripts.

......

......

10 ** Voici quelques informations concernant notre planète Terre.

- Diamètre aux pôles : 12 713,505 km.
- Surface : 510 067 420 km².
- Longueur de l'équateur : 40 075,012 km.
- Masse : $5\ 974 \times 10^{21}$ kg.
- Volume : $1\ 083\ 207 \times 10^6$ km³.

a. Écrivez sous la forme $a \times 10^n$ chacun de ces nombres avec $1 \leqslant a < 10$. Arrondissez la valeur de a au dixième.

......

......

......

......

......

b. Encadrez chaque grandeur par deux puissances de 10 d'exposants consécutifs.

......

......

......

11 ** Tess, le chasseur d'exoplanètes de la Nasa, a découvert une nouvelle planète surnommée TOI700d, potentiellement habitable. À l'échelle de la galaxie, elle est voisine de la Terre. Le problème, c'est qu'elle se trouve à 946 000 milliards de kilomètres !

a. Donnez la notation scientifique de la distance, en km, qui sépare TOI700d de la Terre.

......

b. Une année-lumière est la distance que parcourt la lumière en une année. Sachant qu'une année-lumière est égale à $9{,}5 \times 10^{12}$ km, calculez à combien d'années-lumière de la Terre se trouve la planète TOI700d. Arrondissez à l'unité.

......

......

c. New Horizons est le vaisseau spatial le plus rapide jamais construit par l'être humain. Sa vitesse de croisière est de 51 480 km/h.
Calculez, en heures, le temps nécessaire pour se rendre sur cette planète.
Donnez la notation scientifique du résultat. Arrondissez le nombre *a* au centième.

Coup de pouce Temps (en h) = $\frac{\text{distance (en km)}}{\text{vitesse (en km/h)}}$

d. Donnez l'écriture décimale de ce temps.

e. Expliquez ce que représente le calcul suivant : $\frac{18\ 400\ 000\ 000}{24 \times 365} \approx 2\ 100\ 457$.

12 ** Jean est serveur et doit préparer un cocktail dont le volume est égal à 25 cL.
Tous les verres dont il dispose sont de forme conique et la longueur OS est 11 cm. Il dispose de verres de diamètres différents : 6 cm, 8 cm et 11 cm.
Jean cherche à savoir quel verre peut contenir un volume de 25 cL.

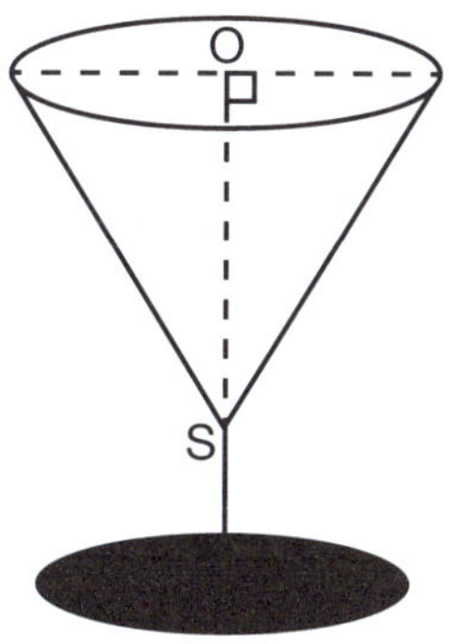

a. Convertissez 25 cL en cm³.

Coup de pouce 1 cm³ = 0,1 cL

b. Pour calculer le rayon *R*, en cm, d'un cône, on utilise la formule $R^2 = \frac{3V}{\pi h}$ où *V* est le volume du cône en cm³ et *h* la hauteur de ce cône en cm.
Calculez R^2 pour un verre de forme conique de volume 25 cL et de hauteur 11 cm. Arrondissez au dixième.

c. Déduisez de la question b. le rayon, puis le diamètre du verre. Arrondissez les valeurs au centième.

d. Déduisez de la question précedente le verre que Jean doit choisir.

13 *** **Prise d'initiative** Siwar a acheté une armoire qui mesure 2,10 m de hauteur et 80 cm de profondeur pour aménager une pièce ayant une hauteur sous plafond de 2,20 m. Siwar pose l'armoire au sol et la soulève comme indiqué sur la figure ci-contre.

Son frère Wissam lui dit : « On est mal, ça ne passera jamais ! » Siwar lui répond : « Mais n'importe quoi, l'armoire a une hauteur de 2,10 m, on a 10 cm de bonus ! »
Qui de Siwar ou Wissam a raison ?

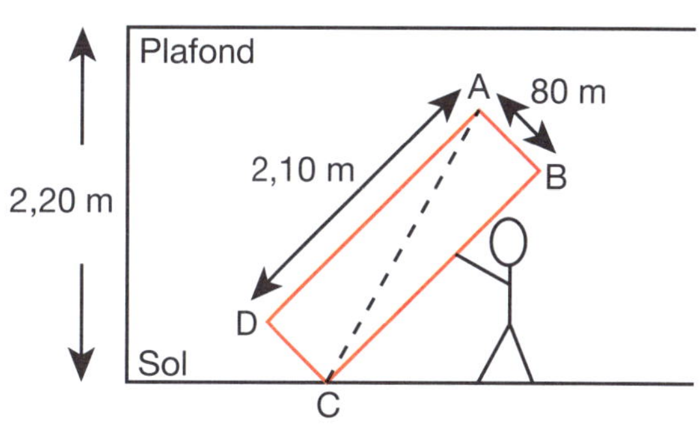

Le schéma n'est pas à l'échelle.

SITUATION 1

Compter les cheveux

Mauryne est en formation pour devenir perruquière et doit fabriquer une perruque. Le diamètre d'un cheveu est environ de 50 µm. On possède en moyenne 120 000 cheveux sur la tête.

a. Exprimez en écriture décimale puis en notation scientifique le diamètre d'un cheveu en m.

b. Déterminez combien de cheveux sont nécessaires pour obtenir une épaisseur de 1 mm.

c. Exprimez en notation scientifique le nombre de cheveux que l'on possède en moyenne.

d. Déterminez l'épaisseur, en cm, que l'on obtiendrait si on parvenait à empiler tous nos cheveux.

SITUATION 2

Puissance dissipée par effet Joule

Un grand nombre d'objets professionnels ou de notre quotidien utilisent la puissance dissipée par effet Joule pour produire de la chaleur : armoire chauffante, radiateur, fer à repasser, four, etc. Cette puissance est donnée par la relation $P = R \times I^2$ où P est la puissance en watt (W), R la résistance en ohm (Ω) et I l'intensité du courant électrique en ampère (A).

1. Calculez la puissance dissipée par effet Joule pour une armoire chauffante de résistance R = 30 Ω et traversée par un courant électrique d'intensité I = 7 A.

2. Calculez l'intensité électrique du courant qui traverse un radiateur de puissance P = 2 000 W et de résistance R = 29 Ω. Arrondissez à 10^{-2}.

SITUATION 3

Réaliser une canalisation

Paul doit réaliser un coude pour une conduite extérieure comme indiqué sur le schéma ci-contre.
Déterminez la longueur de tuyau nécessaire pour réaliser ce coude.
Arrondissez le résultat à l'unité.

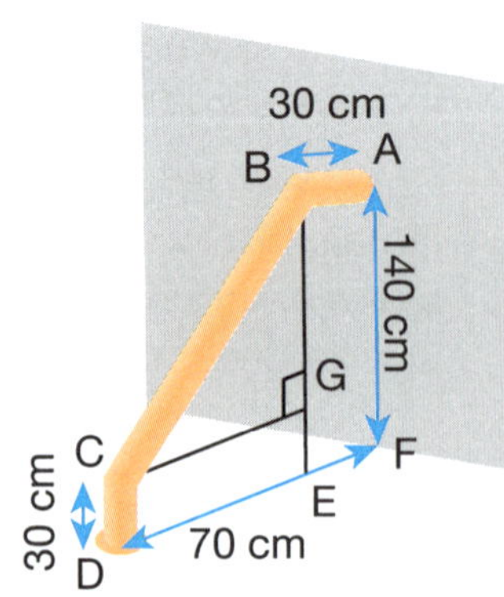

ZOOM MÉTIERS Ces connaissances seront utiles dans de nombreux domaines comme les métiers du numérique, du bâtiment (charpente, couverture), etc.

Vers le brevet

Nom : .... Prénom : ....

Classe : .... Date : ....

Exercice 1

Calculer a. Calculez sans utiliser la calculatrice. Écrivez le détail des calculs.

$A = 4 \times 10^3 - 5 \times 10^2$

A = ...

A = ...

$B = \dfrac{10^5}{10^3}$

B = ...

B = ...

$C = 2 \times \sqrt{100} + \sqrt{81}$

C = ...

b. Donnez un encadrement de $\sqrt{30}$ à l'unité : ..... $< \sqrt{30} <$ .....

Exercice 2

Raisonner Cochez pour chacun des programmes Scratch ci-dessous le calcul qu'il permet d'effectuer.

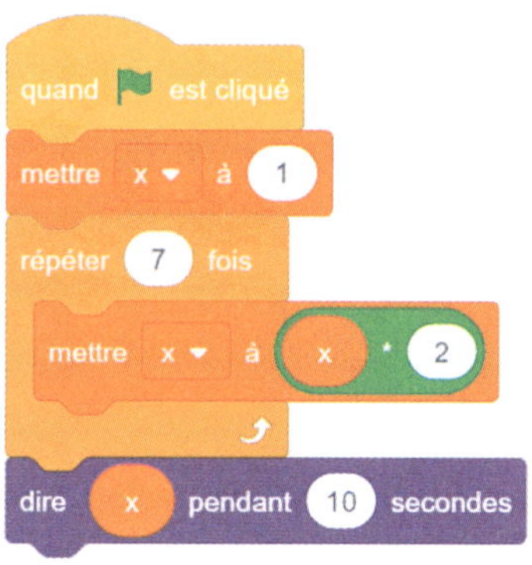

Programme 1

☐ 7^2 ☐ 2^7 ☐ 2^{-7} ☐ 7^{-2}

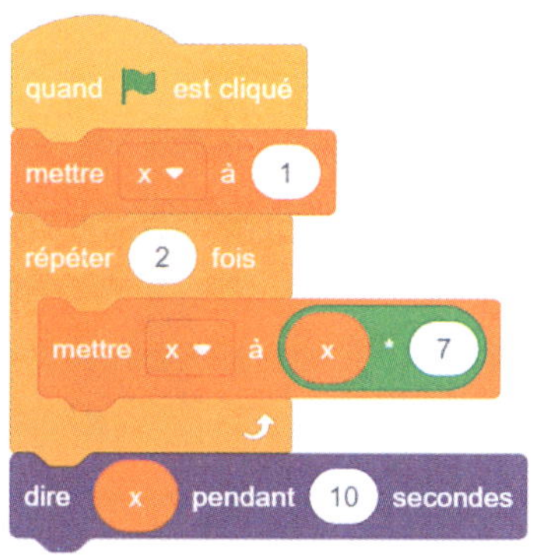

Programme 2

☐ 7^2 ☐ 2^7 ☐ 2^{-7} ☐ 7^{-2}

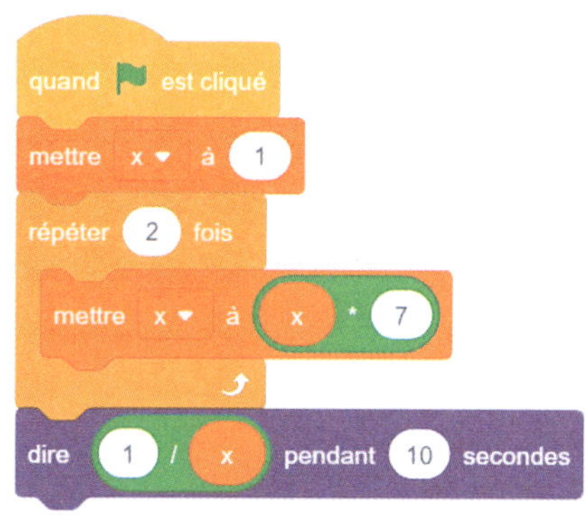

Programme 3

☐ 7^2 ☐ 2^7 ☐ 2^{-7} ☐ 7^{-2}

Exercice 3

Calculer **Communiquer** Marion a accès en ligne à un cloud gratuit dont la capacité de stockage est de 5 Go. Marion a archivé dans ce cloud : un dossier contenant 16 fichiers de 140 ko chacun ; 34 fichiers de 25 Mo chacun et 1 fichier de 1,2 Go.

On sait que 1 Mo = 1 000 ko et 1 Go = 1 000 Mo.

Calculez, en Mo, l'espace encore disponible dans le cloud de Marion.

....

....

....

Exercice 4

Calculer **Raisonner** **Communiquer** Pour choisir un écran d'ordinateur, on peut s'intéresser à la longueur de sa diagonale qui se mesure en pouces. Un pouce est égal à 2,54 cm.

Un écran est vendu avec la mention « 15 pouces ». On prend les mesures suivantes : la longueur est 30,5 cm et la largeur est 22,9 cm.

La mention « 15 pouces » est-elle exacte ? Justifiez.

....

....

....

Exercice 5

Ce tableau donne la distance entre le Soleil et les planètes du système solaire.

Distance du Soleil (en km)		
Planète	**Notation décimale**	**Notation scientifique**
Jupiter	778 000 000	$7{,}78 \times 10^8$
Mars	227 940 000	....
Mercure	....	$5{,}8 \times 10^7$
Neptune	....	$4{,}497 \times 10^9$
Saturne	1 427 000 000	....
Terre	149 569 000	....
Uranus	....	$2{,}871 \times 10^9$
Vénus	108 190 000	$1{,}081\,9 \times 10^8$

a. Chercher Raisonner De Mercure ou Neptune, dites quelle planète est la plus près du Soleil. Justifiez.

....

b. Calculer Complétez le tableau.

c. Raisonner À environ 6×10^8 km du Soleil, il y a une immense ceinture d'astéroïdes (corps célestes beaucoup plus petits que les planètes). Ces astéroïdes se trouvent entre deux planètes. Lesquelles ?

....

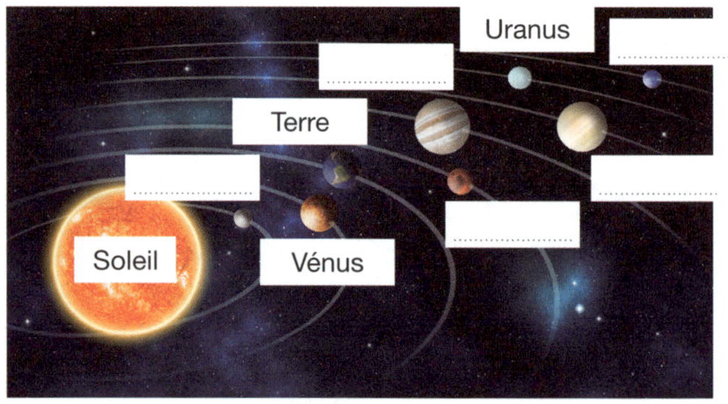

d. Représenter Indiquez sur la photo les noms des 5 planètes manquantes du système solaire en comparant, grâce au tableau, leur distance par rapport au Soleil.

Grille d'évaluation

foucherconnect.fr/22mpm50

Compétences travaillées	Connaissances et capacités associées	Questions	Appréciation du niveau d'acquisition		
Chercher	• Donner une méthode pour comparer deux nombres.	5a.			
Représenter	• Utiliser une représentation spatiale.	5d.			
Raisonner	• Choisir le bon programme. • Justifier une méthode.	2 4 5a. 5c.			
Calculer	• Calculer une puissance de 10 et une racine carrée. • Effectuer une suite de calculs. • Passer de l'écriture décimale à la notation scientifique d'un nombre et inversement.	4 1 3 5b.			
Communiquer	• Donner la réponse en la justifiant. • Expliquer de façon claire les étapes de la démarche suivie.	3 4			

CHAPITRE

03 Calcul littéral

ACTIVITÉ PRÉPARATOIRE
foucherconnect.fr/22mpm36

Activité 1 Calculer la valeur numérique d'une expression littérale

Question flash
Cochez la bonne réponse.
Une vitesse de 100 km/h est égale à environ :
☐ 27,8 m/s ☐ 36 m/s ☐ 50 m/s.

SITUATION

Mélody roule sur son scooter à la vitesse de 50 km/h lorsqu'elle voit surgir un obstacle. Elle freine brutalement et arrive à s'arrêter en 4 secondes juste devant l'obstacle. Mélody a eu très peur, d'autant plus qu'elle a lu dans une plaquette de la prévention routière qu'un choc à 50 km/h équivaut à une chute du 4e étage d'un immeuble.

Problématique

À quelle distance de l'obstacle Mélody se trouvait-elle lorsqu'elle a commencé à freiner ? L'information provenant de la prévention routière est-elle correcte ?

EXPRESSION LITTÉRALE

Une **expression littérale** est une expression qui comprend **une ou plusieurs lettres** qui représentent des nombres dont la valeur peut varier : ce sont des **variables**.

Lors de la phase de freinage, l'accélération a du scooter et la distance d parcourue par le scooter se calculent à l'aide des expressions littérales suivantes : (1) $a = \frac{v_{\text{finale}} - v_{\text{initiale}}}{t}$ et (2) $d = \frac{1}{2}at^2 + v_{\text{initiale}}t$.

L'accélération a est constante et donnée en m/s² ; la distance d s'exprime en mètres ; t est la durée de la phase de freinage exprimée en secondes.

v_{initiale} est la vitesse du scooter au début du freinage et v_{finale}, sa vitesse à la fin du freinage (en m/s).

1 Chercher a. **Donnez** le nombre et le nom des variables présentes dans ces deux expressions.

....

b. **Indiquez** les valeurs des variables t, v_{initiale} et v_{finale} que l'on peut connaître grâce aux informations données dans la situation : « Mélody roule à la vitesse de 50 km/h lorsqu'elle voit surgir un obstacle. Elle freine brutalement et arrive à s'arrêter en 4 secondes juste devant l'obstacle. »

....

2 Chercher Dans la formule ci-dessous, **placez** le signe « × » à chaque fois qu'il faut effectuer une multiplication. $d = \frac{1}{2} \quad a \quad t^2 + v_{\text{initiale}} \quad t$

CALCUL D'UNE EXPRESSION LITTÉRALE

3 Calculer **a.** **Convertissez** les valeurs de $v_{intitiale}$ et v_{finale} en m/s. **Arrondissez** à l'unité.

$v_{intitiale}$ = ……………………………………

v_{finale} = ……………………………………

b. **Calculez** à partir de l'expression littérale (1) la valeur de a, en m/s².

$a = \dfrac{v_{finale} - v_{initiale}}{t} = \dfrac{\ldots - \ldots}{\ldots} = \ldots$ m/s²

c. Lors d'une phase de freinage, la valeur de l'accélération est négative. **Indiquez** si cela correspond à votre résultat.

……………………………………………………………………………………

Coup de pouce

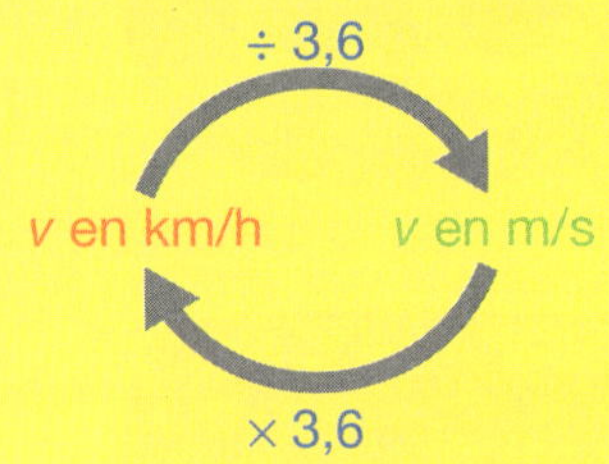

4 Calculer **Remplacez** a, t et $v_{initiale}$ par leurs valeurs dans l'expression littérale (2), puis **calculez** la distance parcourue d pendant le freinage.

$d = \dfrac{1}{2}at^2 + v_{initiale}t = \dfrac{1}{2} \times \ldots \times \ldots^2 + \ldots \times \ldots = \ldots$

Coup de pouce Respecter les priorités des opérations pour effectuer les calculs.

TRANSFORMATION DE FORMULE

En roulant, un véhicule acquiert de l'énergie cinétique E_c. Celle-ci dépend de la masse m du système (véhicule + conducteur) et de sa vitesse v :

$E_c = \dfrac{1}{2}mv^2$ avec E_c en joules (J), m en kg et v en m/s.

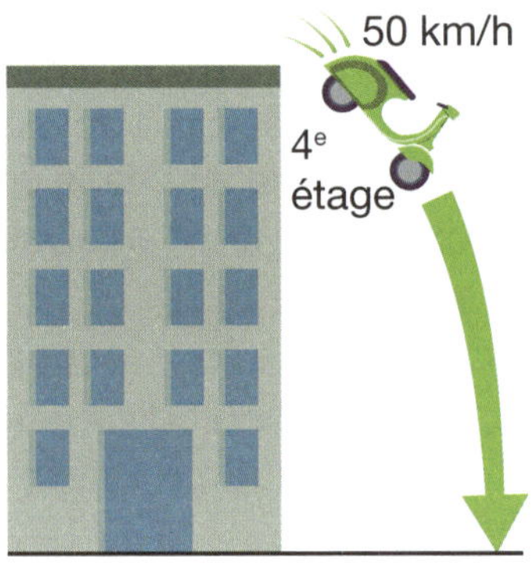

5 Calculer **Montrez** que l'énergie cinétique acquise par le scooter lorsque Mélody roule à 50 km/h est 19 600 J (données : masse de Mélody = 55 kg ; masse du scooter = 145 kg).

$E_c = \dfrac{1}{2}mv^2 = \dfrac{1}{2} \times \ldots \times \ldots^2 = \ldots$

6 Calculer Cette énergie peut être comparée à l'énergie que l'on acquiert lors d'une chute d'une hauteur h, c'est l'énergie potentielle ou énergie de position notée E_p : $E_p = m \times g \times h$ (E_p en joules, m en kg, g valeur de la gravité en N/kg et h en mètres).

a. **Cochez** parmi les propositions suivantes celle qui permet d'obtenir h en fonction de E_p et de m.

☐ $h = \dfrac{E_p}{m \times g}$ ☐ $h = E_p \times m \times g$ ☐ $h = \dfrac{m \times g}{E_p}$

b. **Calculez** la hauteur d'une chute telle que $E_p = E_c$ = 19 600 J. On prendra m = 200 kg et g = 10 N/kg.

……………………………………………………………………………………

c. Sachant qu'un étage d'immeuble correspond à une hauteur de 2,5 m, **calculez** le nombre d'étages correspondant à la chute.

……………………………………………………………………………………

EN CONCLUSION

7 Communiquer **Répondez** à la problématique.

……………………………………………………………………………………

……………………………………………………………………………………

Activité 2 Développer une expression

Question flash

Un rectangle a une largeur de 5 cm. Sa longueur est variable, on la note L. Exprimez l'aire $\mathcal{A}$ de ce rectangle en fonction de L, puis calculez l'aire pour $L = 9$ cm.

……………………………………………………………………………………

SITUATION

Hicham fait de la création numérique. Il prépare des cartons d'invitation pour le vernissage d'un artiste. Celui-ci veut que la zone réservée au texte soit située à plus de 1 cm du bord de la carte et que l'aire de cette zone soit d'au moins 50 cm². Hicham a créé plusieurs modèles de dimensions variables à partir de cartes de forme rectangulaire ou carrée.

Problématique

Parmi les trois modèles créés par Hicham, quels sont ceux qui pourraient convenir à l'artiste ?

SIMPLE DISTRIBUTIVITÉ

Modèle 1

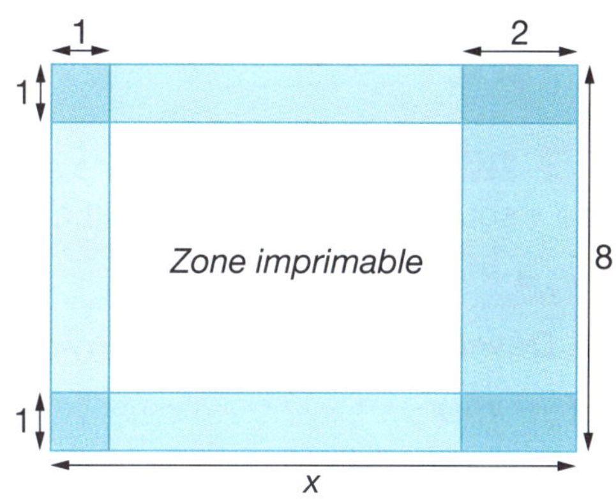

1 a. Chercher **Donnez** la largeur de la zone imprimable. ……

b. Représenter **Exprimez** la longueur de la zone imprimable en fonction de x : □ $x - 2$ □ $x - 3$ □ $x + 3$.

L'aire $\mathcal{A}_1$ de la zone imprimable du modèle 1 peut s'écrire sous la forme d'un produit $\mathcal{A}_1 = 6 \times (x - 3)$, c'est la **forme factorisée** de $\mathcal{A}_1$.

2 Calculer Pour obtenir la forme **développée** de $\mathcal{A}_1$, il faut multiplier par 6 chaque terme de la parenthèse. **Complétez** :

$\mathcal{A}_1 = 6 \times (x - 3) = 6 \times$ …… + …… $\times$ …… = …… − ……

3 Chercher Afin de vérifier le résultat précédent, on peut calculer l'aire de la zone imprimable en ôtant à l'aire totale de la carte, l'aire des différentes marges.

a. **Mettez en œuvre** cette méthode pour trouver l'aire de la zone imprimable.

……………………………………………………………………………………

b. Ce résultat est-il le même que celui de la question 2 ? ……………………

4 Raisonner Dans le modèle proposé par Hicham, x est égal à 12 cm. Ce modèle respecte-t-il les deux contraintes imposées par l'artiste ?

……………………………………………………………………………………

……………………………………………………………………………………

……………………………………………………………………………………

DOUBLE DISTRIBUTIVITÉ

Modèle 2

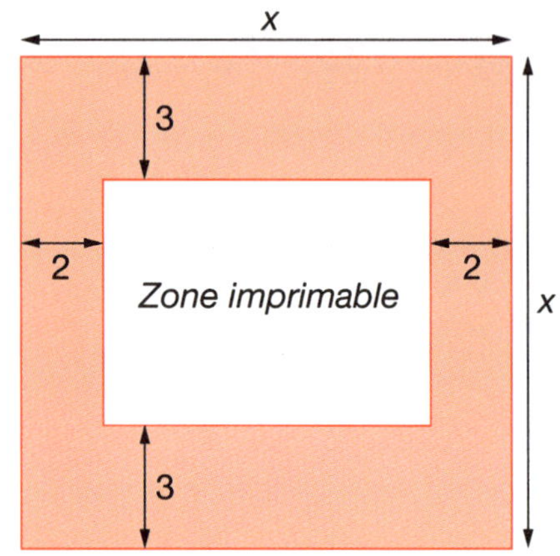

5 Chercher **Exprimez** la longueur et la largeur de la zone imprimable du modèle 2 en fonction de x.

Longueur : ....; largeur : ....

6 a. Modéliser **Exprimez** l'aire $\mathcal{A}_2$ de la zone imprimable en fonction de x sous la forme d'un produit de facteurs.

$\mathcal{A}_2 =$ .... × ....

b. Calculer **Développez** l'expression précédente, en suivant les indications :

$\mathcal{A}_2 = (x - 4)(x - 6) = x \times x + x \times (-6) + (-4) \times \ldots + (-4) \times \ldots$

$= x^2 - \ldots - \ldots + \ldots$ (***effectuez** les multiplications*) ;

$= \ldots - \ldots + \ldots$ (***réduisez** l'expression*)

7 Raisonner Dans le modèle proposé par Hicham, x est égal à 12 cm. Ce modèle respecte-t-il les deux contraintes imposées par l'artiste ?

....

....

Modèle 3

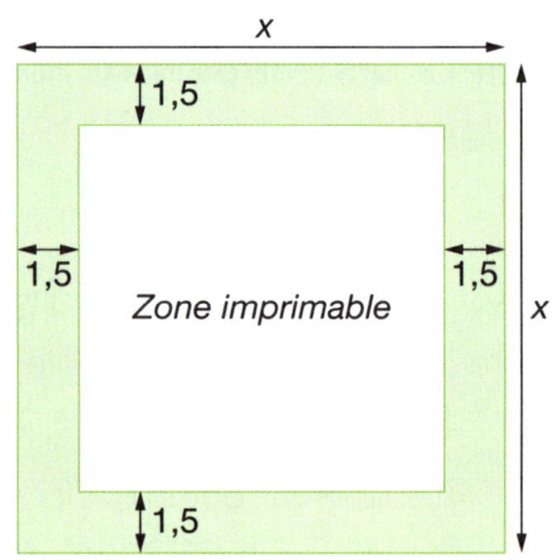

8 Chercher a. **Indiquez** la forme de la zone imprimable du modèle 3.

....

b. **Exprimez** la longueur du côté de la zone imprimable du modèle 3 en fonction de x.

....

9 Chercher a. **Exprimez** l'aire $\mathcal{A}_3$ de la zone imprimable en fonction de x sous la forme d'un produit de facteurs.

$\mathcal{A}_3 =$ ....

b. **Développez** l'expression de $\mathcal{A}_3$.

$\mathcal{A}_3 = x \times x$ ....

$\mathcal{A}_3 =$ ....

10 Raisonner Dans le modèle proposé par Hicham, x est égale à 12 cm. Ce modèle respecte-t-il les deux contraintes imposées par l'artiste ?

....

....

EN CONCLUSION

11 Communiquer **Répondez** à la problématique.

....

....

Activité 3 Factoriser une expression

Question flash Réduisez l'expression $E = x^2 + 4x + 3x^2 + 7 - 3x + 10x + 15$.

☐ $E = 3x^2 + 14x + 22$ ☐ $E = 4x^2 + 17x + 22$ ☐ $E = 4x^2 + 11x + 22$

SITUATION

Martha est créatrice de couvre-lits en tissu. Elle dessine un motif de base qu'elle reproduit un certain nombre de fois, puis elle les coud côte à côte. Elle travaille sur un nouveau motif composé de 3 morceaux rectangulaires de dimensions modulables dont le patron est donné ci-dessous. Martha a décidé du tarif suivant pour ce modèle : 25 €/m². Pour fixer le prix d'un couvre-lit, Martha doit calculer l'aire de celui-ci. Pour cela, elle cherche une expression simple de l'aire d'un motif.

Problématique

Comment Martha peut-elle calculer facilement l'aire $\mathscr{A}$ d'un motif ? Quel sera le prix d'un couvre-lit composé de 160 motifs tels que x = 5 cm ?

Ci-contre un patron du motif.

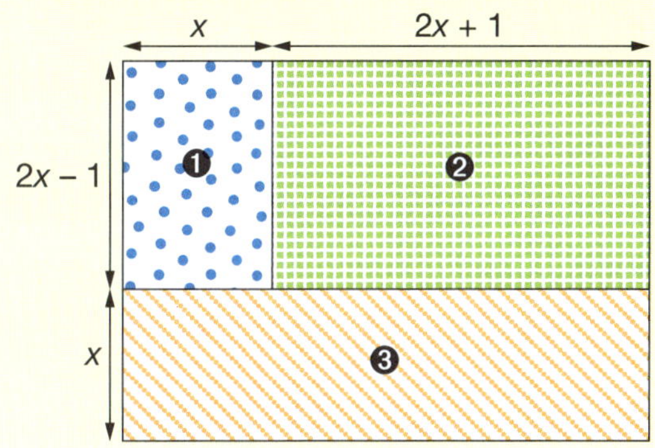

FACTORISATION

1re méthode : calculer l'aire d'un motif en additionnant l'aire des rectangles ❶, ❷ et ❸.

1 Représenter **a. Exprimez** sous la forme d'un produit de facteurs l'aire de chaque rectangle en fonction de x.

Rectangle ❶ : ...... × ...... ; Rectangle ❷ : .... ; Rectangle ❸ : ....

b. Exprimez l'aire $\mathscr{A}$ du motif en fonction de x, puis complétez chaque parenthèse de façon à obtenir la forme factorisée de $\mathscr{A}$: $\mathscr{A}$ = aire Rectangle ❶ + aire Rectangle ❷ + aire Rectangle ❸.

$\mathscr{A}$ = ... + ... + ...

$\mathscr{A} = (2x - 1) \times ($..............$) + x \times$ ....

$\mathscr{A} = (3x + 1) \times ($..............$)$

$\mathscr{A} = ($........$) \times ($........$)$

2e méthode : calculer l'aire d'un motif à partir de ses dimensions.

2 Représenter **a. Exprimez** la longueur et la largeur du motif en fonction de x.

Longueur : .... ; largeur : ....

b. Exprimez l'aire $\mathscr{A}$ du motif en fonction de x.

....

c. Comparez à la réponse **1b.**

....

DÉCOUVERTE D'UNE IDENTITÉ REMARQUABLE

Dans cette partie, vous allez découvrir une égalité particulière qui permettra de simplifier l'expression de l'aire d'un motif.

3 Modéliser Soit le rectangle AEFD.

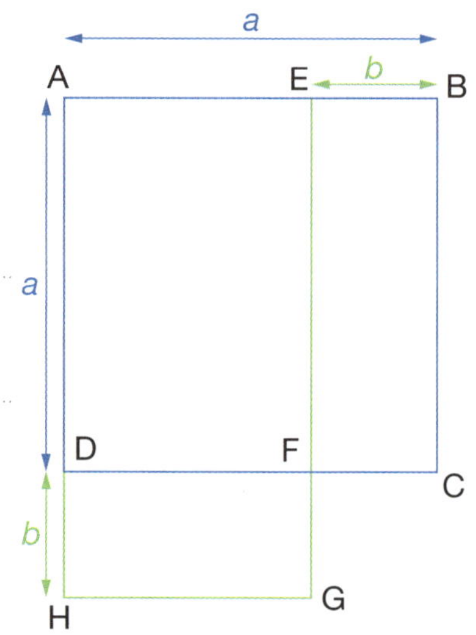

a. **Exprimez** la longueur AE en fonction de a et b. ....

b. **Exprimez** la longueur AD en fonction de a et b. ....

c. **Exprimez** l'aire du rectangle AEFD en fonction de a et b.

....

d. **Développez** et **réduisez** l'expression trouvée en 3.c.

....

L'égalité $(a + b)(a - b) = a^2 - b^2$ est appelée **identité remarquable**. Cette égalité est vraie quelle que soit la valeur de a et b.

4 Calculer **Utilisez** l'égalité trouvée précédemment pour **développer** l'expression $(3x + 1) \times (3x - 1)$, expression factorisée de l'aire $\mathcal{A}$ du motif.

....

....

5 Représenter SCRATCH pix Compétence 1.3 foucherconnect.fr/22mpm29

Ouvrez le fichier « **C03_01_identité remarquable.sb3** ».

a. **Observez** les instructions des blocs Méthode 1 et Méthode 2. **Reliez** chaque bloc au calcul qu'il permet d'effectuer.

Bloc Méthode 1 •	• $9x^2 - 1$
Bloc Méthode 2 •	• $(3x + 1)(3x - 1)$

b. **Exécutez** le programme avec plusieurs valeurs de x. **Indiquez** alors ce qu'affiche le programme.

....

....

c. **Indiquez** si ces informations permettent de vérifier l'identité remarquable $(a + b)(a - b) = a^2 - b^2$.

....

....

EN CONCLUSION

6 Calculer Communiquer **Répondez** à la problématique.

....

....

....

....

7 Représenter SCRATCH **Ajoutez** des instructions dans le programme afin qu'il demande le nombre de motifs puis qu'il calcule et affiche l'aire du couvre-lit ainsi que son prix. **Vérifiez** les résultats obtenus à la question précédente.

L'essentiel

Calcul d'une expression littérale

Une **expression littérale** est une expression qui comprend **une ou plusieurs lettres**. Cette lettre ou ces lettres représentent des nombres dont la valeur peut varier : ce sont des **variables**.
On peut calculer la valeur numérique d'une expression littérale en remplaçant la ou les lettres par leur valeur.

Exemples Les expressions $4x + y$ et $3a + 7b - 11$ sont des expressions littérales.
- Si $x = 5$ et $y = -1$, alors l'expression $4x + y$ vaut : $4 \times 5 + (-1) = 20 + (-1) = 19$.
- Si $a = -4$ et $b = 3$, alors l'expression $3a + 7b - 11$ vaut : $3 \times (-4) + 7 \times 3 - 11 = (-12) + 21 - 11 = -2$.

Pour calculer la valeur numérique d'une expression littérale, il faut soit établir un programme de calculs en respectant les priorités des opérations indiquées par les signes opératoires et les parenthèses, soit utiliser les fonctionnalités de la calculatrice.

Exemple Pour calculer l'expression $5x - 3(2x + 1)$, il faut commencer par effectuer le calcul à l'intérieur de la parenthèse, puis effectuer les multiplications.
Pour $x = 2$, le calcul devient $5 \times 2 - 3 \times (2 \times 2 + 1) = 10 - 3 \times (4 + 1) = 10 - 3 \times 5 = 10 - 15 = -5$.
À la calculatrice, la séquence de touches serait :

[5] [*] [2] [−] [3] [(] [2] [*] [2] [+] [1] [)] [EXE]

Développement d'une expression littérale

Développer une expression, c'est **transformer un produit en une somme**.

$a(b + c) = ab + ac$ $\quad (a + b)(c + d) = ac + ad + bc + bd$ $\quad (a + b)(a - b) = a^2 + ab - ab - b^2 = a^2 - b^2$

Exemples
- $3(x + 9) = 3 \times x + 3 \times 9 = 3x + 27$
- $(x + 8)(x - 2)) = x \times x + x \times (-2) + 8 \times x + 8 \times (-2) = x^2 - 2x + 8x - 16 = x^2 + 6x - 16$
- $(x + 5)(x - 5) = x^2 - 5^2 = x^2 - 25$
- $(5x + 1)(5x - 1) = (5x)^2 - 1 = 25x^2 - 1$

Factorisation d'une expression littérale

Factoriser une somme, c'est la **transformer en produit**.

Une des méthodes possibles pour factoriser une somme est la mise en facteur commun.

$ab + ac + ad + ae = a(b + c + d + e)$

Exemples
- $9x - 9y = 9(x - y)$
- $3x - 12y = 3(x - 4y)$.
- $15x^2 - 10x = 5x \times 3x - 5x \times 2 = 5x(3x - 2)$
- Dans l'expression $(x + 4)(2x - 6) - (3x + 7)(x + 4)$, le facteur $(x + 4)$ est commun à chaque produit de facteurs. On peut écrire : $(x + 4) \times [(2x - 6) - (3x + 7)] = (x + 4)(2x - 6 - 3x - 7) = (x + 4)(-x - 13)$

Une autre méthode consiste à utiliser l'**identité remarquable $a^2 - b^2 = (a + b)(a - b)$** lorsque c'est possible.

Exemples
- $x^2 - 9 = (x + 3)(x - 3)$
- $25x^2 - 64 = (5x + 8)(5x - 8)$
- $x^2 - 5 = (x + \sqrt{5})(x - \sqrt{5})$.

VÉRIFIER SES ACQUIS
foucherconnect.fr/22mpm30

Exercices

AUTOMATISMES

Sans calculatrice ni brouillon, répondez aux 2 questions du rituel indiqué par votre professeur.

Rituel 1 (2')

1. Calculez la largeur d'un rectangle dont l'aire est de 126 cm² et la longueur 14 cm.

....

2. $\frac{2}{3} + \frac{1}{5} > 1$. Indiquez si cette inégalité est vraie ou fausse.

....

Rituel 3 (2')

1. Développez $(5 + 6x)(3x - 4)$.

....

2. Un magasin propose une réduction de 36 € sur un article coûtant 150 €. Calculez le pourcentage de réduction correspondant.

....

Rituel 2 (2')

1. Convertissez 3 h 54 min 36 s en heures, puis en minutes.

....

....

2. Résolvez les équations $10x = 0{,}01$ et $x - \frac{7}{10} = 10$.

....

Rituel 4 (2')

1. La fonction f est définie par $f(x) = -\frac{2}{5}x$.

Cochez l'image de –5 par f.

☐ –5 ☐ –2 ☐ 2

2. Calculez le périmètre du triangle ABC sachant que AB = 7 cm et BC = 3 cm.

☐ 13 cm ☐ 17 cm ☐ 21 cm

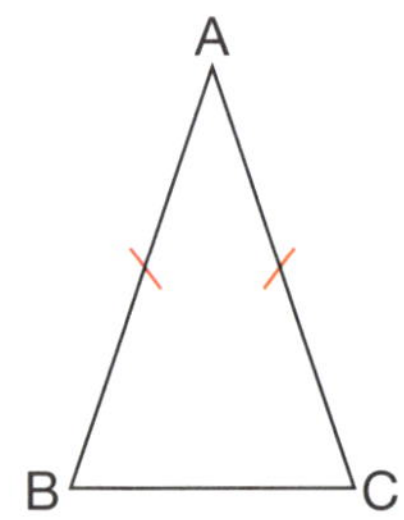

Calculer la valeur numérique d'une expression littérale

1 * Réduisez les expressions proposées puis effectuez le calcul avec les valeurs données.

- $A = 3a + 4ab - 2b + 7ab + 6b - a + 3b$ avec $a = 7$ et $b = -4$;

....

....

- $B = 2x + 8 + 7x - 5x + 6y + 3 - 2y$ avec $x = 2$ et $y = -1$;

....

....

- $C = 3x^2 + 12 + 5x - x^2 + 4x + 2$ avec $x = -3$;

....

....

2 ** SCRATCH pix **Compétence 1.3** Un hexagone régulier est un polygone dont les six côtés ont la même longueur c. L'aire $\mathscr{A}$ d'un hexagone régulier est donnée par la formule : $\mathscr{A} = \frac{3\sqrt{3}}{2}c^2$.

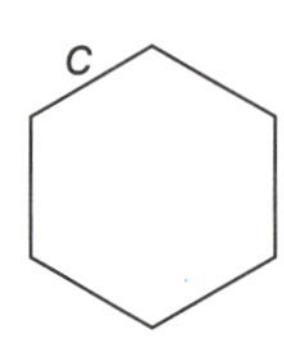

a. Calculez l'aire d'un hexagone régulier dont les côtés mesurent 4 cm. Arrondissez à 10^{-2}.

....

b. foucherconnect.fr/22mpm31 Ouvrez le programme « **C03_02_ex2.sb3** ». Complétez les instructions de façon à obtenir un programme de calcul permettant de calculer l'aire d'un hexagone régulier connaissant la longueur de son côté. Vérifiez le résultat de la question a. à l'aide de ce programme.

Développer une expression

3 ** Développez et réduisez les expressions suivantes.

$A = 3(2x + 5) =$ .... $B = 2(5x - 7) =$ ....

$C = 2(a - 1) + 4(3a - 2) =$ .... $D = (x + 1)(x + 7) =$ ....

$E = (7x + 0{,}5)(7x - 0{,}5) =$ .... $F = (x + 4)(x - 4) - 5 =$ ....

$G = (x + 3)(2x - 1) - 5(2x + 8) =$ ....

4 * Thomas a trouvé que l'aire $\mathscr{A}$ du rectangle ABCD ci-contre peut s'écrire $14x + 2$, mais il s'est trompé. Indiquez quelle erreur Thomas a commise, puis donnez l'expression de $\mathscr{A}$ en fonction de x.

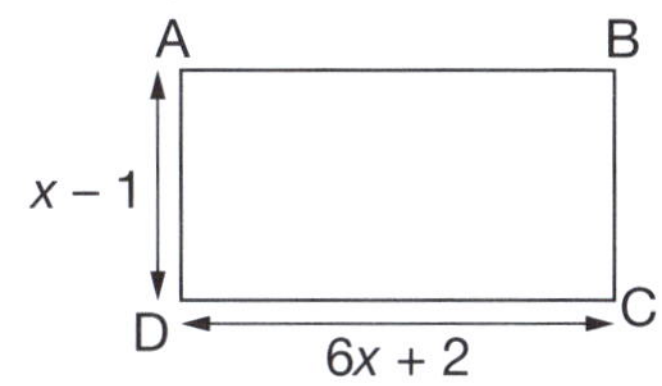

....

....

....

Factoriser une expression

5 * Factorisez les expressions suivantes.

$A = 6a - 12ab = 6a($.........$)$ $E = x(x + 3) - 8(x + 3) =$ ....

$B = x^2 + 7x = x($.........$)$ $F = (3x - 2)(x + 4) - 5(x + 4) =$ ....

$C = 35a^3 + 21a^2 - 14a = 7a($.........$)$ $G = x^2 - 49 =$ ....

$D = 2(2x + 1) + 3(2x + 1) =$ .... $H = x^2 - 11 =$ ....

6 * SCRATCH Aïssa souhaite réaliser un programme Scratch permettant de calculer l'expression $x^2 - 36$, mais elle ne sait pas comment mettre un nombre au carré avec Scratch. Simon lui propose d'utiliser l'instruction suivante pour obtenir le même résultat : 

.

a. Prouvez que la proposition de Simon est correcte.

....

....

b. Calculez l'expression $x^2 - 36$ pour $x = -20$. ....

c. foucherconnect.fr/22mpm32 Ouvrez le fichier « **C03_03_ex6.sb3** ». Exécutez le programme pour $x = -20$. Le résultat obtenu permet-il de valider la proposition de Simon ?

....

Autoévaluation

Cochez la bonne réponse parmi les trois propositions.

a. L'expression $3(x - 7)$ peut s'écrire : ☐ $x - 4$ ☐ $3x - 7$ ☐ $3x - 21$.

b. Une fois développé et réduit, le produit $(5x - 1)(2x + 1)$ s'écrit :
☐ $10x^2 + 3x - 1$ ☐ $7x$ ☐ $10x^2 + 7x - 1$.

c. L'expression factorisée de $x^2 - 4$ est :
☐ $(x + 4)(x - 4)$ ☐ $(x + 2)(x - 2)$ ☐ $(x - 2)(x - 2)$.

d. L'expression $(x + 12)(3x + 4) - (x + 12)(3 - x)$ peut s'écrire sous la forme :
☐ $(x + 12)(2x + 7)$ ☐ $(x + 12)(4x - 1)$ ☐ $(x + 12)(4x + 1)$.

e. Lorsque l'on donne à x la valeur 30, l'expression $(x - 10)^2$ vaut : ☐ 20 ☐ 40 ☐ 400.

Problèmes

7 * Carla affirme que si l'on ajoute trois nombres entiers consécutifs, le résultat sera toujours un multiple de 3.

a. Choisissez 3 nombres entiers consécutifs, ajoutez-les. Leur somme est-elle un multiple de 3 ?

On note n un nombre entier.

b. Exprimez en fonction de n, les deux nombres entiers qui lui sont consécutifs.

c. Exprimez en fonction de n, la somme de n et des deux nombres qui lui sont consécutifs.

d. Factorisez l'expression obtenue.

e. L'affirmation de Carla est-elle correcte ? Justifiez.

8 ** Abdel possède un terrain (ABCD) qu'il veut agrandir en acquérant deux bandes de même largeur x aux extrémités (partie hachurée).

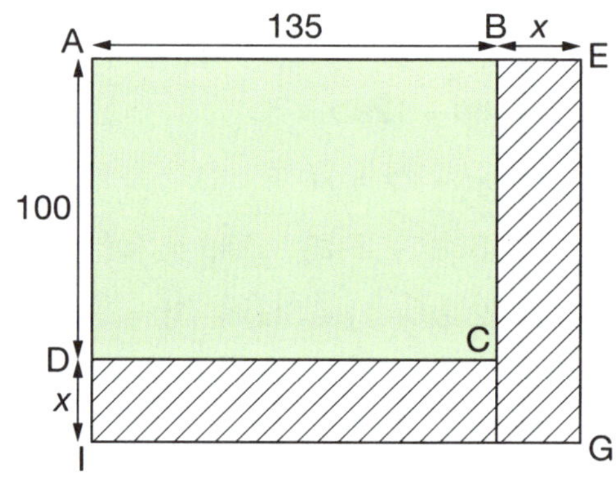

a. Exprimez la nouvelle longueur et la nouvelle largeur du terrain en fonction de x.

b. Exprimez l'aire $\mathscr{A}$ du nouveau terrain (AEGI) en fonction de x sous forme d'un produit de facteurs (forme factorisée).

c. Développez l'expression précédente.

d. Calculez l'aire $\mathscr{A}$ du terrain agrandi si $x = 10$ m avec la forme factorisée, puis avec la forme développée et comparez les résultats.

9 * Prise d'initiative Khaled étant passionné de plongée sous-marine, il s'est acheté une montre pouvant supporter une pression de 5 bars.

Jusqu'à quelle profondeur Khaled peut-il plonger sans endommager sa montre ?

Info : la pression P de l'eau (en bars) s'exprime en fonction de la profondeur h (en m) de la façon suivante : $P(h) = 1 + \frac{h}{10}$.

10 ** **a.** Avec le programme de calcul ci-contre, indiquez le résultat obtenu si le nombre choisi est 10.

> Choisir un nombre x.
> Ajouter 3 au quadruple de x.
> Élever au carré le résultat.
> Retrancher le nombre 9.

L'expression littérale qui correspond au programme de calcul est $P = (4x + 3)^2 - 9$.

b. Développez l'expression de P.

c. Calculez avec la forme développée le résultat pour $x = 10$. Comparez ce résultat à celui de la question **a.**

d. À l'aide de l'identité remarquable $a^2 - b^2 = (a + b)(a - b)$, montrez que la forme factorisée de l'expression de P peut s'écrire $4x \times (4x + 6)$.

e. Calculez avec la forme factorisée de la question **d.** le résultat pour $x = 10$.

f. Indiquez quelle forme, développée ou factorisée de l'expression, vous paraît la plus facile à utiliser pour calculer les résultats. Justifiez.

11 ** SCRATCH pix Compétence 1.3

La formule de Héron permet de calculer l'aire S d'un triangle dont les côtés ont pour longueur a, b et c :
$S = \sqrt{p(p-a)(p-b)(p-c)}$ où p est le demi-périmètre du triangle.
On considère le triangle ci-contre.

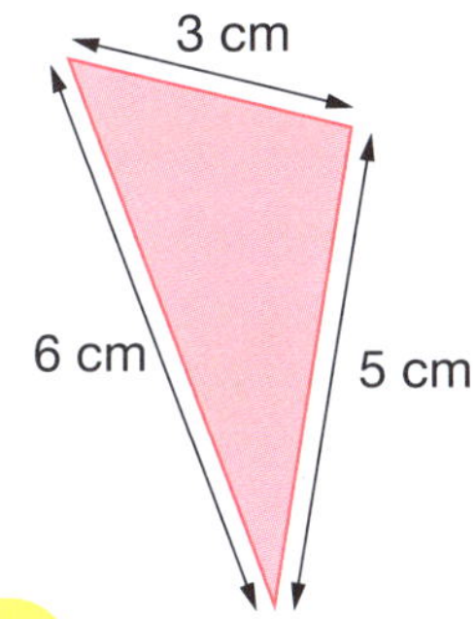

a. Calculez, en cm, le périmètre du triangle.

b. Déduisez-en la valeur p du demi-périmètre.

c. Complétez : $a =$ ……… $b =$ ……… $c =$ ………

$S = \sqrt{p(p-a)(p-b)(p-c)} =$ ………

> **Coup de pouce** Les côtés a, b et c sont interchangeables.

d. Donnez la valeur exacte de S, en cm², ainsi que sa valeur arrondie au dixième.

e. foucherconnect.fr/22mpm33 Ouvrez le fichier « **C03_04_ex11.sb3** ». Assemblez les instructions de façon à écrire un programme qui permet de calculer l'aire d'un triangle à l'aide de la formule de Héron.

f. Exécutez le programme avec les valeurs 3, 5 et 6. Le résultat obtenu permet-il de valider celui de la question **d.** ?

12 ** Prise d'initiative Maëva prépare l'examen du Code de la route. Elle trouve l'information suivante : « La distance d'arrêt d'un véhicule, en mètres, dépend de sa vitesse v exprimée en m/s. Sur route sèche : $d = v + 0{,}08v^2$ et sur route humide : $d = v + 0{,}14v^2$ ».

Son moniteur lui affirme que lorsque l'on roule à la vitesse de 90 km/h sur une route humide, il faut environ 50 % de distance supplémentaire par rapport à une route sèche pour s'arrêter.

Prouvez que le moniteur de Maëva a raison. *Faites apparaître la démarche utilisée.*

Vers les métiers... de la banque et de la maintenance des véhicules

SITUATION 1

Épargne bancaire

Lila souhaite placer 5 000 € sur un compte épargne pendant cinq ans. Son conseiller bancaire a préparé une simulation de placement à intérêts composés au taux annuel de 4 %. Pour cela, il a utilisé la formule permettant de calculer la valeur acquise C_n par un capital C_0, placé à intérêts composés pendant n périodes au taux périodique t :

$$C_n = C_0(1 + t)^n$$

1 Dans le cas de Lila, indiquez la valeur du capital C_0 placé initialement.

....

Coup de pouce Une période peut être un mois, un trimestre ou une année.

2 Si le capital est placé 5 ans, donnez le nombre de périodes n. ....

3 Calculez la valeur acquise par le capital placé au bout de 5 ans. Arrondissez au centième.

....

....

Coup de pouce t est l'écriture décimale du pourcentage. Ici $t = \frac{4}{100} = 0,04$.

foucherconnect.fr/22mpm34 Ouvrez le fichier « **C03_05_simulation.xlsx** » dans lequel se trouve la simulation d'épargne à intérêts composés au taux annuel de 4 % réalisée par le banquier.

4 Vérifiez le résultat trouvé à la question **3**. ....

5 Lila souhaiterait aussi savoir combien lui rapporterait son capital si elle le laissait placé 10 ans au même taux. Modifiez la simulation afin de répondre à Lila.

....

6 Dans le fichier se trouve une autre simulation de placement. Indiquez, en observant le contenu des cellules, le nombre de périodes simulées et le taux de placement.

....

7 Indiquez lequel des deux placements rapporte le plus sur 5 ans.

....

SITUATION 2

Cylindrée d'un moteur d'automobile

Pour un moteur thermique à combustion interne, la cylindrée V est le volume total des cylindres d'un moteur exprimé en cm^3.

L'alésage A est le diamètre intérieur du cylindre, la course C est la distance comprise entre le point mort haut (PMH) et le point mort bas (PMB).

La cylindrée totale V se calcule avec la formule : $V = \pi.\left(\frac{A}{2}\right)^2.C.n$

A étant en cm, C en cm et n le nombre de cylindres.

Calculez la cylindrée d'un moteur 4 cylindres ayant un alésage de 77 mm et une course de 65,6 mm.

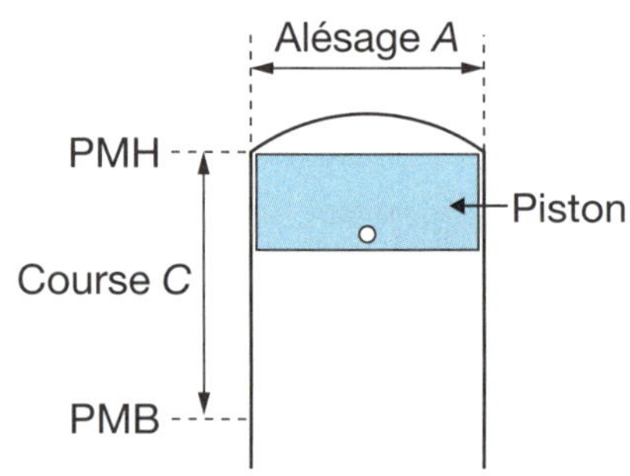

Schéma d'un cylindre

....

ZOOM MÉTIERS Le calcul littéral est utile dans de nombreux domaines : menuiserie, maçonnerie ainsi que dans la plupart des métiers du bâtiment et de l'industrie. Il est également très employé dans les métiers du secteur tertiaire (banque, commerce…).

Vers le brevet

Nom : .... Prénom : ....

Classe : .... Date : ....

Exercice 1

Soit le programme Scratch ci-contre.

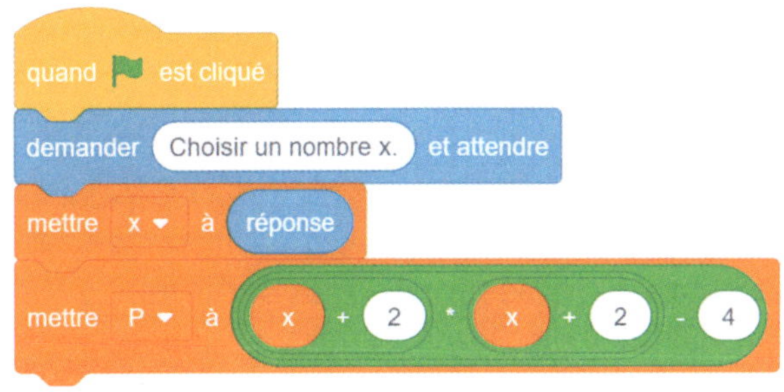

a. Raisonner Parmi les programmes de calculs suivants, entourez celui qui peut traduire le programme Scratch.

Prendre un nombre x. Ajouter 2. Soustraire 4 au résultat. Élever au carré le résultat.	Prendre un nombre x. Ajouter 2. Élever au carré le résultat. Soustraire 4 au résultat.	Prendre un nombre x. Soustraire 4. Ajouter 2 au résultat. Élever au carré le résultat.

b. Modéliser Complétez l'expression suivante de façon à obtenir l'expression correspondant au programme de calcul : $(x +$ ......$)^2 -$ ....

c. Calculer Montrez que si le nombre choisi est 0 alors le résultat est 0.

....

d. Calculer Donnez un nombre pour lequel le résultat obtenu est négatif.

....

Exercice 2

a. Calculer Développez et réduisez l'expression suivante :

$F = (x - 4)(2x + 1) - 6(3x - 7) =$ ....

b. Calculer Factorisez l'expression suivante :

$H = (3x - 8)(x + 5) - (x + 5)(x - 3) =$ ....

c. Raisonner Laura a développé l'expression $(x + 5)(2x - 5)$, elle a trouvé $2x^2 + 15x + 25$.
Sa réponse n'est pas correcte, expliquez pourquoi.

....

....

d. Calculer Soit l'expression $E = x^2 - 81$. Factorisez E. ....

Exercice 3

Un architecte doit concevoir une terrasse d'au moins 40 m² pour un restaurant tout en laissant une zone de passage autour comme indiqué sur le schéma ci-contre.

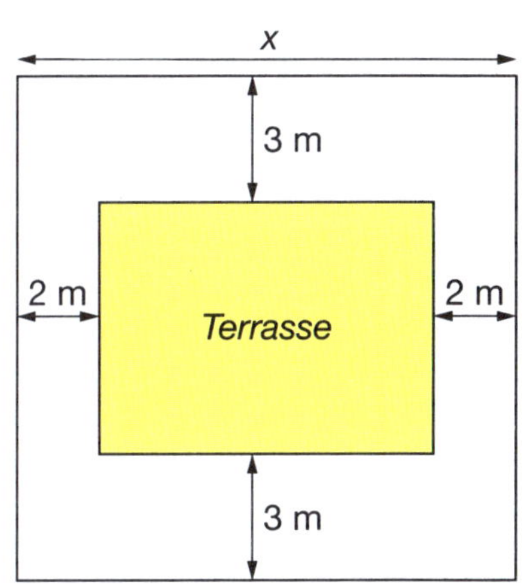

a. Modéliser Exprimez sous la forme d'un produit de facteurs l'aire de la terrasse en fonction de x. ....

b. Calculer Développez l'expression trouvée en a. ....

c. Raisonner Communiquer L'architecte dispose d'un emplacement tel que x mesure 11 m. Cet espace est-il suffisant pour y installer la terrasse ? Justifiez.

....

....

Exercice 4

Dans le cadre d'une mini-entreprise, des élèves de 3e Prépa-métiers fabriquent et vendent des meubles en carton au prix de 60 €. Les bénéfices récoltés doivent servir à financer totalement une sortie scolaire à la mer dont le montant est de 2 800 € (pour l'ensemble de la classe).
Les élèves ont sollicité des entreprises pour récupérer gratuitement des cartons, mais ils n'ont pas la certitude de les obtenir. S'ils ne les obtiennent pas, ils devront les acheter.
Les élèves ont établi le tableau prévisionnel ci-dessous où n représente le nombre de meubles vendus.

Montant des recettes	M = prix d'un meuble $\times n$
Montant des frais si les cartons sont récupérés	$F = 1{,}5n$
Montants des frais si les cartons sont achetés	$F' = \dfrac{n^2}{10} + 1{,}5n$
Bénéfice	$B = M - F$ ou $B = M - F'$

Les élèves ont prévu de vendre 50 meubles.

a. Chercher Modéliser Exprimez le montant des recettes M en fonction de n. ....

b. Chercher Calculer Montrez que le bénéfice peut s'exprimer en fonction de n dans le cas où les cartons sont récupérés par $B = 58{,}5n$.

....

c. Chercher Calculer Exprimez le bénéfice en fonction de n dans le cas où les cartons sont achetés.

....

d. Calculer Communiquer Le bénéfice obtenu suffira-t-il pour financer intégralement la sortie scolaire ? Donnez les détails de votre démarche.

....

....

....

....

Grille d'évaluation

foucherconnect.fr/22mpm35

Compétences travaillées	Connaissances et capacités associées	Questions	Appréciation du niveau d'acquisition		
			(rouge)	(orange)	(vert)
Chercher	• Extraire d'un document les informations utiles.	4a. 4b. 4c.			
Modéliser	• Traduire une situation réelle.	1b. 3a. 4a.			
Raisonner	• Utiliser un raisonnement logique.	1a. 2c. 3c.			
Calculer	• Utiliser le calcul littéral. • Calculer la valeur numérique d'une expression littérale.	1c. 1d. 2a. 2b. 2d. 3b. 4b. 4c. 4d.			
Communiquer	• Expliquer par écrit la démarche utilisée.	3c. 4d.			

CHAPITRE

04 Équations et inéquations

ACTIVITÉ PRÉPARATOIRE
foucherconnect.fr/22mpm51

Activité 1 Résoudre un problème à l'aide d'une équation à une inconnue

Question flash

Cochez la réponse exacte aux deux affirmations ci-dessous.

- L'égalité $2x - 2 = 0$ est vraie si $x = 1$: ☐ Vrai ☐ Faux
- Lorsque $y = 0$, l'égalité $5y + 1 = 2$ est vérifiée : ☐ Vrai ☐ Faux

SITUATION

Vous êtes un agent chargé de lever le mystère sur la disparition du navire l'Adéquation. Vous disposez uniquement d'un carnet de bord sur lequel sont dessinées deux figures. Sur ces figures, il manque des cotes. Elles permettent de compléter les coordonnées géographiques figurant sur le parchemin ci-dessous. Ces coordonnées (latitude ; longitude) donnent l'emplacement exact du navire.

Figure 1

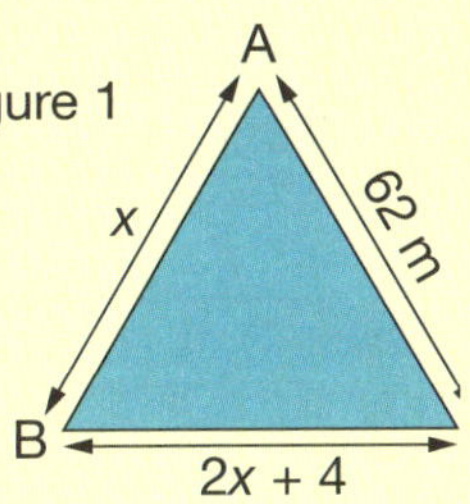

Figure 2

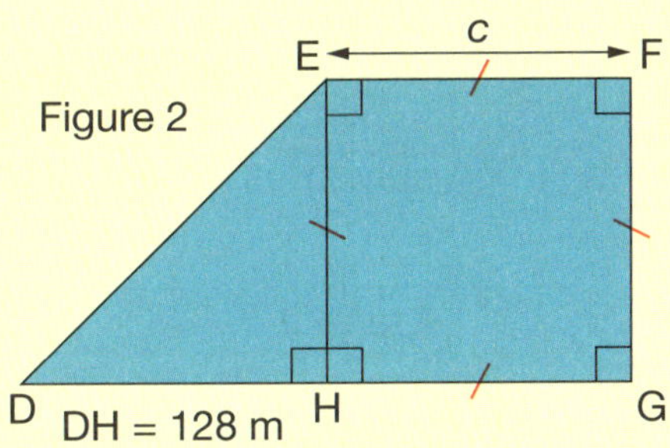

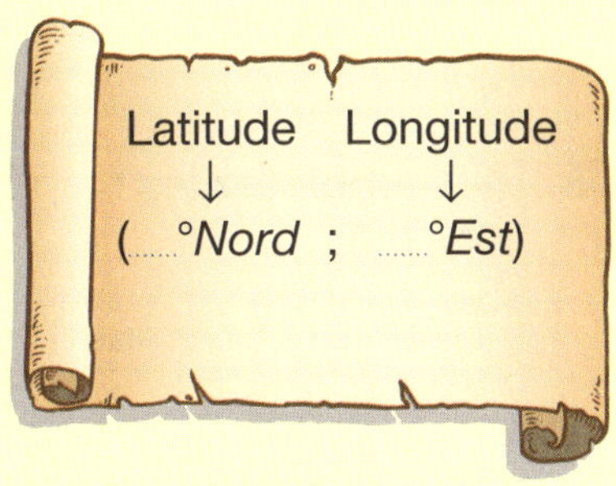

La valeur manquante x sur la figure 1 donne la latitude à condition que le périmètre de la figure ABC soit égal à 159 m. Sur la figure 2, la valeur manquante c donne la longitude à la condition que l'aire de la figure DEH soit égale à l'aire de la figure EFGH.

Problématique

Quelles sont les coordonnées géographiques de l'Adéquation ?

ÉQUATION DU PREMIER DEGRÉ

1 Chercher **Retrouvez** dans l'énoncé de la situation la valeur que doit prendre le périmètre du triangle ABC. ....

Coup de pouce Le périmètre d'une figure est la longueur du contour de cette figure.

2 Chercher Modéliser **Montrez** que le périmètre du triangle ABC peut s'écrire $3x + 66$.

....

L'expression du périmètre du triangle ABC permet de traduire notre problème par l'égalité $3x + 66 = 159$ contenant le nombre inconnu x. Cette égalité est une **équation**. Résoudre une équation d'inconnue x, c'est trouver toutes les valeurs de x, si elles existent, pour lesquelles l'égalité est vraie. Chacune de ces valeurs est appelée **solution de l'équation**.

3 Calculer **Résolvez** l'équation ci-dessous en complétant chacune des étapes.

$3x + 66 = 159$

$3x + 66 - \ldots = \ldots - 66$	Retranchez 66 des deux membres de l'équation.
$3x = \ldots$	Réduisez les deux membres.
$\frac{3x}{\ldots} = \frac{93}{3}$	Divisez les deux membres par 3.
$x = \ldots$	Réduisez les deux membres.

4 Raisonner **Interprétez** le résultat obtenu à la question 3 en complétant la phrase suivante :

« La longueur AB est égale à ..... m et la longueur BC est égale à ... × ..... + ... = ... »

ÉQUATION PRODUIT

5 Chercher Communiquer **Donnez**, en justifiant, la nature des figures DEH et EFGH.

....

....

6 Chercher **Exprimez** en fonction de c :

- l'aire de la figure DEH : ....
- l'aire de la figure EFGH : ....

> **Coup de pouce**
> $\mathcal{A}_{\text{triangle}} = \frac{\textit{Base} \times \textit{Hauteur}}{2}$

7 Modéliser **Écrivez** l'égalité qui traduit la condition « l'aire de la figure DEH est égale à l'aire de la figure EFGH ».

....

8 Raisonner **Complétez** les étapes de résolution suivantes pour montrer que l'égalité précédente peut s'écrire $c^2 - 64c = 0$.

	Étape 1	Étape 2	Étape 3
$c^2 = \frac{128c}{2}$	$c^2 = \ldots c$	$c^2 - \ldots = 64c - 64c$	$c^2 - \ldots = \ldots$

9 Raisonner Parmi les propositions suivantes, **cochez** le produit de facteurs qui est égal à $c^2 - 64c$:

☐ $c(c + 64)$ ☐ $(c + 1)(c + 64)$ ☐ $c(c - 64)$.

Un produit de facteurs est nul si et seulement si l'un des facteurs au moins est nul.

10 Raisonner Calculer **Complétez** la résolution de l'équation $c(c - 64) = 0$ en appliquant la propriété ci-dessus.

> **Coup de pouce**
> Résoudre l'équation $(x + a)(x + b) = 0$ revient à résoudre $x + a = 0$ ou $x + b = 0$.

.... si et seulement si c = ... ou $c - 64$ = ... soit c = ... ou c = ...

11 Raisonner **Interprétez** les deux solutions obtenues à la question 10 en complétant la phrase suivante :

« L'aire de la figure DEH est égale à l'aire de la figure EFGH si c = ... ou si c = ..., mais la seule valeur possible est c = ... »

EN CONCLUSION

12 Communiquer **Répondez** à la problématique en complétant le parchemin de la situation page 49.

Activité 2 Résoudre un problème à l'aide d'une inéquation à une inconnue

Question flash Cochez les inégalités correctes.
☐ $3 > 2$ ☐ $-3 > -2$ ☐ $1,43 \leqslant 1,4$ ☐ $0 \geqslant -1$ ☐ $3,9 < 3,90$

SITUATION

Dans une ruche, il y a des abeilles butineuses chargées de récolter le nectar des fleurs.

Durant ses vols, une butineuse peut remplir son jabot (poche qui sert de réserve) avec 25 mg de miel. Pour cela, elle doit visiter 1 000 fleurs.

En automne et en hiver, lorsqu'elles hivernent, les abeilles consomment ce miel pour se nourrir et nourrir la reine.

Par exemple, une colonie A de 60 000 abeilles peut stocker en une année 100 kg de miel et en consommer en moyenne 400 g par jour en automne et en hiver. Une colonie B de 40 000 abeilles stockera environ 85 kg de miel et en consommera en moyenne 300 g par jour.

Problématique

Quel est le nombre minimal de fleurs qu'une abeille doit visiter pour produire un pot de 500 g de miel ? Au bout de combien de jours, la quantité de miel restant dans la ruche de la colonie A sera-t-elle inférieure ou égale à la quantité de miel restant dans la ruche de la colonie B ?

RÈGLES DE RÉSOLUTION D'UNE INÉQUATION

On peut traduire chacune des deux questions de la problématique par une **inégalité** contenant le nombre inconnu x. Cette inégalité est une **inéquation**. La méthode de résolution d'une inéquation est similaire à celle d'une équation.

1 Chercher **Convertissez** 500 g en milligramme. 500 g = ... mg.

2 Chercher Raisonner **Cochez** la réponse exacte. Pour déterminer le nombre minimal de fleurs qu'une abeille doit visiter pour produire 500 g de miel, on va traduire la situation par une inéquation d'inconnue x où x est le nombre de fleurs qu'une abeille doit visiter. Cette inéquation peut s'écrire : $\frac{25x}{1\,000} \geqslant 500\,000$.

Dans le rapport $\frac{25x}{1\,000}$, on divise par 1 000 :

☐ pour transformer les g en mg.

☐ car c'est le nombre de fleurs qu'une abeille doit visiter pour produire 25 mg de miel.

3 Calculer **Résolvez** l'inéquation $\frac{25x}{1\,000} \geqslant 500\,000$ ci-dessous en suivant et en complétant les différentes étapes de calcul.

Étape 1 : effectuez le quotient de 25 par 1 000. .... $\geqslant 500\,000$

Étape 2 : divisez les deux membres par 0,025. $\frac{\dots\dots}{0,025} \geqslant \frac{500\,000}{\dots\dots}$

Étape 3 : simplifiez dans chaque membre. $x \geqslant$ ....

4 Chercher Raisonner **Complétez** la phrase avec le terme qui convient parmi les propositions suivantes : *moins, au moins, plus de, au maximum*.

Pour obtenir un pot de 500 g de miel, une abeille doit visiter .... 20 000 000 fleurs.

RÉSOLUTION D'UN PROBLÈME À L'AIDE D'UNE INÉQUATION

5 Chercher Calculer **Calculez**, en kg, la quantité de miel restant dans la colonie A au bout de 10 jours.

....

6 Chercher Calculer **Calculez**, en kg, la quantité de miel restant dans la colonie B au bout de 10 jours.

....

7 Raisonner Pour déterminer au bout de combien de jours la quantité de miel restant dans la ruche de la colonie A sera inférieure ou égale à la quantité de miel restant dans la ruche de la colonie B, on va traduire la situation par une inéquation d'inconnue y. **Cochez** la bonne réponse.
L'inconnue y est : ☐ un nombre de jours ☐ un nombre d'abeilles ☐ une quantité de miel.

8 Raisonner **Cochez** l'expression qui donne la quantité de miel restant dans la colonie A en fonction du nombre de jours y : ☐ $100 - 0{,}4y$ ☐ $0{,}4 - 100y$ ☐ $100 + 0{,}4y$

9 Raisonner **Donnez** l'expression qui donne la quantité de miel restant dans la colonie B en fonction du nombre de jours y. ....

10 Raisonner En utilisant les réponses données aux questions **8** et **9**, **traduisez** par une inéquation l'information « la quantité de miel restant dans la ruche de la colonie A est inférieure ou égale à la quantité de miel restant dans la ruche de la colonie B ».

....

11 Raisonner Calculer **Résolvez** l'inéquation ci-dessous en suivant et en complétant les différentes étapes de calcul.

	$100 - 0{,}4y \leqslant 85 - 0{,}3y$
Étape 1 : placez à gauche les termes contenant l'inconnue y.	$100 - 0{,}4y +$ .... $\leqslant 85 - 0{,}3y +$ ....
Étape 2 : réduisez les deux membres.	$100 -$ .... $\leqslant$ ....
Étape 3 : placez à droite les termes sans y.	$100 -$ .... $- 0{,}1y \leqslant 85 -$ ....
Étape 4 : réduisez les deux membres.	$-0{,}1y \leqslant$ ....
Étape 5 : divisez les deux membres par $-0{,}1$.	$\dfrac{-0{,}1y}{\ldots\ldots}$ ..... $\dfrac{-15}{-0{,}1}$
Étape 6 : réduisez les deux membres.	y 150

Coup de pouce Multiplier ou diviser les deux membres d'une inéquation par un nombre négatif change le sens de l'inégalité.

EN CONCLUSION

12 Communiquer **Répondez** à la problématique.

....

....

....

....

L'essentiel

Équations

- Une **équation** à une inconnue est une **égalité** qui contient un nombre inconnu que l'on représente par une lettre, souvent ***x***. Une valeur de l'inconnue pour laquelle l'égalité est vraie est **solution** de cette équation.
- Une égalité reste vraie si on ajoute ou si on retranche un même nombre à chacun de ses membres. Ainsi, pour a et b deux nombres réels, si :
  - $x + a = b$ alors $x + a - a = b - a$ et $x = b - a$.
  - $x - a = b$ alors $x - a + a = b + a$ et $x = b + a$.
- Une égalité reste vraie si on multiplie ou si on divise les deux membres par un même nombre non nul. Ainsi, pour a et b deux nombres réels ($b \neq 0$), si :
  - $ax = b$ alors $\frac{ax}{a} = \frac{b}{a}$ et $x = \frac{b}{a}$.
  - $\frac{x}{a} = b$ alors $a \times \frac{x}{a} = a \times b$ et $x = ab$.

Exemples

Si $x + 2 = 12$ alors $x + 2 - 2 = 12 - 2$ et $x = 10$. La solution de l'équation $x + 2 = 12$ est 10.

Si $2x = 6$ alors $\frac{2x}{2} = \frac{6}{2}$ et $x = 3$. La solution de l'équation $2x = 6$ est 3.

Si $\frac{x}{3} = 5$ alors $3 \times \frac{x}{3} = 3 \times 5$ et $x = 15$. La solution de l'équation $\frac{x}{3} = 5$ est 15.

Si $3x - 4 = 2x + 5$ alors $3x - 4 + 4 = 2x + 5 + 4$ soit $3x = 2x + 9$ puis $3x - 2x = 2x - 2x + 9$ et $x = 9$.
La solution de l'équation $3x - 4 = 2x + 5$ est 9.

Équations produits

Un **produit de facteurs** est nul si et seulement si l'un des facteurs au moins est nul.
Autrement dit, $A \times B = 0$ si et seulement si $A = 0$ ou si $B = 0$.

Exemple

$(2x + 1)(x - 3) = 0$ si et seulement si $2x + 1 = 0$ ou si $x - 3 = 0$

- $2x + 1 = 0$ $\quad 2x + 1 - 1 = 0 - 1$ $\quad 2x = -1$ $\quad \frac{2x}{2} = \frac{-1}{2}$ $\quad x = \frac{-1}{2}$
- $x - 3 = 0$ $\quad x - 3 + 3 = 0 + 3$ $\quad x = 3$

Les solutions de l'équation $(2x + 1)(x - 3) = 0$ sont $\frac{-1}{2}$ et 3.

Inéquations

- Une **inéquation** à une inconnue est une **inégalité** qui contient un nombre inconnu que l'on représente par une lettre, souvent ***x***. Une valeur de l'inconnue pour laquelle l'inégalité est vraie est **solution** de cette inéquation.
- Les règles de résolution d'une inéquation sont identiques aux règles de résolution d'une équation. Toutefois, attention : lorsqu'on multiplie ou qu'on divise les deux membres d'une inéquation par un même nombre non nul **négatif**, on change le **sens de cette inéquation**.

Exemple

Si $-4x + 5 < 2$ $\quad -4x + 5 - 5 < 2 - 5$ $\quad -4x < -3$ $\quad \frac{-4x}{-4} > \frac{-3}{-4}$ $\quad x > \frac{-3}{-4}$ $\quad x > \frac{3}{4}$

Tous les nombres strictement supérieurs à $\frac{3}{4}$ sont solutions de l'inéquation $-4x + 5 < 2$.

VÉRIFIER SES ACQUIS
foucherconnect.fr/22mpm52

Exercices

AUTOMATISMES

Sans calculatrice ni brouillon, répondez aux 2 questions du rituel indiqué par votre professeur.

Rituel 1 (2')

1. Calculez 30 % de 2 000.

2. La transformation ci-contre est une :
- ☐ symétrie axiale
- ☐ symétrie centrale
- ☐ translation.

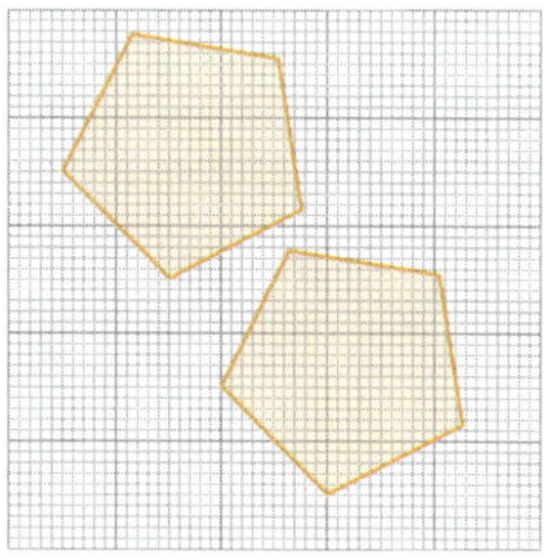

Rituel 3 (2')

1. Citez deux caractéristiques d'un triangle équilatéral.

2. Cochez la bonne réponse. Une autre écriture de 2^4 est :
☐ $2 \times 2 \times 2 \times 2$ ☐ 2×4 ☐ $2 + 2 + 2 + 2$

Rituel 2 (2')

1. Factorisez l'expression ci-dessous.
$x^2 - 4^2 =$ ……

2. On considère le tableau de proportionnalité ci-dessous. Déterminez la valeur de a.

49	a
7	9

Rituel 4 (2')

1. Convertissez.
0,004 352 m³ = …… cm³

2. Résolvez les équations $-2x = -2$ et $\frac{x}{10} = 10$.

Résoudre un problème à l'aide d'une équation à une inconnue

1 * Résolvez les équations suivantes.
a. $3x + 2 = 20$ b. $4x - 1 = 27$ c. $-5 + 8t = 43$ d. $5x + 3 = 4x - 1$ e. $-3x - 1 = 4x + 2$

2 ** Lou a 5 ans de moins que Madi. Martin a le triple de l'âge de Lou. À eux trois, ils ont 75 ans. On pose x l'âge de Lou.

a. Exprimez l'âge de Madi en fonction de x.
b. Exprimez l'âge de Martin en fonction de x.
c. Cochez l'équation qui permet de traduire cette situation :
☐ $x + 5 + 3x = 75$ ☐ $x - x + 5 + 3x = 75$ ☐ $x + x + 5 + 3x = 75$
d. Montrez que résoudre l'équation $x + x + 5 + 3x = 75$ revient à résoudre $5x = 70$.
e. Résolvez cette équation.
f. Déterminez l'âge de Lou, de Madi et de Martin.

3 * Résolvez les équations produits suivantes.

a. $(x + 2)(x - 1) = 0$ ....

b. $(3 - x)(2 + x) = 0$ ....

c. $(2x + 3)(5x - 1) = 0$ ....

d. $(6 + 4x)(2 - x) = 0$ ....

e. $(x + 5)^2 = 0$ ....

Coup de pouce Un produit de facteurs est nul si et seulement si l'un des facteurs au moins est nul.

Résoudre un problème à l'aide d'une inéquation à une inconnue

4 * Résolvez les inéquations suivantes, puis écrivez une phrase pour la réponse contenant une des expressions suivantes : *strictement supérieur, supérieur ou égal, strictement inférieur, inférieur ou égal*.

a. $x + 3 \geqslant 18$ ....

....

b. $4x > 32$ ....

....

c. $3 - 2x \geqslant 12$ ....

....

d. $4 + 5x < 2 - 3x$ ....

....

5 ** On considère le carré WAOU ci-contre. Déterminez pour quelles valeurs de x le périmètre du carré WAOU est inférieur ou égal à 32.

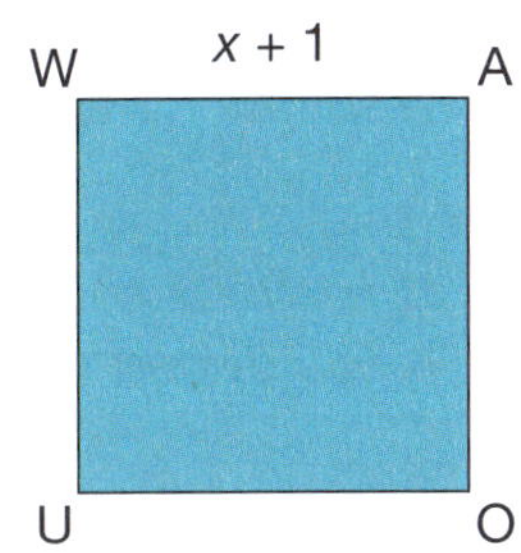

....

....

....

....

....

....

....

Autoévaluation **Cochez la bonne réponse parmi les trois propositions.**

On considère l'expression $A = 2x + 3$.

a. 4 est solution de l'équation $2x + 3 = 11$. ☐ Vrai ☐ Faux ☐ On ne peut pas savoir

b. La solution de l'équation $2x + 3 = 1$ est égale à : ☐ –1 ☐ 2 ☐ 6

c. –4 est solution de l'inéquation $2x + 3 < 2$: ☐ Vrai ☐ Faux ☐ On ne peut pas savoir

d. Les solutions de l'inéquation $2x + 3 \geqslant 9$ sont tous les x :

☐ inférieurs ou égaux à 3 ☐ supérieurs ou égaux à 3 ☐ supérieurs ou égaux à 10.

Problèmes

6 ** Éline et Lou-Anne proposent une devinette à Cléante. Elles ont choisi toutes les deux un même nombre. Après différentes opérations, elles obtiennent toutes les deux le même résultat. Elles demandent alors à Cléante : saurais-tu retrouver le nombre que nous avons choisi et le résultat que nous avons obtenu ?

a. On note x le nombre qu'Éline et Lou-Anne ont choisi. Exprimez en fonction de x les opérations effectuées par Éline. ……

b. Exprimez en fonction de x les opérations effectuées par Lou-Anne. ……

c. Éline et Lou-Anne ont trouvé le même résultat. En utilisant les questions a. et b., traduisez cette information par une équation.

……

d. Résolvez cette équation. ……

e. Interprétez ce résultat. ……

f. Déterminez le résultat qu'elles ont obtenu toutes les deux.

……

7 ** On donne le programme de calcul P ci-contre.

- Choisir un nombre
- Lui ajouter 1
- Calculer le carré de cette somme
- Enlever 16 au résultat obtenu

a. Vérifiez que lorsque que le nombre de départ est 4, P est égal à 9.

……

b. Calculez P si le nombre de départ est égal à –1.

……

c. On note x le nombre de départ. Vérifiez que l'expression $P = (x - 3)(x + 5)$ permet d'obtenir les mêmes résultats qu'aux questions a. et b..

……

d. En vous servant de l'expression de $P = (x - 3)(x + 5)$, déterminez quels nombres il est possible de choisir au départ pour que P soit égal à 0.

……

8 *** Walid veut faire de l'athlétisme à l'année. Pour cela, il dispose d'un budget de 500 €. Le club de sport qu'il choisit lui propose deux tarifs :

- tarif 1 : 18 € la séance ;
- tarif 2 : une carte d'abonnement de 120 € pour l'année et un tarif de 12 € la séance.

a. Complétez le tableau ci-dessous.

Nombre de séances	5	15	30
Prix payé avec le tarif 1	……	……	……
Prix payé avec le tarif 2	……	……	……

b. Déterminez le tarif le plus avantageux pour 5, 15 et 30 séances.

……

……

c. Calculez le nombre de séances que Walid pourra faire avec son budget s'il prend le tarif 1 ou le tarif 2. Arrondissez à l'unité.

……

……

d. On note x le nombre de séances effectuées par Walid dans l'année. Exprimez en fonction de x la somme payée avec le tarif 1. ....

e. Exprimez en fonction de x la somme payée avec le tarif 2. ....

f. Déterminez le nombre de séances pour lequel la somme payée avec le tarif 1 est égale à la somme payée avec le tarif 2.

....

....

9 *** SCRATCH Pendant l'été, Zoé fabrique et vend des glaces. Par jour, elle dépense 75 € pour la fabrication des glaces. Elle vend des glaces 2,50 € pièce. Zoé ne fera un bénéfice que si le montant des ventes dépasse le montant des dépenses.

a. Zoé vend 20 glaces le premier jour et 50 le second. Déterminez par un calcul si elle a réalisé un bénéfice ces deux jours. Justifiez votre réponse.

....

....

b. On note x le nombre de glace que Zoé a vendu en une journée. À l'aide d'une équation, déterminez le nombre de glaces que Zoé doit vendre pour que le montant des ventes soit égal au montant de ses dépenses.

....

c. Zoé a écrit le script ci-contre. Expliquez ce que représente la variable $\boldsymbol{x}$.

....

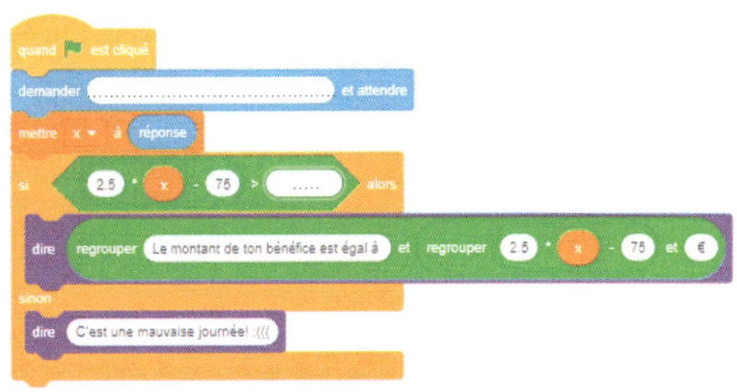

d. foucherconnect.fr/22mpm53

Ouvrez le fichier « **C04_01_glace.sb3** ».
Complétez alors la seconde ligne du script avec une question permettant à Zoé de pouvoir faire tourner le programme.

e. Expliquez ce que représente le calcul 2,5*x – 75 de la 4e ligne du script.

....

f. Complétez la fin de l'instruction de la 3e ligne avec le chiffre qui convient.

g. Donnez les valeurs de x pour que l'instruction « C'est une mauvaise journée ! » n'apparaisse pas.

....

10 *** **Prise d'initiative** Deux écureuils, Tic et Tac, ont fait leur réserve de noisettes pour manger lorsque l'hiver arrivera. Tic a un stock de 720 noisettes et en mange 5 par jour durant l'hiver. Tac a une réserve de 580 noisettes, mais n'en mange que 3 par jour durant l'hiver.
Au bout de combien de jours la réserve de noisettes de Tac sera-t-elle strictement supérieure à celle de Tic ? *Détaillez les étapes de la démarche suivie.*

....

....

....

....

....

....

SITUATION

Dans de très nombreux domaines (chimie, nautisme, électricité, ferroviaire, transports, automobile), il est parfois nécessaire de fabriquer certaines pièces métalliques avec une très grande précision.
On souhaite fabriquer une pièce métallique ABCDEF. Cette pièce est un prisme droit où ABC est un triangle équilatéral et ACDE un rectangle.
Une contrainte est à respecter : le triangle ABC doit avoir le même périmètre que le rectangle ACDE.

Le but de cet exercice est de déterminer quelle doit être la valeur de x pour que la contrainte imposée soit respectée.

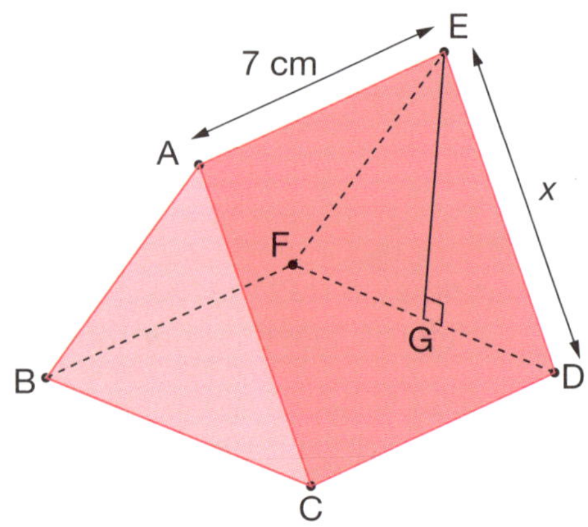

a. Cochez la réponse exacte. D'après le schéma, la longueur AC est égale à la longueur :
☐ ED ☐ AE ☐ EG.

b. Montrez que le périmètre du triangle ABC est égal à $3x$ et que celui du rectangle ACDE est égal à $2x + 14$.

....

c. Si AC = 10 cm, le triangle ABC a-t-il le même périmètre que le rectangle ACDE ?

....

d. Traduisez par une équation la contrainte imposée. ....

e. Résolvez cette équation.

....

....

....

f. Interprétez le résultat obtenu.

....

g. foucherconnect.fr/22mpm54 Ouvrez le fichier « **C04_02_prisme.xlsx** ».

• Dans la cellule A3, saisissez la formule « =A2+1 » puis, avec la poignée de recopie, recopiez la cellule vers le bas jusque dans la cellule A21.

• Dans la cellule B2, saisissez la formule : « =3*A2 » puis, avec la poignée de recopie, recopiez la cellule vers le bas jusque dans la cellule B21.

• En vous aidant de la formule que vous avez copiée en cellule B2, déterminez l'expression à saisir en cellule C2 : « .... ».

• Saisissez cette formule dans la cellule C2 puis, avec la poignée de recopie, recopiez la cellule vers le bas jusque dans la cellule C21.

h. Que pouvez-vous conjecturer grâce à ce tableau ?

....

i. Cela confirme-t-il le résultat trouvé à la question **d** ? ....

ZOOM MÉTIERS Ces connaissances sont utiles dans de nombreux domaines, comme les métiers du numérique, du bois, du bâtiment, de l'aéronautique.

Vers le brevet

Nom : .... Prénom : ....

Classe : .... Date : ....

Exercice 1

Chercher **Calculer** On donne l'expression $D = (12x + 3)(2x - 7) - (4x + 5)(2x - 7)$.

a. Montrez que D peut s'écrire $D = (2x - 7)(8x - 2)$ en le factorisant.

....

b. Calculez D pour $x = 0$. ....

c. Calculez D pour $x = -1$. ....

d. Résolvez l'équation $(2x - 7)(8x - 2) = 0$.

....

Exercice 2

Paul doit réaliser un vitrail dont la forme est la suivante. Pour des raisons esthétiques, il faut que le triangle vert ABE et le triangle rouge CDE aient la même aire.
ABE et CDE sont des triangles rectangles respectivement en B et C. E est un point du segment [BC]. On pose BE = x (en cm).

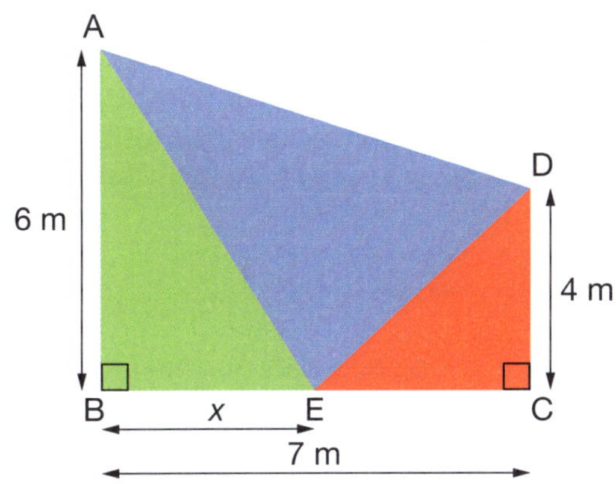

a. **Chercher** **Raisonner** Montrez que l'expression, en fonction de x, de l'aire du triangle ABE est égale à $3x$.

....

b. **Chercher** **Raisonner** Montrez que l'expression, en fonction de x, de l'aire du triangle CDE est égale à $2(7 - x)$.

....

c. **Modéliser** Traduisez par une équation l'information « il faut que le triangle vert ABE et le triangle rouge CDE aient la même aire ».

....

d. **Calculer** Montrez que résoudre l'équation $3x = 2(7 - x)$ revient à résoudre $5x = 14$.

....

....

....

e. **Calculer** Résolvez l'équation $5x = 14$. ....

f. **Raisonner** **Communiquer** Interprétez ce résultat.

....

g. **Raisonner** Paul souhaite vérifier son calcul en utilisant le programme ci-contre. Déterminez les valeurs de a et de b qu'il devra saisir pour vérifier la solution qu'il a obtenue à la question e.

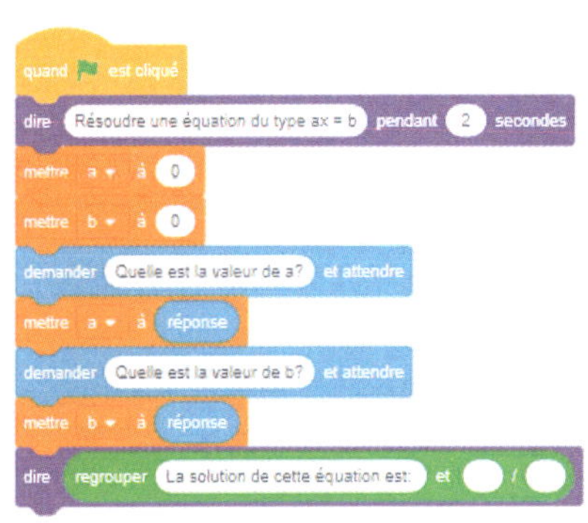

....

h. **Raisonner** Déterminez ce que Paul doit entrer à la fin de la ligne de l'instruction suivante :

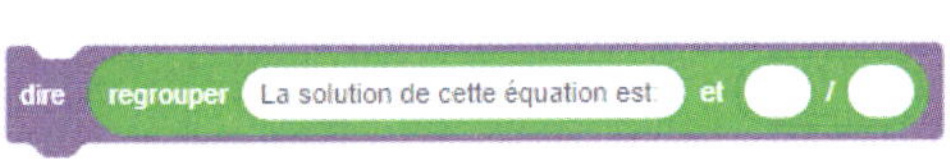

....

Exercice 3

Mina va régulièrement au cinéma et se demande si elle doit continuer à prendre ses places au tarif normal, ou s'il serait préférable qu'elle choisisse un abonnement ou un tarif en illimité. Le cinéma 3D max propose les tarifs suivants.

• Tarif normal : 9,50 € la place. • Tarif en illimité : 22 € par mois.

• Tarif avec abonnement : 7,90 € la place sur présentation de la carte d'abonnement à 21 €.

a. Chercher Calculer Complétez le tableau ci-dessous.

Nombre de séances annuelles	10	30	60
Prix payé avec le tarif normal	....	....	....
Prix payé avec le tarif avec abonnement	....	....	....
Prix payé avec le tarif en illimité	....	....	....

b. Chercher Communiquer Déterminez quel tarif Mina a intérêt à choisir si elle va au cinéma 30 fois dans l'année. Justifiez votre réponse.

....

c. Modéliser On note x le nombre de places de cinéma achetées par an. On note P_1 le prix payé avec le tarif normal, P_2 le prix payé avec le tarif avec abonnement et P_3 le prix payé avec le tarif en illimité. Exprimez en fonction de x le tarif normal et le tarif avec abonnement.

....

d. Modéliser Mina souhaite savoir le nombre de séances à partir duquel le tarif avec abonnement est plus intéressant que le tarif normal. Traduisez cette information par une inéquation. ....

e. Calculer Raisonner Résolvez cette inéquation et interprétez le résultat obtenu.

....

....

f. Calculer Raisonner Résolvez l'inéquation $21 + 7{,}90x \leqslant 264$ et donnez une interprétation du résultat obtenu.

....

....

Grille d'évaluation

foucherconnect.fr/22mpm55

Compétences travaillées	Connaissances et capacités associées	Questions	Appréciation du niveau d'acquisition		
			(rouge)	(orange)	(vert)
Chercher	• Identifier l'inconnue dans une équation ou une inéquation. • Rechercher une information dans une situation.	1 2a. 2b. 3a. 3b.			
Modéliser	• Écrire une équation ou une inéquation à partir des informations données.	2c. 3c. 3d.			
Raisonner	• Choisir l'inconnue dans un problème. • Interprétez un résultat. • Identifier les différentes instructions d'un programme.	2a. 2b. 2f. 2g. 2h. 3e. 3f.			
Calculer	• Résoudre une équation ou une inéquation.	1 2d. 2e. 3a. 3e. 3f.			
Communiquer	• Rédiger ses réponses.	2f. 3b.			

CHAPITRE

05 Statistiques

ACTIVITÉ PRÉPARATOIRE
foucherconnect.fr/22mpm01

Activité 1 Organiser des données

Question flash
Dans un groupe de 120 personnes, 42 sont vaccinées contre la grippe.
Cochez la réponse exacte.
Le pourcentage de personnes vaccinées est : ☐ 25 % ☐ 35 % ☐ 45 %.

SITUATION

Un jardinier surveille la croissance des rosiers qu'il a plantés.
Voici, en cm, les hauteurs relevées ainsi que les couleurs obtenues.

Hauteurs (en cm) : 17 • 22 • 18 • 15 • 19 • 19 • 19 • 17 • 10 • 18 • 18 • 22 • 19 • 18 • 24 • 11 • 18 • 19 • 15 • 17.

Couleurs : rose • rouge • jaune • rouge • blanc • rouge • jaune • rose • rouge • rouge • rose • rouge • blanc • rose • rose • blanc • rose • rouge • rouge • jaune.

Problématique
Comment représenter ces données pour faciliter leur lecture et leur utilisation ?

VOCABULAIRE

1 Modéliser **Complétez** les phrases avec les mots suivants :
quantitatif • *caractères* • *population* • *qualitatif*.

a. L'ensemble des rosiers plantés est la .... étudiée.

b. L'étude porte sur deux .... de la population.

c. La hauteur des rosiers est un caractère ....

d. La couleur des rosiers est un caractère ....

Coup de pouce Vous pouvez vous aider de l'exemple donné dans L'essentiel page 67.

2 Calculer **Cochez** la réponse exacte.

a. L'effectif total de la population est : ☐ 20 ☐ 21 ☐ 22.

b. Le caractère « hauteur » prend : ☐ 6 ☐ 7 ☐ 8 valeurs différentes.

c. L'effectif de la valeur 18 du caractère « hauteur », c'est-à-dire le nombre de fois où cette valeur apparaît, est : ☐ 3 ☐ 4 ☐ 5.

d. L'effectif de la valeur « rouge » du caractère « couleur » est : ☐ 6 ☐ 7 ☐ 8.

L'étendue de la série des hauteurs est la différence entre la plus grande hauteur et la plus petite.

e. L'étendue de la série des hauteurs est : ☐ 13 cm ☐ 14 cm ☐ 15 cm.

ORGANISATION DE DONNÉES DANS UN TABLEAU D'EFFECTIFS ET CALCULS DE FRÉQUENCES

La **fréquence** d'une valeur est le quotient de son effectif par l'effectif total.

3 Représenter Calculer **Complétez** le tableau ci-dessous.

Par exemple, la fréquence de la valeur 10 est $\frac{1}{20}$ = 0,05, soit 0,05 × 100 = 5 %.

Hauteur (en cm)	10	11						
Effectif	1							
Fréquence (en %)	5 %							

4 Raisonner On peut regrouper les hauteurs dans des classes de même amplitude.

Classe	[10 ; 15[	[15 ; 20[	[20 ; 25[
Effectif	2		

Coup de pouce Les hauteurs h appartenant à la classe [10 ; 15[sont telles que $10 \leqslant h < 15$.

a. **Expliquez** comment a été obtenu l'effectif de la classe [10 ; 15 [.

b. **Complétez** le tableau ci-dessus.

5 Représenter Calculer **Complétez** le tableau ci-dessous avec les données de la situation.

Couleur	Rouge			
Effectif				
Fréquence (en %)				

LECTURE D'UN DIAGRAMME

6 Modéliser Les données rassemblées dans les trois tableaux précédents sont représentées par trois diagrammes.

Diagramme en bâtons

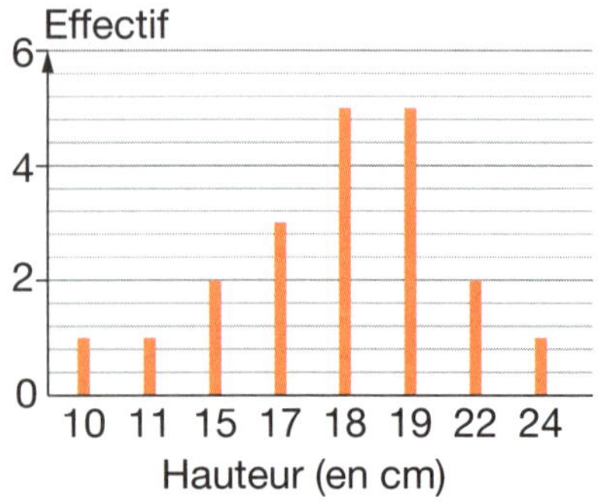

Diagramme circulaire

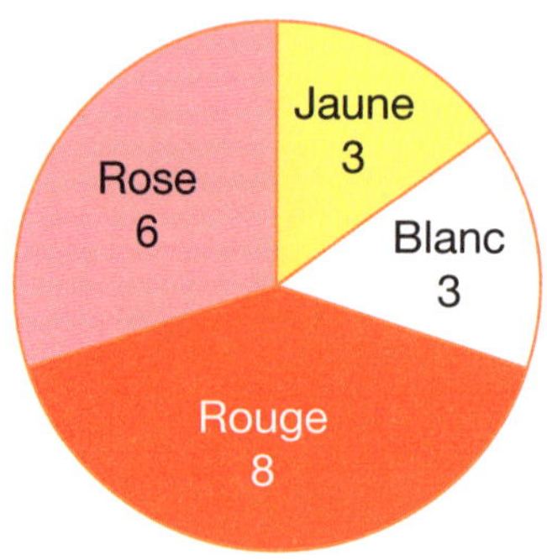

Histogramme

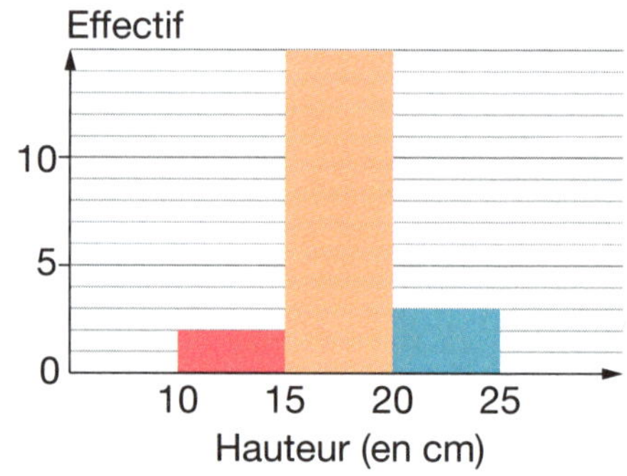

Ces diagrammes confirment-ils les résultats que vous avez obtenus aux questions 3, 4 et 5 ?

EN CONCLUSION

7 Communiquer **Répondez** à la problématique.

Activité 2 Construire des diagrammes statistiques

Question flash

Un diagramme en bâtons est constitué :
- ☐ d'un disque partagé en secteurs
- ☐ de traits verticaux isolés
- ☐ de rectangles accolés.

SITUATION

La course automobile des 24 Heures du Mans rassemble les meilleurs pilotes de course. Les trois tableaux suivants résument quelques données sur cette célèbre compétition.

Tableau 1. Nombre de tours de circuit (arrondi à la dizaine) effectués par 40 concurrents

Nombre de tours	320	330	340	350	360	370	380
Effectif	4	16	4	2	8	2	4

Tableau 2. Vitesses moyennes, en km/h, de 40 concurrents

Vitesse (en km/h)	[200 ; 210[	[210 ; 220[	[220 ; 230[	[230 ; 240[	[240 ; 250[
Effectif	11	10	0	15	4

Tableau 3. Constructeurs avec le plus grand nombre de victoires depuis la création de la course

Constructeur	Porsche	Audi	Ferrari	Jaguar
Effectif	19	13	9	7

Problématique

Quel(s) type(s) de diagramme(s) peut-on associer à chacun de ces tableaux ?

CONSTRUCTION D'UN DIAGRAMME EN BÂTONS

1 Chercher Représenter **a.** **Donnez** le caractère étudié dans le tableau 1.

....

....

....

Coup de pouce Vous pouvez vous aider de l'exemple donné dans L'essentiel page 67.

b. **Expliquez** pourquoi le tableau 1 peut être représenté sous la forme d'un diagramme en bâtons.

....

....

....

c. Compétence 1.3

Construisez ce diagramme avec le tableur.

TUTO TABLEUR

Construire un diagramme statistique

foucherconnect.fr/22mpm02

CONSTRUCTION D'UN HISTOGRAMME

2 Représenter a. **Donnez** le caractère étudié dans le tableau 2. ....

b. **Expliquez** pourquoi le tableau 2 peut être représenté sous la forme d'un histogramme.

....

c. **Calculez** l'amplitude de chaque classe.

....

Coup de pouce Par exemple, l'**amplitude** de la classe [200 ; 210[est égale à : 210 – 200 = 10.

d. Les amplitudes sont-elles égales ? ....

e. pix Compétence 1.3 **Construisez** ce diagramme avec le tableur.

f. Voici une proposition d'histogramme pour représenter les données du tableau 2.

Quelle(s) erreur(s) a(ont) été commise(s) ?

....

....

....

....

....

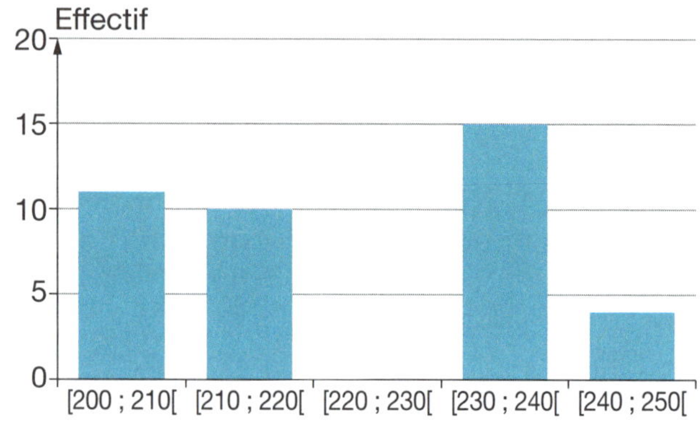

CONSTRUCTION D'UN DIAGRAMME CIRCULAIRE

3 Représenter a. **Donnez** le caractère étudié dans le tableau 3.

....

....

b. **Expliquez** pourquoi le tableau 3 peut être représenté sous la forme d'un diagramme circulaire.

....

....

c. pix Compétence 1.3 **Construisez** ce diagramme avec le tableur.

d. Pour obtenir le diagramme ci-contre, dans *Mise en forme des étiquettes de données*, on a coché *Nom de catégorie* et *Pourcentage*.

Complétez votre diagramme pour obtenir ces indications.

e. **Retrouvez** par le calcul le pourcentage de 40 % indiqué pour Porsche.

....

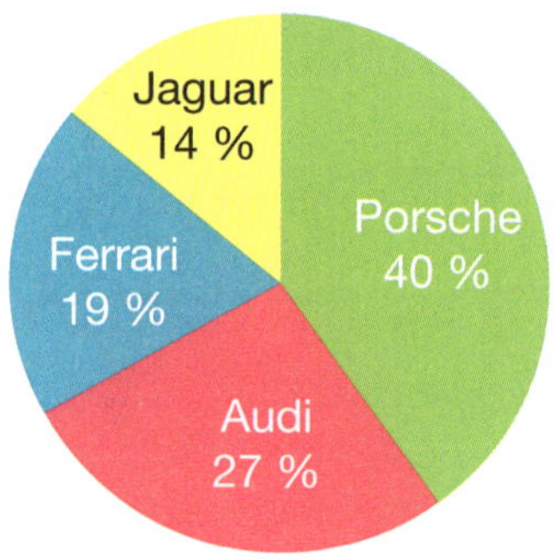

EN CONCLUSION

4 Communiquer **Répondez** à la problématique.

....

....

....

....

....

Activité 3 Déterminer une moyenne et une médiane

Question flash

Une station météo relève la température extérieure chaque jour à 14 heures.
Sur une semaine, voici les températures obtenues en °C :
18 • 21 • 22 • 18 • 25 • 19 • 21.
Le calcul pour obtenir la température moyenne sur la semaine est :

☐ $\dfrac{18 + 25}{2}$ ☐ $\dfrac{18 + 21 + 22 + 18 + 25 + 19 + 21}{7}$

☐ $\dfrac{18 + 21 + 22 + 18 + 25 + 19 + 21}{7} \times 100$

SITUATION

L'installation d'une éolienne est prévue sur une île. Deux sites A et B sont envisagés. La vitesse du vent est mesurée sur les deux sites. Elle est exprimée en nœuds (1 nœud ≈ 1,85 km/h).

Site A (13 mesures) :
22 • 18 • 26 • 20 • 20 • 30 • 16 • 21 • 24 • 17 • 41 • 23 • 28.

Site B (27 mesures) :

Vitesse (en nœuds)	14	16	18	20	22	24	26	27	30	44
Effectif	2	1	1	4	5	3	4	4	2	1

Un site sera retenu pour l'installation d'une éolienne si :
– la vitesse médiane du vent est comprise entre 21 et 25 nœuds inclus ;
– la différence entre la vitesse moyenne et la vitesse médiane est inférieure à un nœud.

Problématique
Quel site sera concerné par l'installation d'une éolienne ?

CALCUL DE LA MOYENNE D'UNE SÉRIE STATISTIQUE

Coup de pouce Moyenne = $\dfrac{\text{somme des valeurs}}{\text{effectif total}}$

1 Calculer **Pour le site A** (valeurs isolées)

a. **Calculez** la somme des vitesses du vent.

22 + 18 .... = ... nœuds

b. **Cochez** le calcul qui permet d'obtenir la vitesse moyenne du vent.

☐ $\dfrac{13}{306}$ ☐ $\dfrac{306}{13}$ ☐ $\dfrac{296}{10}$

c. **Calculez** la vitesse moyenne, notée $\overline{v}_A$, du vent sur le site A. **Arrondissez** au dixième.

$\overline{v}_A \approx$ ....

2 Calculer **Pour le site B** (effectifs donnés dans un tableau)

a. **Calculez** la vitesse moyenne $\overline{v}_B$ du site B en utilisant la même méthode que pour le site A. **Arrondissez** au dixième.

$\overline{v}_B = \dfrac{14 \times 2 + 16 \times 1 + 18 \times 1 + 20 \times 4 + \ldots\ldots\ldots\ldots}{\ldots\ldots}$

$\overline{v}_B \approx$ .... nœuds

b. Les outils numériques permettent de calculer une moyenne. Avec l'outil de votre choix, **déterminez** la vitesse moyenne du vent sur le site B. **Arrondissez** au dixième.

$\overline{v}_B \approx$ .... nœuds

c. **Comparez** ce résultat à la réponse donnée à la question **2a**.

....

TUTO TABLEUR

Calculer un indicateur statistique

foucherconnect.fr/22mpm03

TUTO CALCULATRICE

Calculer un indicateur statistique

foucherconnect.fr/22mpm04

3 Représenter Raisonner SCRATCH pix Compétence 1.3

On peut aussi calculer une moyenne à l'aide d'un programme Scratch.

foucherconnect.fr/22mpm05

Ouvrez le fichier « **C05_01_moyenne.sb3** ».

a. **Complétez** et **assemblez** les blocs pour que le programme affiche à la fin la moyenne des 13 vitesses.

b. **Exécutez** le programme avec les vitesses du vent sur le site A données dans la situation.

c. **Notez** la vitesse moyenne obtenue arrondie au dixième.

$\overline{v}_A \approx$ .... nœuds

d. **Comparez** avec la réponse donnée à la question **1c**.

....

DÉTERMINATION DE LA MÉDIANE D'UNE SÉRIE STATISTIQUE

4 Raisonner **Pour le site A**

Rangez les 13 vitesses du site A par ordre croissant, puis **indiquez** pour quelle valeur de cette série il y a autant de vitesses inférieures à cette valeur que de vitesses supérieures.

....

6 valeurs — **médiane** — 6 valeurs

Med_A = ...

5 Raisonner **Pour le site B**

Les outils numériques permettent de déterminer une médiane. Avec l'outil de votre choix, **déterminez** la vitesse médiane sur le site B.

Med_B = ...

EN CONCLUSION

6 Raisonner Communiquer **Répondez** à la problématique. **Justifiez**.

Pour le site A :

....

....

Pour le site B :

....

....

L'essentiel

Vocabulaire et organisation des données

- Une enquête est faite auprès d'une **population** pour recueillir les valeurs d'un **caractère** qui peut être qualitatif ou quantitatif (valeur numérique).
- **Étendue** d'une série de valeurs = plus grande valeur − plus petite valeur.
- **Fréquence** d'une valeur = $\dfrac{\text{effectif de la valeur}}{\text{effectif total}}$.
- On peut organiser les données recueillies dans un **tableau d'effectifs** ou dans un **diagramme**.

Exemple Voici la masse, en grammes, de 10 tomates : 98 • 90 • 94 • 100 • 94 • 98 • 90 • 94 • 94 • 90.
Le caractère étudié est la masse des tomates. Il est quantitatif, car ses valeurs sont des nombres.

Masse (en g)	90	94	98	100
Effectif	3	4	2	1

L'étendue de la série est : 100 − 90 = 10 g. La fréquence de la valeur 94 est : $\dfrac{4}{10}$ = 0,4, soit 40 %.

Diagrammes statistiques

- Une série dont les valeurs sont isolées se représente par un **diagramme en bâtons** ou un **diagramme circulaire**.

Exemple

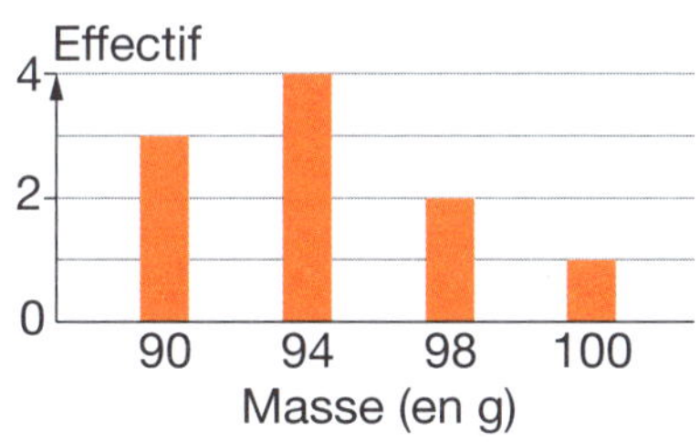

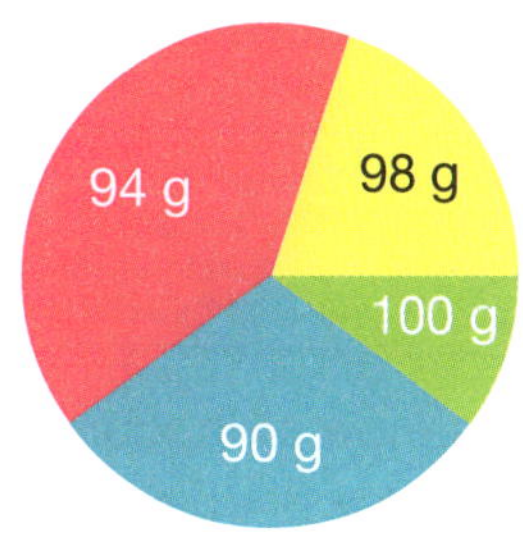

- Une série dont les valeurs sont regroupées en classes se représente par un **histogramme**.

Exemple
Merwan a récolté 40 tomates dans son jardin.

Masse (en g)	[60 ; 70[	[70 ; 80[	[80 ; 90[
Effectif	12	18	10

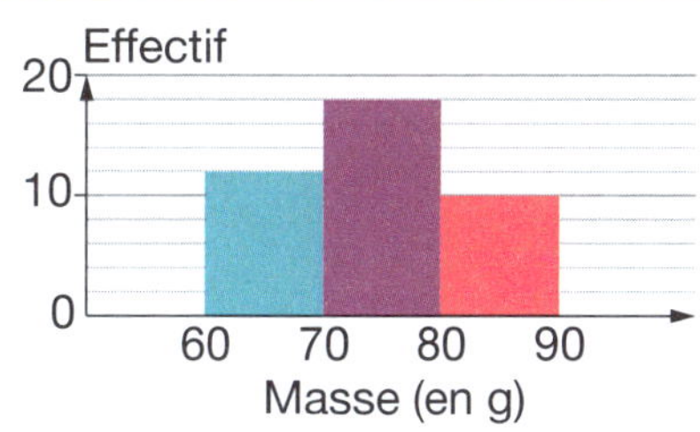

Moyenne et médiane d'une série statistique

- **moyenne** (notée $\overline{x}$) = $\dfrac{\text{somme des données}}{\text{effectif total}}$

Exemple Masse moyenne = $\dfrac{90 \times 3 + 94 \times 4 + 98 \times 2 + 100 \times 1}{10}$ = 94,2 g

- Les données d'une série étant rangées dans l'ordre croissant, la **médiane** de cette série est la valeur qui la partage en deux groupes de même effectif.

Exemple
$\underbrace{90 \quad 90 \quad 90 \quad 94 \quad 94}_{\text{5 valeurs}} \quad \underbrace{94 \quad 94 \quad 98 \quad 98 \quad 100}_{\text{5 valeurs}}$ Masse médiane = 94 g.

VÉRIFIER SES ACQUIS
foucherconnect.fr/22mpm06

Exercices

AUTOMATISMES

Sans calculatrice ni brouillon, répondez aux 2 questions du rituel indiqué par votre professeur.

Rituel 1 (2')

1. Donnez l'écriture décimale de 3,6 %.

2. Cochez la réponse exacte.
Si $\frac{3}{x} = \frac{4}{17}$, alors $x =$

☐ $\frac{3 \times 17}{4}$ ☐ $\frac{3 \times 4}{17}$ ☐ $\frac{17 \times 4}{3}$

Rituel 3 (2')

1. Cochez la ou les réponses exactes.
15 % de 20 € est égal à :

☐ $20 \times 0{,}15$ ☐ $20 \times \frac{15}{100}$ ☐ $20 \times \frac{100}{15}$

2. Cochez la ou les réponses exactes.
Sur un plan à l'échelle 1/50, une longueur mesure 4 cm. La longueur réelle est :

☐ 200 cm ☐ 2 m ☐ 200 m

Rituel 2 (2')

1. Calculez $7 - 8 - 2 + 3 - 4$.

2. Exprimez 1,8 m en mm puis en hm.

Rituel 4 (2')

1. Écrivez sans parenthèses, puis réduisez.
$2x - (5x + 3) =$

2. Calculez $\frac{1}{2} - \frac{1}{3}$.

Organiser des données

1 * Un professeur demande à chacun des élèves d'une classe de choisir un chiffre au hasard.
Voici leur réponse : 9 • 1 • 0 • 5 • 4 • 4 • 0 • 9 • 1 • 5 • 3 • 2 • 5 • 9 • 7 • 1 • 0 • 1 • 5 • 3 • 6 • 2 • 7 •1.

a. Donnez l'effectif total.

b. Rangez les données dans le tableau d'effectifs ci-dessous.

Chiffre choisi	0	1									
Effectif											
Fréquence *f*											

c. Donnez l'effectif du chiffre 5 : ...... et l'effectif du chiffre 8 : ......

d. Calculez la fréquence de chaque chiffre. Donnez-la sous la forme d'une fraction, puis d'un nombre décimal (arrondissez au centième si nécessaire).

2 ** On donne les diamètres, en km, des principaux cratères de la Lune :
131 • 88 • 301 • 231 • 96 • 97 • 199 • 201 • 132 • 146 • 156 • 84 • 114 • 184 • 88 • 101 • 71 • 103 • 212 • 130 • 99 • 85 • 141 • 85.

a. Donnez l'effectif total de cette série.

b. Regroupez les données en classes d'amplitude 60 km et complétez le tableau.

Diamètre (en km)	[70 ; 130[	[130 ; 190[		
Effectif				

c. Calculez la fréquence de la classe [70 ; 130[.

Construire des diagrammes statistiques

3 * Compétence 1.3

Le Tour de France 2021 comporte 21 étapes et 2 jours de repos.

Type d'étape	Plaine	Accidenté	Montagne	Contre la montre
Effectif	8	5	6	2

Représentez ce tableau par un diagramme circulaire.

4 * À la sortie d'une agglomération, on a relevé, un jour de semaine, la répartition par tranches horaires des 6 400 véhicules quittant la ville entre 16 heures et 22 heures.

Heures	[16 ; 17[	[17 ; 18[	[18 ; 19[	[19 ; 20[	[20 ; 21[	[21 ; 22[
Nombre de véhicules	1 100	2 000	1 600	900	450	350

a. Avec l'outil de votre choix, représentez l'histogramme des effectifs de cette série statistique.

b. Calculez le pourcentage de véhicules quittant la ville entre 16 h et 20 h par rapport à l'effectif de la population étudiée. ....

Déterminer une moyenne et une médiane

5 * On a relevé la taille, en mètre, de 10 élèves d'une classe de 3e :

1,69 • 1,75 • 1,63 • 1,76 • 1,67 • 1,74 • 1,61 • 1,65 • 1,74 • 1,71.

a. Calculez l'étendue de la série des 10 tailles. ....

b. Calculez la taille moyenne de ce groupe d'élèves. Donnez le détail du calcul.

....

c. Déterminez une taille médiane après avoir rangé les tailles par ordre croissant.

....

....

6 ** Le diagramme en bâtons ci-contre donne la répartition des notes obtenues à un devoir par les 25 élèves d'une classe de 3e.

a. Calculez l'étendue de cette série de notes.

....

b. Déterminez la note moyenne de la classe à ce devoir. ....

c. Déterminez la note médiane. ....

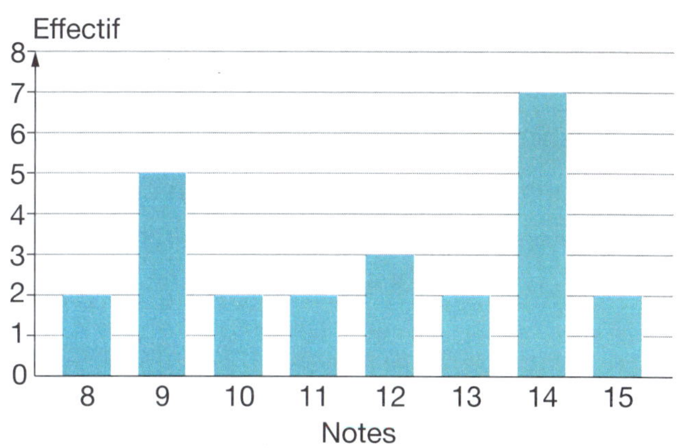

Autoévaluation **Cochez la bonne réponse parmi les propositions.**

Un pêcheur a mesuré la taille, en cm, des poissons pris dans son filet.

12 • 25 • 20 • 14 • 20 • 18 • 14 • 15 • 17 • 23 • 18 • 19 • 21 • 14 • 16 • 23.

a. L'étendue de cette série est : ☐ 13 cm ☐ 25 cm ☐ 15 cm.

b. L'effectif de la valeur 14 est : ☐ 1 ☐ 2 ☐ 3.

c. La taille moyenne des poissons, arrondie au cm, est : ☐ 17 cm ☐ 18 cm ☐ 19 cm.

d. Une taille médiane des poissons est : ☐ 17 cm ☐ 18 cm ☐ 19 cm.

e. Cette série peut être représentée par un histogramme. ☐ Vrai ☐ Faux

Problèmes

TUTO TABLEUR
Construire un diagramme statistique
foucherconnect.fr/22mpm02

7 ** a. Chaque expédition habitée vers l'ISS (Station spatiale internationale) est dirigée par un commandant de bord.

Voici les nationalités des commandants de 2001 à 2021.

Nationalité	Américaine	Russe	Autre
Effectif	28	30	7

Expliquez pourquoi on peut représenter ce tableau par un diagramme en bâtons.

....

Construisez ce diagramme en bâtons.

b. Le tableau ci-dessous donne la durée cumulée des séjours dans l'espace des astronautes depuis les premiers vols habités. Les durées cumulées inférieures à 100 jours n'ont pas été prises en compte.

Durée (en jours)	[100 ; 200[	[200 ; 300[	[300 ; 400[	[400 ; 500[	[500 ; 600[	[600 ; 700[	[700 ; 800[
Effectif	14	6	23	4	3	3	5

Construisez l'histogramme de ce tableau.

8 ** La pesée de 21 barquettes d'un produit alimentaire emballé a donné les résultats suivants, en grammes : 127 • 129 • 133 • 125 • 128 • 132 • 125 • 132 • 127 • 127 • 135 • 135 • 131 • 127 • 133 • 135 • 127 • 131 • 128 • 125 • 124.

a. Indiquez le caractère étudié. ....

b. Complétez le tableau d'effectifs ci-dessous.

Masse (en g)	124	125	127	128	129	131	.....	.....	.....
Effectif	1	3	.....	.....	.....	.....	.....	.....	.....

c. Calculez la masse moyenne des 21 barquettes. Arrondissez au dixième.

....

d. On regroupe les 21 valeurs de la série en trois classes de même amplitude.

Masse (en g)	[124 ; 128[	[128 ; .....[	[..... ; .....[
Effectif	9	.....	.....

Complétez ce tableau.

e. Représentez ce tableau par un diagramme adapté. ....

f. Déterminez la masse moyenne en prenant comme valeur du caractère le centre de chaque classe.

Par exemple $\frac{124 + 128}{2} = 126$ qui est le centre de la première classe.

Masse moyenne $= \frac{126 \times 9 + \ldots \times \ldots + \ldots \times \ldots}{21} \approx \ldots$.

g. Comparez les résultats obtenus aux questions **c.** et **f.**

....

9 *** Dans une classe de 28 élèves, on souhaite comparer les tailles des filles et des garçons. Voici les données dont on dispose.

Taille des 13 filles (en cm) : 149 • 155 • 161 • 142 • 167 • 163 • 157 • 150 • 165 • 152 • 161 • 159 • 160.

Taille des garçons : toutes les tailles sont des nombres entiers de centimètres. Il n'y a pas deux garçons qui ont la même taille.

On connaît les indicateurs suivants : • Étendue : 29 cm • Moyenne : 159 cm • Médiane : 161 cm.

1. a. Calculez l'étendue de la série des tailles des filles. ……

b. Déterminez la taille moyenne des filles. Arrondissez au centimètre si nécessaire.

……

c. Déterminez la taille médiane des filles.

……

2. a. Calculez l'écart entre la taille moyenne des filles et la taille moyenne des garçons.

……

b. Dans la classe, l'élève de plus petite taille mesure 140 cm. Déterminez la taille de l'élève le plus grand. Expliquez.

……

……

10 *** Compétence 1.3 Voici une série de données :
21 • 14 • 53 • 20 • 13 • 9 • 27 • 17 • 29 • 58 • 26 • 45 • 37 • 50.

a. Saisissez ces données dans une feuille de calcul d'un tableur.

b. Triez-les dans l'ordre croissant en utilisant l'icône A↓Z.

c. Avec le tableur, calculez la moyenne, la médiane et l'étendue de cette série.

Moyenne = ……

Médiane = ……

Étendue = ……

d. Supprimez la plus petite et la plus grande valeur.
Indiquez l'effet produit sur :

– la moyenne : ……

– la médiane : ……

	A	B	C
1	9		
2	13	Moyenne	
3	14		
4	17	Médiane	
5	20		
6	21	Etendue	
7	26		
8	27		
9	29		
10	37		
11	45		
12	50		
13	53		
14	58		

11 *** Prise d'initiative Un sablier est un outil simple pour mesurer approximativement le temps. Dans une usine où on fabrique des sabliers, on en prend un au hasard et on teste plusieurs fois son temps d'écoulement.

Temps	2 min 55 s	2 min 56 s	2 min 57 s	2 min 58 s	3 min
Nombre de tests	1	2	6	7	4

Temps	3 min 01 s	3 min 02 s	3 min 03 s	3 min 04 s	3 min 05 s
Nombre de tests	1	2	2	3	2

Un sablier est mis en vente s'il vérifie les trois conditions ci-dessous :
– l'étendue des temps est inférieure à 20 s ;
– le temps médian est compris entre 2 min 59 s et 3 min 01 s ;
– le temps moyen est compris entre 2 min 58 s et 3 min 02 s.
Le sablier testé sera-t-il mis en vente ? Justifiez.

Coup de pouce Convertissez les temps en secondes.

……

……

……

……

Vers les métiers... de la gestion administrative

SITUATION

Maxime travaille au service comptabilité d'une petite entreprise de 24 salariés. Voici le relevé des salaires mensuels en euros :
1 073 • 1 245 • 1 370 • 1 877 • 1 420 • 2 620 • 3 276 • 1 105 • 1 520 • 1 367 • 2 015 • 2 741 • 5 843 • 1 309 • 1 027 • 1 245 • 1 220 • 1 477 • 1 216 • 1 625 • 1 207 • 1 215 • 1 767 • 2 224.

Maxime se demande quel indicateur, entre la moyenne et la médiane, est le plus pertinent pour décrire la série des salaires de l'entreprise.

Utilisez l'outil numérique de votre choix pour les déterminations de moyennes et médianes.

1. Déterminez le salaire moyen dans cette entreprise. On le note $\overline{m_1}$. Arrondissez à l'euro si nécessaire.

2. Déterminez le salaire médian dans cette entreprise. On le note Med_1.

3. **a.** Comptez le nombre de salariés qui gagnent moins que le salaire moyen.
b. Calculez le pourcentage de salariés qui gagnent moins que le salaire moyen.

4. **a.** Comptez le nombre de salariés qui gagnent moins que le salaire médian.
b. Calculez le pourcentage de salariés qui gagnent moins que le salaire médian. Pourquoi ce résultat était-il prévisible ?

5. Comment expliquez-vous l'écart important entre les résultats aux questions **3b.** et **4b.** ?

6. Dans la liste des salaires, supprimez les deux salaires les plus élevés.
a. Déterminez le salaire moyen $\overline{m_2}$ des 22 salaires restants. Arrondissez à l'euro si nécessaire.
b. Déterminez le salaire médian Med_2 des 22 salaires restants.
c. Comparez $\overline{m_1}$ et $\overline{m_2}$, puis Med_1 et Med_2.
d. Donnez l'indicateur qui est le plus influencé par les valeurs extrêmes.

7. Quel indicateur est le plus pertinent pour décrire la série des salaires ?

ZOOM MÉTIERS
Ces connaissances seront utiles dans tous les métiers demandant des calculs statistiques, comme dans les domaines suivants : **management**, **marketing**, **modélisation**, etc.

Vers le brevet

Nom : .... Prénom : ....

Classe : .... Date : ....

Exercice 1

Parmi les nombreux polluants de l'air, les particules fines sont régulièrement surveillées. Les PM10 sont des particules fines dont le diamètre est inférieur à 0,01 mm. On a relevé les concentrations de PM10 journalières dans une grande ville pendant 7 jours.

Date	Jour 1	Jour 2	Jour 3	Jour 4	Jour 5	Jour 6	Jour 7
Concentration PM10 (en µg/m³)	32	69	79	86	95	82	75

a. **Calculer** Calculez la moyenne de cette série. Écrivez le calcul effectué pour obtenir le résultat.

....

....

....

b. **Calculer** Déterminez la médiane de cette série.

....

....

c. **Raisonner** Cochez la bonne réponse.
Il y a autant de valeurs inférieures à la médiane que de valeurs supérieures. ☐ Vrai ☐ Faux

Exercice 2

Le diagramme ci-contre représente les distances parcourues (en m) par les membres d'un club de natation au cours d'un entraînement.

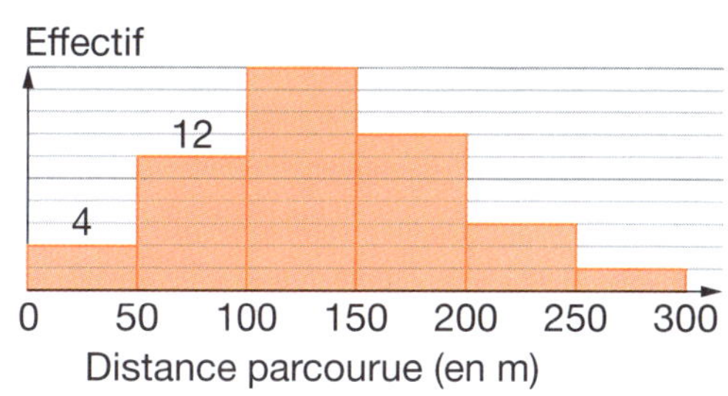

a. **Représenter** Donnez le nom de ce diagramme.

....

b. **Calculer** Donnez l'amplitude de chaque classe.

....

c. **Modéliser** Complétez le tableau des effectifs ci-dessous à l'aide du diagramme précédent.

Distance (en m)	[0 ; 50[	[50 ; 100[	[100 ; 150[	......	......	......
Effectif	4	12	......	......	......	......

d. **Calculer** Calculez l'effectif total des membres de ce club.

....

e. **Raisonner** On veut calculer la fréquence en % de la classe [50 ; 100[à l'aide du programme Scratch ci-contre. Toutefois, une erreur s'est glissée dans ce programme. Indiquez quelle est cette erreur.

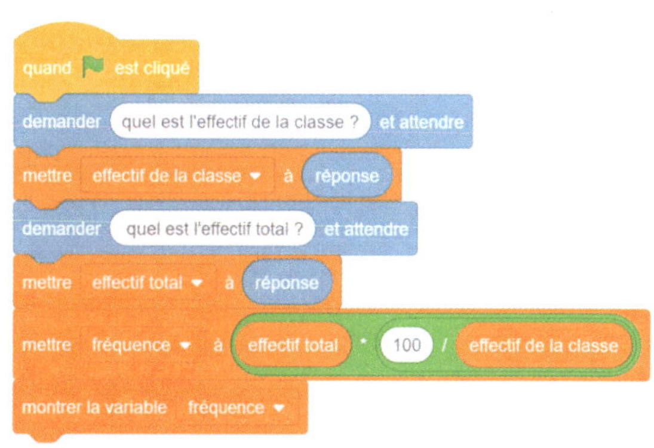

....

....

f. **Calculer** Calculez la fréquence de la classe [50 ; 100[.

....

Exercice 3

Un atelier fabrique des boîtes cylindriques. Le responsable qualité vérifie la production. Pour cela, il mesure le diamètre et la hauteur de chaque boîte dans un échantillon de 50 boîtes. L'échantillon est de qualité satisfaisante s'il remplit 3 conditions :
– condition 1 : le diamètre médian est égal à 8 cm ;
– condition 2 : le diamètre moyen $\bar{d}$ est tel que 7,95 cm $\leqslant \bar{d} \leqslant$ 8,05 cm ;
– condition 3 : plus de 80 % des boîtes ont une hauteur h telle que 11,9 cm $\leqslant h <$ 12,1 cm.

Tableau 1

Diamètre (en cm)	7,8	7,9	8	8,1
Effectif	6	15	22	7

Tableau 2

Hauteur (en cm)	[11,8 ; 11,9[	[11,9 ; 12[	[12 ; 12,1[	[12,1 ; 12,2[
Effectif	5	23	16	6

Le but de l'exercice est de déterminer si l'échantillon est de qualité satisfaisante.

a. Calculer Calculez l'étendue des valeurs dans le tableau 1.

....

b. Raisonner On a représenté un des deux tableaux par un diagramme sur lequel les valeurs ont été effacées.

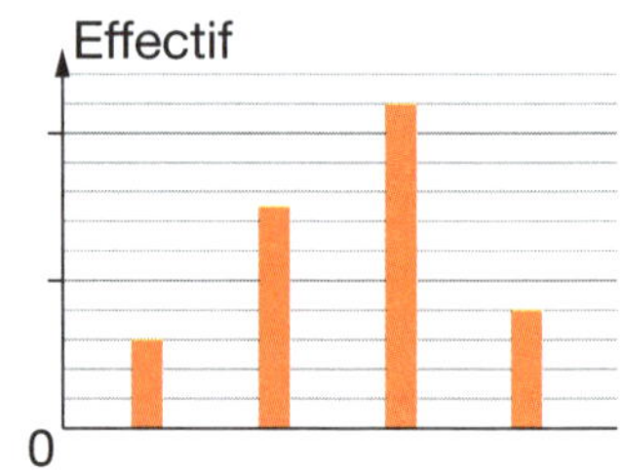

• Quel tableau a-t-on représenté ? Justifiez votre choix.

....

• Donnez le nom du type de diagramme.

....

c. Calculer Déterminez le diamètre moyen.

Arrondissez au mm. ....

d. Calculer Déterminez le diamètre médian. ....

e. Calculer Donnez et effectuez le calcul permettant de vérifier la condition 3.

....

f. Communiquer L'échantillon est-il de qualité satisfaisante ? Justifiez.

....

Grille d'évaluation

foucherconnect.fr/22mpm07

Compétences travaillées	Connaissances et capacités associées	Questions	Appréciation du niveau d'acquisition		
			(rouge)	(orange)	(vert)
Modéliser	• Traduire une situation réelle.	2c.			
Représenter	• Représenter des données.	2a.			
Raisonner	• Défendre ses jugements.	1c. 1e. 2e. 3b.			
Calculer	• Calculer ou déterminer un effectif, une fréquence, une moyenne, une médiane.	1a. 1b. 1d. 2b. 2d. 2f. 3a. 3c. 3d. 3e.			
Communiquer	• Expliquer par écrit la démarche utilisée.	3f.			

CHAPITRE

06 Probabilités

ACTIVITÉ PRÉPARATOIRE

foucherconnect.fr/22mpm15

Activité 1 Calculer une probabilité dans une situation simple

Question flash Classez dans l'ordre croissant les nombres suivants : 1 ; 0,3 ; $\frac{1}{2}$; 0,12 ; $\frac{3}{4}$; $\frac{4}{5}$.

..... $<$ ..... $<$ ..... $<$ ..... $<$ ..... $<$ .....

SITUATION

Afin de constituer des équipes pour des jeux ou des tournois, Adrian, animateur en centre de loisirs, utilise quatre sacs opaques contenant des billes colorées. Chaque participant tire au hasard une bille dans le sac, la couleur de la bille lui indique son équipe.

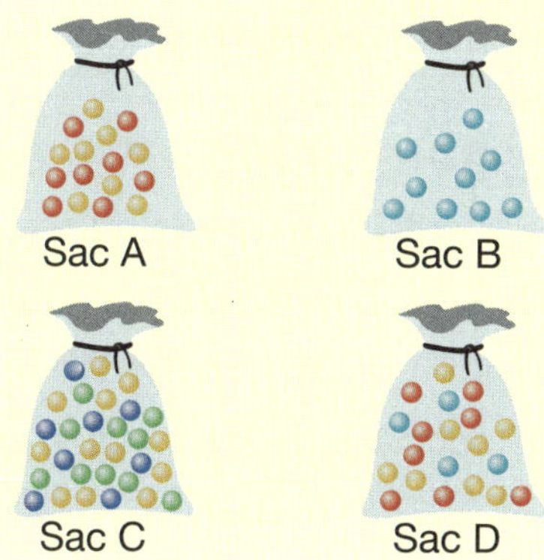

Problématique

Avec quel(s) sac(s) un participant a-t-il la plus forte probabilité d'être dans l'équipe jaune ?

VOCABULAIRE

Lors du tirage au sort d'une bille dans un sac opaque, le **résultat**, aussi appelé **issue**, est la couleur de la bille.

1 Chercher **a. Indiquez** le nombre de résultats différents que l'on peut obtenir avec le sac A. ....

b. Notez ces résultats. ....

Une **expérience aléatoire** est une expérience dont les résultats ne dépendent que du hasard.

c. Expliquez s'il est possible, avec l'un ou plusieurs des sacs, de connaître avec certitude le résultat du tirage avant de réaliser l'expérience.

....

d. Indiquez, parmi les quatre sacs, ceux qui peuvent servir pour effectuer un tirage au sort aléatoire de deux équipes ou de trois équipes. **Justifiez** la réponse.

....

....

....

....

NOTION DE PROBABILITÉ

Lorsque toutes les issues d'une expérience ont la même chance d'apparaître, on dit qu'elles ont toutes la même **probabilité** d'être obtenues. La probabilité est un **nombre compris entre 0 et 1.**

2 Chercher **Indiquez** s'il est possible d'obtenir une bille de couleur bleue avec le sac A. **Justifiez.**

....

3 Chercher **Complétez** les phrases avec les mots *impossible* ou *certain*.

Tirer au hasard une bille de couleur bleue avec le sac A est un événement ....

Obtenir la couleur bleue avec le sac B est un événement ....

Obtenir la couleur rouge avec le sac C est un événement ....

Tirer au hasard une bille qui n'est pas verte avec le sac D est un événement ....

4 Représenter **Placez** sur l'échelle des probabilités ci-dessous les termes indiquant la probabilité qu'un événement se produise : *certain*, *probable*, *peu probable*, *impossible*, *une chance sur deux.*

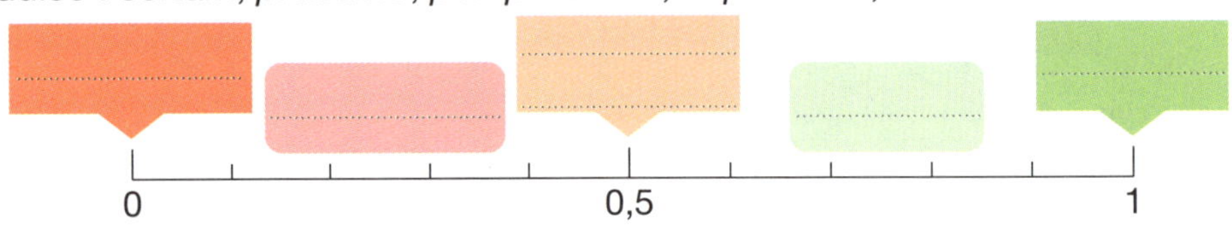

5 Modéliser **Cochez** la bonne réponse.

Dans le sac A :

– on n'a aucune chance d'obtenir la couleur bleue. La probabilité est donc : ☐ 0 ☐ $\frac{1}{3}$ ☐ $\frac{1}{2}$ ☐ 1 ;

– on a une chance sur deux d'obtenir la couleur rouge. La probabilité est donc : ☐ 0 ☐ $\frac{1}{3}$ ☐ $\frac{1}{2}$ ☐ 1 ;

– la probabilité d'obtenir une boule rouge est égale à la probabilité de tirer une boule jaune : ☐ vrai ☐ faux.

CALCUL DE PROBABILITÉ

Pour calculer la probabilité d'apparition d'une couleur, on utilise la formule suivante :

$$P(\text{couleur}) = \frac{\text{nombre de boules de la couleur considérée}}{\text{nombre total de boules dans le sac}}$$

6 Chercher **Donnez** le nombre de boules de chaque couleur qui compose chacun des sacs.

Sac A	Sac B	Sac C	Sac D

7 Calculer **Calculez** la probabilité de tirer une boule jaune dans chacun des sacs.

Sac A : $P(\text{jaune}) = \frac{\text{nombre de boules jaunes}}{\text{nombre total de boules dans le sac}} = \frac{\dots}{\dots} = \dots$

Sac B : P(jaune) = ...

Sac C : P(jaune) = ...

Sac D : P(jaune) = ...

EN CONCLUSION

8 Communiquer **Répondez** à la problématique.

....

....

Activité 2 Calculer la probabilité d'événements et d'événements contraires

Question flash

Cochez la bonne réponse.

- La somme $\frac{3}{8} + \frac{4}{8}$ est égale à : □ $\frac{34}{88}$ □ $\frac{7}{16}$ □ $\frac{7}{8}$.
- La somme $\frac{1}{20} + \frac{1}{200}$ est égale à : □ $\frac{11}{200}$ □ $\frac{11}{220}$ □ $\frac{2}{220}$.

SITUATION

Une société internationale possède des agences dans cinq pays. Chaque année, elle offre un séjour à l'un de ses 3 100 salariés tiré au sort. L'employé gagnant peut séjourner au choix dans un hôtel, dans un club de vacances ou sur un paquebot.

Problématique

Quelle est la probabilité que le salarié gagnant de cette année réside dans un pays européen et quelle est la probabilité que le séjour gagné ne soit pas un séjour en hôtel ?

Répartition des salariés dans les différents pays

Pays	Espagne	Portugal	Brésil	Argentine	Chili
Effectif	465	403	1 023	713	496
Fréquence en %	15	....	....	....	....

On tire au hasard un salarié, chaque salarié ayant la même probabilité d'être tiré au hasard.

VOCABULAIRE

1 Calculer **Calculez** la fréquence, exprimée en pourcentage, pour chaque pays. **Reportez** vos résultats dans le tableau.

....

....

L'**événement contraire** d'un événement A est l'événement constitué de toutes les issues qui ne réalisent pas A. On le note $\bar{A}$.

2 Chercher **Reliez** chaque événement à son événement contraire.

Le salarié gagnant réside au Brésil. •	• Le salarié gagnant réside dans un pays d'Amérique du Sud.
Le salarié gagnant réside dans un pays européen. •	• Le salarié gagnant ne réside pas au Brésil.
Le salarié gagnant ne réside pas dans un pays d'Amérique du Sud. •	• Le salarié gagnant ne réside pas dans un pays européen.

On note E l'événement « le salarié réside dans un pays européen ».

3 Chercher a. **Donnez** la ou les issues qui réalisent l'événement E.

....

b. **Nommez** l'événement contraire de l'événement E.

....

c. **Donnez** la ou les issues qui réalisent l'événement $\overline{E}$.

....

CALCUL DE PROBABILITÉS D'UN ÉVÉNEMENT ET DE SON ÉVÉNEMENT CONTRAIRE

Lorsque l'on connaît les effectifs correspondant à chacune des issues d'une expérience aléatoire, la **probabilité** d'apparition d'une issue est égale à la **fréquence** de cette issue.

4 Calculer a. **Calculez** la probabilité de l'événement E « le salarié réside dans un pays européen ». **Exprimez** cette probabilité en pourcentage.

$P(E) = P_{(\text{Espagne})} + P_{(\text{Portugal})} = \frac{\dots}{3\,100} + \frac{\dots}{3\,100} =$ ....

b. **Calculez** $P(\overline{E}) = P_{(\text{Brésil})} + P_{(\text{Argentine})} + P_{(\text{Chili})}$.

$P(\overline{E}) = P_{(\text{Brésil})} + P_{(\text{Argentine})} + P_{(\text{Chili})} = \frac{\dots}{3\,100} + \frac{\dots}{3\,100} + \frac{\dots}{3\,100} =$ ....

SOMME DES PROBABILITÉS DES ISSUES D'UN ÉVÉNEMENT

Le salarié gagnant tire au sort son type de séjour en piochant une boule dans un sac opaque qui contient 50 boules (non discernables au toucher) : 15 boules bleues, 25 boules jaunes et 10 boules rouges. Si le salarié tire une boule bleue il gagne un séjour en hôtel, s'il tire une boule jaune il gagne un séjour en club de vacances et s'il tire une boule rouge c'est un séjour sur un paquebot.

5 Calculer a. **Calculez** la probabilité d'obtenir une boule bleue, puis celle d'obtenir une boule jaune ainsi que celle d'obtenir une boule rouge.

$P_{(\text{bleu})} =$ .... ; $P_{(\text{jaune})} =$ .... ; $P_{(\text{rouge})} =$ ....

Lorsque toutes les issues ont la même probabilité d'être réalisées, on parle d'**équiprobabilité**.

b. **Indiquez** si la situation est une situation d'équiprobabilité. **Justifiez** la réponse.

....

....

c. **Calculez** la somme des probabilités des différentes issues $P_{(\text{bleu})} + P_{(\text{jaune})} + P_{(\text{rouge})}$. Que remarquez-vous ?

....

....

6 Calculer On note H l'événement « le séjour est en hôtel » et $\overline{H}$ son événement contraire. **Donnez** les probabilités $P(H)$ et $P(\overline{H})$.

....

EN CONCLUSION

7 Communiquer **Répondez** à la problématique.

....

....

Activité 3 Établir le lien entre la stabilisation des fréquences et la probabilité

Question flash

On lance un dé dodécaédrique (à 12 faces) équilibré. Donnez, en écriture fractionnaire :

- la probabilité que le résultat soit « 12 » : ....
- la probabilité que le résultat soit un nombre multiple de 3 : ....

SITUATION

On lance ensemble deux dés cubiques, bien équilibrés, dont les faces sont numérotées de 1 à 6. On note la somme obtenue en ajoutant les nombres de points présents sur chaque face supérieure des dés. Si par exemple on a obtenu 2 et 5, on note 7.

Problématique

La probabilité d'obtenir un résultat pair est-elle la même que celle d'obtenir un résultat impair ?

EXPÉRIMENTATION

1 Chercher **Citez** toutes les issues de cette expérience aléatoire : ....

2 Raisonner À votre avis, la probabilité d'obtenir un résultat pair est-elle la même que celle d'obtenir un résultat impair ? **Justifiez** la réponse (aucun calcul n'est demandé).

....

3 Chercher **a.** À l'aide de deux dés, **effectuez** 10 lancers et **notez** les résultats obtenus pour la somme dans le tableau ci-dessous.

Lancé	1er	2e	3e	4e	5e	6e	7e	8e	9e	10e
Résultat										

b. **Indiquez** si les résultats précédents vous permettent de donner une réponse certaine à la problématique. **Justifiez** la réponse.

....

....

SIMULATION À L'AIDE D'UN TABLEUR

Vous allez réaliser une simulation avec un tableur.

foucherconnect.fr/22mpm16 **Ouvrez** le fichier « **C06_01_lancer_dés.xlsx** ».

4 Modéliser **a.** À l'aide du fichier, **trouvez** le nombre total de lancers de dés simulés. ....

b. Pour simuler le lancer des deux dés, **écrivez** dans les cellules B2 et C2 la formule suivante : **=ENT(6*ALEA()+1)**.

c. **Entourez** la formule à recopier en D2 pour obtenir la somme des deux premiers lancers de dés.

=SOMME(D2)   =SOMME(B2;C2)   =SOMME(A2;C2)

d. **Écrivez** la formule précédente dans la cellule D2. **Sélectionnez** toutes les cellules de B2 à G2, puis **recopiez**-les jusqu'à la ligne 3001. Un graphique apparaît.

5 Représenter **Observez** le graphique.

a. **Cochez** les bonnes réponses.

La fréquence d'apparition des résultats pairs fluctue (varie) fortement lorsque le nombre de lancers est inférieur à 1 000. ☐ Vrai ☐ Faux

La fréquence d'apparition des résultats pairs se stabilise lorsque le nombre de lancers augmente.

☐ Vrai ☐ Faux

b. **Relevez** la valeur vers laquelle la fréquence d'apparition des sommes paires se stabilise. ....

CALCUL DE LA PROBABILITÉ THÉORIQUE

6 Calculer Lorsqu'on lance deux dés, il y a 36 couples de nombres possibles, chacun ayant la même chance de sortir.

a. Parmi ces couples de nombres, **surlignez** ceux qui permettent d'obtenir une somme paire :
(1 ; 1) ; (1 ; 2) ; (1 ; 3) ; (1 ; 4) ; (1 ; 5) ; (1 ; 6) ; (2 ; 1) ; (2 ; 2) ; (2 ; 3) ; (2 ; 4) ; (2 ; 5) ; (2 ; 6) ;
(3 ; 1) ; (3 ; 2) ; (3 ; 3) ; (3 ; 4) ; (3 ; 5) ; (3 ; 6) ; (4 ; 1) ; (4 ; 2) ; (4 ; 3) ; (4 ; 4) ; (4 ; 5) ; (4 ; 6) ;
(5 ; 1) ; (5 ; 2) ; (5 ; 3) ; (5 ; 4) ; (5 ; 5) ; (5 ; 6) ; (6 ; 1) ; (6 ; 2) ; (6 ; 3) ; (6 ; 4) ; (6 ; 5) ; (6 ; 6).

b. **Calculez** la probabilité *P* d'obtenir une somme paire.

$$P = \frac{\text{nombre de couples donnant une somme paire}}{\text{nombre total de couples}} = \ldots\ldots = \ldots\ldots$$

c. **Comparez** le résultat précédent à la valeur trouvée à la question 5 b.

....

VALIDATION

foucherconnect.fr/22mpm17 **Ouvrez** le fichier « **C06_02_lancer_dés.sb3** ». Ce fichier permet de simuler *n* lancers de deux dés et de calculer la fréquence d'apparition d'une somme paire.

7 Modéliser a. **Exécutez** le programme. **Indiquez** $n = 10$.

b. **Relevez** la fréquence obtenue, notez-la dans le tableau. **Exécutez** de nouveau le programme avec les valeurs de *n* données dans le tableau.

n	10	50	100	500	1 000	4 000
f	.....	.....	.....	.....	.....	.....

8 Raisonner **Donnez** une condition pour que la probabilité puisse être assimilée à la fréquence. **Justifiez** la réponse.

....

....

....

EN CONCLUSION

9 Communiquer **Répondez** à la problématique.

....

....

L'essentiel

Probabilité

- Au cours d'une expérience aléatoire, si une issue (résultat) a p chances sur q de se produire, on dit que la **probabilité** de l'issue est $\frac{p}{q}$.
- Lorsque toutes les issues ont la même probabilité d'être réalisées, on parle d'**équiprobabilité**.
- Une probabilité est un **nombre compris entre 0 et 1**, donné soit sous la forme d'une fraction, soit en écriture décimale.
- La **somme des probabilités** des issues d'une expérience aléatoire est **égale à 1**.

Exemple On lance un dé cubique non truqué. Chaque issue a 1 chance sur 6 d'apparaître ; la probabilité de sortie de chaque issue est $\frac{1}{6}$. C'est une situation d'équiprobabilité.

$P(1) + P(2) + P(3) + P(4) + P(5) + P(6) = \frac{1}{6} + \frac{1}{6} + \frac{1}{6} + \frac{1}{6} + \frac{1}{6} + \frac{1}{6} = \frac{6}{6} = 1.$

Calcul de probabilité

- **Probabilité** d'un événement : $P = \frac{\text{nombre de cas favorables}}{\text{nombre total de cas}}$
- La probabilité d'un événement est égale à la somme des probabilités des issues qui le réalisent.
- Un **événement certain** (se réalise toujours) a une probabilité égale à **1.**
- Un **événement impossible** (ne se réalise jamais) a une probabilité égale à **0**.
- La probabilité de l'**événement contraire (noté $\bar{A}$)** d'un événement A est égale à la somme des probabilités des issues qui ne réalisent pas l'événement A.

Exemple On lance un dé cubique non truqué. On considère l'événement E « obtenir un nombre supérieur à 4 ». Les issues qui réalisent cet événement sont 5 et 6. L'événement contraire $\bar{E}$, « obtenir un nombre inférieur ou égal à 4 » est réalisé par les issues 1, 2, 3 et 4.

$P(E) = P(5) + P(6) = \frac{1}{6} + \frac{1}{6} = \frac{2}{6} = \frac{1}{3}$ et $P(\bar{E}) = P(1) + P(2) + P(3) + P(4) = \frac{1}{6} + \frac{1}{6} + \frac{1}{6} + \frac{1}{6} = \frac{4}{6} = \frac{2}{3}$

Lien entre fréquence et probabilité

- Lorsque l'on **répète** n fois une expérience aléatoire, la fréquence f d'apparition d'une issue a **tendance à se stabiliser**, lorsque n augmente, autour d'une valeur que l'on considérera comme la **probabilité** du résultat étudié.

Exemple On lance un très grand nombre de fois une pièce de monnaie truquée. La fréquence de sortie de « pile » se stabilise autour de 0,3. La probabilité de sortie de « pile » est donc 0,3 (inférieure à celle d'une pièce non truquée).

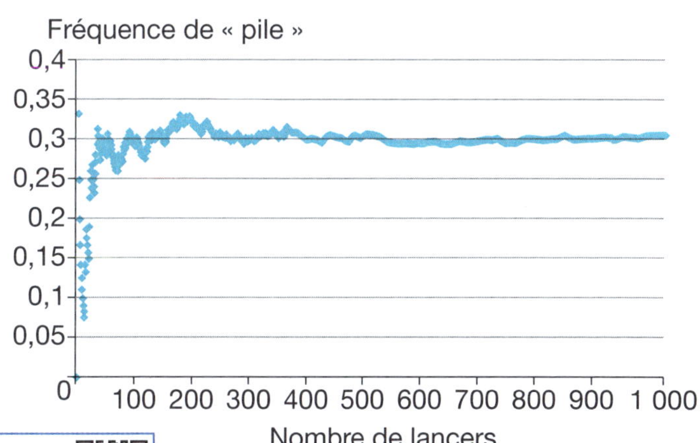

VÉRIFIER SES ACQUIS
foucherconnect.fr/22mpm18

Exercices

AUTOMATISMES

Sans calculatrice ni brouillon, répondez aux 2 questions du rituel indiqué par votre professeur.

Rituel 1 (2')

1. Cochez la bonne réponse.
Le périmètre d'un rectangle de longueur 10 cm et de largeur 6 cm est :
☐ 60 cm² ☐ 16 cm ☐ 32 cm.

2. Exprimez 240 min en heures.
....

Rituel 2 (2')

1. Calculez :
- $3 \times 7 - 12 \times 2 + 3 =$ ....
- $10 \div 2 \times 4 - 22 =$ ....
- $\frac{1}{3} \times 90 + 15 =$ ....

2. Donnez la formule de l'aire d'un rectangle.
....

Rituel 3 (2')

1. Une voiture mesure 3,20 m. Calculez la longueur de son modèle réduit à l'échelle 1/50. Donnez la réponse en m, puis en cm.
....
....

2. Citez deux caractéristiques d'un triangle isocèle.
....
....

Rituel 4 (2')

1. Calculez l'expression $4 - 6a$ pour $a = -1$.
....

2. Cochez les réponses exactes.
36 % peut s'écrire :
☐ 0,36 ☐ 0,036 ☐ $\frac{36}{10}$ ☐ $\frac{36}{100}$.

Calculer une probabilité dans une situation simple

1 * Des dés à 6 faces permettent de jouer au jeu chifoumi, ils possèdent chacun deux faces « pierre », deux faces « feuilles » et deux faces « ciseaux ».

a. Indiquez le nombre d'issues possibles lorsqu'on lance un dé. ....

b. Énumérez les issues. ....

c. Calculez la probabilité d'apparition de chacune des issues.
....

d. Cochez la réponse correcte :
- Lancer ce dé ☐ est une expérience aléatoire ☐ n'est pas une expérience aléatoire.
- La situation ☐ est une situation d'équiprobabilité ☐ n'est pas une situation d'équiprobabilité.
- Un joueur a lancé le dé trois fois de suite et il a obtenu à chaque fois le résultat « feuille ». Lors du prochain lancé, le résultat sera : ☐ pierre ☐ feuille ☐ ciseaux ☐ on ne peut pas savoir.

2 * On lance un dé cubique numéroté de 1 à 6. Reliez chaque événement au terme qui correspond.

Obtenir un nombre impair •	• Événement impossible
Obtenir 8 avec ce dé •	• Événement certain
Obtenir un nombre inférieur ou égal à 6 •	• Événement contraire d'obtenir un nombre pair

3 * Complétez avec les mots : *fréquence, lancers, chance, probabilité, issues*.

On a lancé 20 fois une pièce de monnaie. Les .... sont pile et face. On a obtenu 13 fois pile, la .... d'apparition de pile est donc $\frac{13}{20}$. Ce résultat n'est pas égal à la .... théorique qui correspond à une .... sur deux, c'est-à-dire à une probabilité de 0,5. Pour trouver une fréquence d'apparition proche de 0,5, il faudrait augmenter le nombre de ....

Calculer la probabilité d'événements et d'événements contraires

4 * Une roue de loterie est partagée en douze secteurs égaux. Lorsqu'un joueur tourne la roue, il gagne la somme d'argent indiquée sur le secteur positionné devant le pointeur.

a. Chaque somme a-t-elle la même chance de sortir ? Justifiez.

b. Calculez la probabilité de l'événement « ne rien gagner ».

c. Calculez la probabilité de l'événement « la somme gagnée est supérieure ou égale à 500 000 ».

5 ** Une urne contient 20 boules dont 12 rouges. Les autres sont blanches ou bleues. On tire une boule au hasard.

a. Calculez la probabilité de l'événement R « tirer une boule rouge ».

b. Nommez l'événement contraire de l'événement R. Calculez $P(\overline{R})$.

c. On sait que la probabilité de tirer une boule blanche est égale à 0,15. Calculez la probabilité de tirer une boule bleue.

Coup de pouce La somme des probabilités des issues d'une expérience est égale à 1.

d. Calculez le nombre de boules de chaque couleur.

Établir le lien entre la stabilisation des fréquences et la probabilité

6 * Un sac opaque contient 30 boules de couleur noire ou blanche. On a réalisé un très grand nombre de tirages avec remise et constaté que la fréquence d'apparition de la couleur noire se stabilise à une fréquence de 0,7.

Coup de pouce « Avec remise » signifie que l'on remet la boule dans le sac après chaque tirage.

a. Donnez la probabilité, en pourcentage, d'obtenir une boule noire.

b. Déduisez-en le nombre de boules de chaque couleur.

Autoévaluation

Cochez la bonne réponse parmi les trois propositions.

Un dé spécial comporte trois faces avec une étiquette « ★ », deux faces avec un « ● » et une face avec un « 3 ». Quand on lance ce dé :

a. On réalise une expérience aléatoire. ☐ Oui ☐ Non ☐ On ne peut pas savoir

b. Toutes les issues sont équiprobables. ☐ Oui ☐ Non ☐ On ne peut pas savoir

c. L'issue qui a la plus grande chance d'apparaître est : ☐ 3 ☐ ● ☐ ★ ☐ On ne peut pas savoir

d. L'issue dont la probabilité est la plus petite est : ☐ 3 ☐ ● ☐ ★ ☐ On ne peut pas savoir

e. L'événement contraire de « obtenir ★ » est : ☐ obtenir 3 ☐ obtenir ● ☐ obtenir 3 ou ●

Problèmes

7 ** Le professeur principal d'une classe de 3e Prépa-Métiers a relevé les intentions d'orientation des élèves. Tous ont choisi une seconde professionnelle, soit dans le secteur du commerce ou des services (Seconde CS), soit dans un secteur à dominante industrielle ou technique (Seconde IT).

Le tableau ci-dessous donne le choix d'orientation des élèves de la classe.

	Garçon	Fille	Total
Seconde CS	....	9	....
Seconde IT	7	2	....
Total	....	....	24

a. Complétez le tableau.
On choisit un élève au hasard dans cette classe.

b. Calculez la probabilité pour que cet élève soit une fille. ....

c. Calculez la probabilité pour que cet élève ait choisi une seconde CS. ....

d. Calculez la probabilité pour que cet élève soit un garçon ayant choisi une seconde IT.

....

8 ** Une boîte contient 3 jetons noirs et 2 jetons jaunes. Une autre boîte contient 1 jeton noir et 4 jetons jaunes. On tire un premier jeton au hasard dans la boîte 1, puis un deuxième jeton dans la boîte 2, on note leur couleur et on les remet dans leur boîte. On a réalisé 250 fois l'expérience.

Tableau des résultats de l'expérience

Couleur 2e jeton / Couleur 1er jeton	Noir	Jaune
Noir	31	119
Jaune	18	82

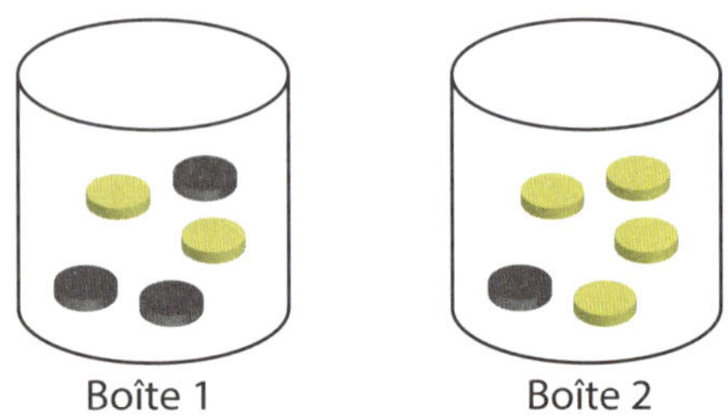

a. Indiquez :

– le nombre de fois où le tirage noir-jaune a été obtenu : ....

– le nombre de fois où le 1er jeton était noir : ....

b. Calculez la fréquence d'apparition du tirage jaune-jaune.

....

....

c. À partir de la valeur précédente, donnez une estimation de la probabilité d'apparition du tirage jaune-jaune.

....

d. foucherconnect.fr/22mpm19 Ouvrez le fichier « **C06_03_exo8.xlsx** » dans lequel on a simulé 5 000 tirages de jetons. Estimez la probabilité d'obtenir deux jetons jaunes. $P(JJ) \approx$ ....

e. Le résultat trouvé est-il en accord avec celui de la question c. ?

....

9 *** Prise d'initiative Ines adore les bonbons Tuttifruiti, ses préférés sont ceux au citron. Les bonbons Tuttifruiti sont vendus en sachets de 150 g ou en boîtes de 1 kg. Ines achète toujours des sachets de 150 g pour lesquels elle a observé que la répartition des bonbons était la suivante :

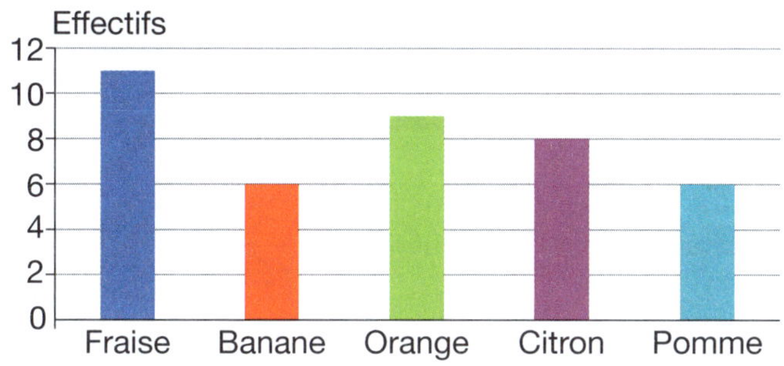

Dans les boîtes de 1 kg de bonbons, la répartition peut varier, mais le fabricant garantit qu'au moins 22 % des bonbons sont au citron.
Si Ines choisit un bonbon au hasard, dans quel conditionnement a-t-elle la plus grande probabilité de tomber sur son parfum préféré ? *Détaillez les étapes de la démarche suivie.*

....

....

....

....

....

10 *** Un digicode commande l'ouverture d'un coffre. Le code d'ouverture est composé d'une lettre A, B ou P suivie d'un chiffre.

a. Donnez le nombre total de combinaisons possibles : ....

b. Malo compose au hasard le code B6. Indiquez la probabilité qu'il obtienne le bon code.

....

c. En tapant ce code, Malo s'est trompé à la fois de lettre et de chiffre. Il change donc tous ses choix et tente un nouveau code. Calculez la probabilité qu'il trouve le bon code au deuxième essai.

....

....

....

d. Expliquez pourquoi si Malo ne s'est trompé que de lettre au deuxième essai, il est certain de trouver le bon code au troisième essai.

....

....

....

....

....

Tableau des combinaisons

A	0	B	0	P	0
	1		1		1
	2		2		2
	3		3		3
	4		4		4
	5		5		5
	6		6		6
	7		7		7
	8		8		8
	9		9		9

Vers les métiers... de la réalisation de produits mécaniques

SITUATION

Dans le domaine de la productique, pour vérifier la qualité d'une fabrication, on effectue des contrôles par prélèvement de pièces.
Suite à des mesures effectuées sur 10 000 pièces issues d'une même machine, on a constaté que 9 000 sont conformes, les autres étant non conformes. Lors de ce contrôle de qualité, 92 % des pièces conformes ont été acceptées et 94 % des pièces non conformes ont été refusées.
Si la probabilité d'obtenir une pièce conforme et acceptée par le contrôle de qualité est inférieure à 0,85 alors il faut procéder à un réglage de la machine.
La machine contrôlée doit-elle être réglée ?

On tire une pièce au hasard dans la production. On note C l'événement « la pièce est conforme » et A l'événement « la pièce est acceptée ».

1 a. Calculez la probabilité de tirer au sort une pièce conforme dans la production.

....

b. Donnez la signification de l'événement $\overline{C}$ et calculez sa probabilité $P(\overline{C})$.

....

....

2 Calculez le nombre des pièces conformes acceptées par le contrôle de qualité.

....

3 Calculez la probabilité de tirer au sort une pièce conforme et acceptée par le contrôle de qualité.

....

....

4 La machine contrôlée doit-elle être réglée ? Justifiez la réponse.

....

Dans le milieu de l'industrie, on modélise ce type de situation aléatoire par un arbre des probabilités. En suivant les premières branches de l'arbre, on obtient la première issue de l'expérience : « la pièce prélevée est conforme et acceptée par le contrôle ». On peut noter cette issue C A.

5 Donnez les 3 autres issues de cette expérience :

....

....

....

Arbre des probabilités

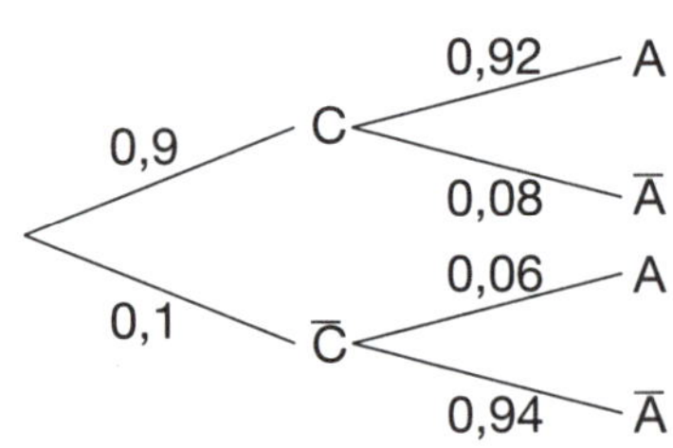

6 Pour connaître la probabilité de l'événement « la pièce est conforme et acceptée », on multiplie entre elles les probabilités inscrites sur les branches correspondant à cet événement.
Effectuez le calcul puis comparez le résultat à celui de la question **3.**

$P(CA) = 0{,}90 \times 0{,}92 =$ ....

ZOOM MÉTIERS La modélisation à l'aide de probabilités est utilisée dans de nombreux domaines : en médecine (probabilité d'être atteint d'une maladie), en politique (sondages électoraux), en marketing (études de marchés, satisfaction des clients), etc.

Vers le brevet

Nom : .... Prénom : ....

Classe : .... Date : ....

Exercice 1

Cochez la bonne réponse parmi les trois propositions.
Une urne non transparente contient deux boules jaunes, cinq boules rouges et trois boules noires. On tire une boule au hasard.

a. Chercher Les issues possibles sont : ☐ 2, 3 et 5 ☐ jaune, rouge, noir ☐ on ne peut pas savoir.

b. Calculer La probabilité d'obtenir une boule jaune est : ☐ $\frac{1}{5}$ ☐ $\frac{1}{3}$ ☐ $\frac{1}{2}$.

c. Calculer La probabilité d'obtenir une boule qui n'est pas rouge est : ☐ $\frac{1}{5}$ ☐ $\frac{1}{3}$ ☐ $\frac{1}{2}$.

d. Raisonner Si on réalise trois fois l'expérience, on tirera au moins une fois une boule rouge.
☐ Vrai ☐ Faux ☐ On ne peut pas savoir

Dans une urne, on a placé 30 boules indiscernables au toucher, les unes blanches, les autres noires. La probabilité de tirer une boule noire est 0,40.

e. Raisonner Dans cette urne : ☐ il y a plus de boules blanches que de boules noires
☐ il y a plus de boules noires que de boules blanches
☐ on ne peut pas savoir

Exercice 2

Un dé cubique a ses six faces colorées avec cinq couleurs : une en bleu, une en rouge, une en jaune, une en vert et deux en noir. On jette le dé supposé bien équilibré.

a. Calculer Calculez la probabilité d'obtenir la couleur jaune. Arrondissez le résultat au millième.

....

b. Calculer Calculez la probabilité d'obtenir la couleur noire. Arrondissez le résultat au millième.

....

On jette ce dé 100 fois et on note à chaque fois la couleur de la face de dessus. Le schéma ci-dessous donne la répartition des couleurs obtenues lors de ces 100 lancers.

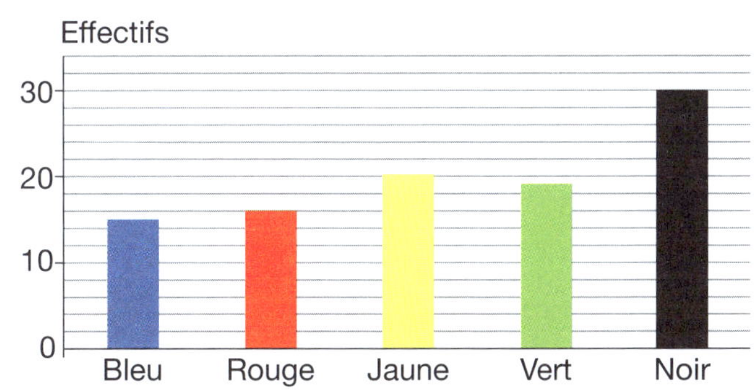

c. Calculer Déterminez la fréquence d'apparition de la couleur jaune. ....

d. Calculer Déterminez la fréquence d'apparition de la couleur noire. ....

e. Chercher Communiquer Expliquez l'écart entre les probabilités trouvées aux questions **a.** et **b.** et les fréquences obtenues aux questions **c.** et **d.**

....

Exercice 3

Le sang humain peut être classé en huit groupes : A⁺, A⁻, B⁺, B⁻, AB⁺, AB⁻, O⁺, O⁻. Les signes + et – qui suivent la lettre indiquent le facteur Rhésus : positif ou négatif.
Une enquête réalisée auprès de 500 personnes a donné la répartition suivante.

Groupe sanguin	A^+	A^-	B^+	B^-	AB^+	AB^-	O^+	O^-
Effectif	190	35	40	5	15	8	180	27

a. Calculer Calculez la fréquence du groupe sanguin le plus rare et celle du plus fréquent dans cet échantillon de personnes. Exprimez les résultats en pourcentages.

....

....

b. Raisonner Communiquer Le programme ci-contre permet-il de vérifier les résultats précédents ? Justifiez la réponse.

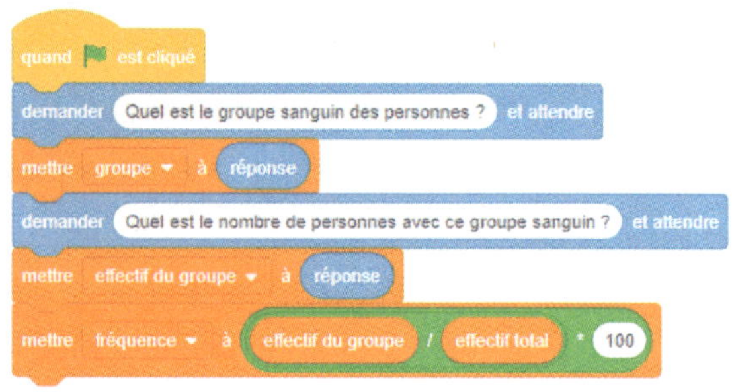

....

....

....

....

....

On prend une fiche au hasard parmi les 500 fiches des personnes interrogées. Cela signifie que chaque fiche a la même probabilité d'être choisie.

c. Raisonner Calculer Communiquer Quelle est la probabilité $P(R^+)$ de tirer la fiche d'une personne de Rhésus positif ? *Faites apparaître la démarche utilisée.*

....

....

....

Grille d'évaluation

foucherconnect.fr/22mpm20

Compétences travaillées	Connaissances et capacités associées	Questions	Appréciation du niveau d'acquisition		
			(rouge)	(orange)	(vert)
Chercher	• Donner les issues de l'expérience. • Expliquer l'écart observé entre fréquence et probabilité.	1a. 2e.			
Raisonner	• Connaître les règles du hasard. • Indiquer la répartition des boules colorées. • Identifier l'étape manquante du programme. • Valider le lien entre fréquence et probabilité.	1d. 1e. 3b. 3c.			
Calculer	• Déterminer une probabilité simple. • Calculer une fréquence. • Calculer la probabilité d'un événement.	1b. 1c. 2a. 2b. 2c. 2d. 3a. 3c.			
Communiquer	• Rédiger la réponse de façon claire et précise. • Donner la réponse en la justifiant. • Expliquer de façon claire les étapes de la démarche suivie.	2e. 3b. 3c.			

CHAPITRE

07 Fonctions

ACTIVITÉ PRÉPARATOIRE
foucherconnect.fr/22mpm61

Activité 1 Découvrir la notion de fonction

Question flash

Cochez la réponse correcte.

- Si $x = 4$, l'expression $3(x - 1)$ est égale à : ☐ 9 ☐ 6 ☐ $\frac{7}{3}$.
- Dans un repère le point D a pour coordonnées (−4 ; 2). Son abscisse est égale à 2. ☐ Vrai ☐ Faux

SITUATION

On sait aujourd'hui que le réchauffement climatique entraîne la fonte des glaciers. Sur les rochers, 12 ans après la fonte d'un glacier, de petites plantes, appelées lichens, commencent à pousser. Ces plantes se présentent sous forme d'un cercle, de couleur vert grisâtre ou jaune. La courbe ci-contre donne, pour des lichens âgés de 0 à 30 ans, leur diamètre (en mm).

Lors d'un voyage en Norvège, Salomé a trouvé sur les roches d'un ancien glacier un lichen mesurant 32 mm de diamètre.

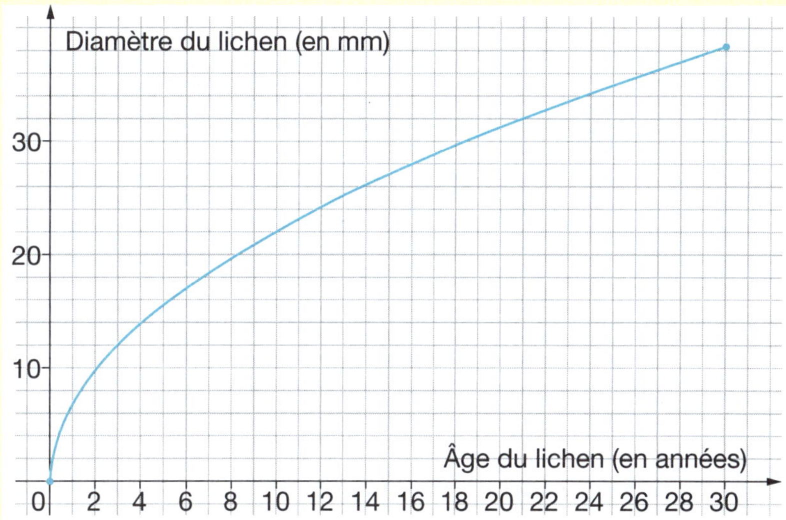

Problématique

Depuis combien d'années la glace a-t-elle disparu de ce glacier norvégien ? Est-il possible en utilisant ce graphique de déterminer le diamètre d'un lichen âgé de 50 ans ?

NOTION DE FONCTION

1 Chercher **Cochez** la bonne réponse.

a. Sur l'axe des abscisses, on peut lire : ☐ l'âge du lichen ☐ le diamètre du lichen.

b. Sur l'axe des ordonnées, on peut lire : ☐ l'âge du lichen ☐ le diamètre du lichen.

2 Chercher Par lecture graphique, en laissant les traits de construction visibles, **donnez** :

a. le diamètre d'un lichen âgé de 3 ans : ....

b. l'âge d'un lichen qui mesure 28 mm : ....

3 Chercher **Complétez** le tableau de valeurs ci-dessous à l'aide du graphique.

Âge du lichen (en années)	....	4	....	21	....
Diamètre du lichen (en mm)	7	....	22	....	37

4 Chercher **Cochez** la bonne réponse.
D'après le tableau de la question 3, pour chaque âge du lichen, on peut associer :
☐ plusieurs diamètres ☐ un seul diamètre.

5 Raisonner Est-il possible avec le graphique donné de déterminer le diamètre d'un lichen âgé de 50 ans ? **Justifiez** votre réponse.

....

VOCABULAIRE

Une **fonction** se note souvent *f*, mais on peut utiliser n'importe quelle autre lettre. Une fonction est un processus qui, à chaque valeur *x*, associe une **seule** valeur notée ***f*(*x*)**.
f(*x*) s'appelle l'expression algébrique de la fonction *f*.

On peut modéliser la situation précédente par une fonction *f*. Cette fonction associe à chaque valeur *x* (ici, l'âge du lichen, compris entre 0 et 30 ans) une seule valeur notée *f*(*x*) (ici, le diamètre du lichen).
Pour déterminer le diamètre d'un lichen âgé de 50 ans, on utilise la relation qui lie ces deux grandeurs de manière approximative. Cette relation est la suivante : $f(x) = 7 \times \sqrt{x}$ où *f*(*x*) est le diamètre du lichen, en mm, et *x* l'âge du lichen, en années. $7 \times \sqrt{x}$ est l'expression algébrique de la fonction *f*.

6 Calculer En utilisant cette relation algébrique, **complétez** le tableau de valeurs ci-dessous. **Arrondissez** les valeurs au centième.

x	1	10	20	30	40
***f*(*x*)**	....	....	....	....	....

Coup de pouce Pour calculer $7 \times \sqrt{30}$ sur la calculatrice, on appuie sur les touches :
[7] [×] [SECONDE] [x^2] [30]

On dit que le nombre ***f*(*x*)** est l'**image** de *x* par la fonction *f* et que le nombre ***x*** est un **antécédent** du nombre *f*(*x*).

7 Chercher Raisonner En utilisant le tableau de la question 6 et le coup de pouce ci-dessous, **complétez** les phrases suivantes.

a. L'image de 20 par la fonction *f* est égale à ....

On note *f*(......) = ...

b. Un antécédent de 22,14 par la fonction *f* est égal à ....

On note *f*(......) = ...

Coup de pouce Par exemple, 7 est l'image de 1 par la fonction *f* et 1 est un antécédent de 7 par la fonction *f*. On écrit *f*(1) = 7.

8 Chercher Raisonner **Complétez** la phrase suivante avec les mots *image* ou *antécédent*.

38,34 est .... de 30 par la fonction *f* et 40 est .... de 44,27 par la fonction *f*.

9 Calculer a. **Complétez** l'égalité suivante. **Arrondissez** au dixième le résultat.

f(......) = 7 × √...... ≈ ....

b. Raisonner **Complétez** la phrase ci-dessous en utilisant la réponse de la question 9a.

Un lichen âgé de .... ans a un diamètre égal à ....

EN CONCLUSION

10 Calculer Communiquer **Répondez** à la problématique.

....

....

....

Activité 2 Calculer un pourcentage d'évolution

Question flash

Cochez la réponse correcte.

- Un article qui initialement coûte 25 € subit une augmentation de 30 %.
Son prix final est égal à : □ 7,5 € □ 17,5 € □ 32,5 €.
- Une ville de 32 000 habitants a vu sa population baisser de 8 %.
Le nouveau nombre d'habitants est égal à :
□ 29 440 □ 34 560 □ 2 560.

SITUATION

Des aliens menacent de contaminer la Terre avec un gaz toxique.

Ce gaz a pour effet d'augmenter la taille des doigts d'une main humaine de 90 % et de diminuer la taille des os les plus longs de 90 %. Toutefois, un antidote existe. Il est enfermé dans un lieu secret qui ne sera communiqué qu'à la condition de trouver les 4 chiffres de la combinaison du coffre qui le renferme. C'est l'agent Sculder qui est chargé de trouver les chiffres. Ces chiffres correspondent aux coefficients multiplicateurs dont les aliens se servent pour augmenter la taille des doigts et diminuer celle des os.

Problématique

Quels sont les 4 chiffres de la combinaison du coffre ?

PROPORTIONNALITÉ ET POURCENTAGE D'AUGMENTATION

Deux grandeurs sont **proportionnelles** si les valeurs de l'une s'obtiennent en multipliant les valeurs de l'autre par un même nombre que l'on appelle **coefficient de proportionnalité**.

1 Calculer La taille de chacun des doigts de l'agent Sculder est donnée ci-dessous. **Calculez** la taille finale des doigts de l'agent Sculder s'il respirait le gaz toxique.

Coup de pouce Pour calculer la taille finale des doigts, on réalise le calcul suivant : taille initiale + taille initiale $\times \frac{90}{100}$

	Pouce	Index	Majeur	Annulaire	Auriculaire
Taille initiale des doigts (en cm)	6	8	9	8,5	6,5
Taille finale des doigts (en cm)	....	....	....	....	....

× ....

2 Raisonner Calculer **Montrez** qu'il y a proportionnalité entre la taille finale et la taille initiale des doigts de l'agent Sculder.

....

....

....

Coup de pouce Pour déterminer si deux grandeurs d'un tableau sont proportionnelles, on peut calculer les quotients des valeurs de la 2de ligne par les valeurs correspondantes de la 1re ligne du tableau.

3 Communiquer **Complétez** la bulle à droite du tableau de la question 1.

4 Calculer Pour déterminer la taille finale du pouce de l'agent Sculder, vous avez réalisé le calcul suivant : $6 + 6 \times \frac{90}{100}$. En mettant 6 en facteur commun dans ce calcul, **montrez** qu'il peut s'écrire $6 \times 1{,}9$.

$6 + 6 \times \frac{90}{100} = 6 \times \left(\ldots + \ldots\ldots \right) = 6 \times (\ldots + \ldots\ldots) = 6 \times 1{,}9$

5 Raisonner **Complétez** la phrase suivante :

« Augmenter une quantité de 90 % revient à multiplier cette quantité par un coefficient multiplicateur égal à ..... + ... »

PROPORTIONNALITÉ ET POURCENTAGE DE DIMINUTION

6 Calculer La taille de chacun des os les plus longs de l'agent Sculder est donnée ci-dessous. En vous aidant éventuellement du coup de pouce, **calculez** la taille finale des os les plus longs de l'agent Sculder s'il respirait le gaz toxique.

Coup de pouce : Pour calculer la taille finale des os, on réalise le calcul suivant : taille initiale – taille initiale $\times \frac{90}{100}$

	Humérus	Radius	Cubitus	Tibia	Fémur
Taille initiale des os (en mm)	336	248	266	375	460
Taille finale des os (en mm)	....	....	....	....	....

× ....

7 Raisonner Calculer **Montrez** qu'il y a proportionnalité entre la taille finale et la taille initiale des doigts de l'agent Sculder.

....

....

....

....

8 Communiquer **Complétez** la bulle à droite du tableau de la question 6.

9 Calculer Pour déterminer la taille finale de l'humérus de l'agent Sculder, vous avez réalisé le calcul suivant : $336 - 336 \times \frac{90}{100}$.

En mettant 336 en facteur commun dans cette expression, **montrez** qu'elle peut s'écrire $336 \times 0{,}1$.

$336 - 336 \times \frac{90}{100} = 336 \times \left(\ldots - \ldots\ldots \right) = \ldots\ldots \times \ldots - \ldots\ldots = 336 \times 0{,}1$

10 Raisonner **Complétez** la phrase suivante :

« Diminuer une quantité de 90 % revient à multiplier cette quantité par un coefficient multiplicateur égal à ..... – .... »

EN CONCLUSION

11 Communiquer **Répondez** à la problématique.

....

....

....

....

....

Activité 3 Modéliser une situation de proportionnalité par une fonction linéaire

Question flash

Cochez la réponse correcte.
- Pour réaliser une confiture de fraises, il est indiqué qu'il faut 45 % de fruits.

Cela signifie que : ☐ pour faire 100 g de confiture, il faut 45 g de fruits
☐ pour faire 45 g de confiture, il faut 100 g de fruits.

- Une plaquette de chocolat contient 75 % de cacao. Cela signifie que :

☐ dans 100 g de cacao, il y a 75 g de chocolat ☐ dans 100 g de chocolat, il y a 75 g de cacao.

SITUATION

Max est sportif et fait très attention à son alimentation. Il s'intéresse plus particulièrement aux apports en matières grasses de ses deux fromages préférés : l'emmental et le camembert. Il veut choisir le fromage qui contient le moins de matières grasses.

Le graphique ci-contre donne la quantité de matières grasses, en g, en fonction de la masse de fromage *m*, en g, pour l'emmental. Pour le camembert, on définit une fonction *f* qui à la masse *m* de ce fromage, en g, associe la quantité de matières grasses *f*(*m*), en g, par la relation $f(m) = 0{,}2m$.

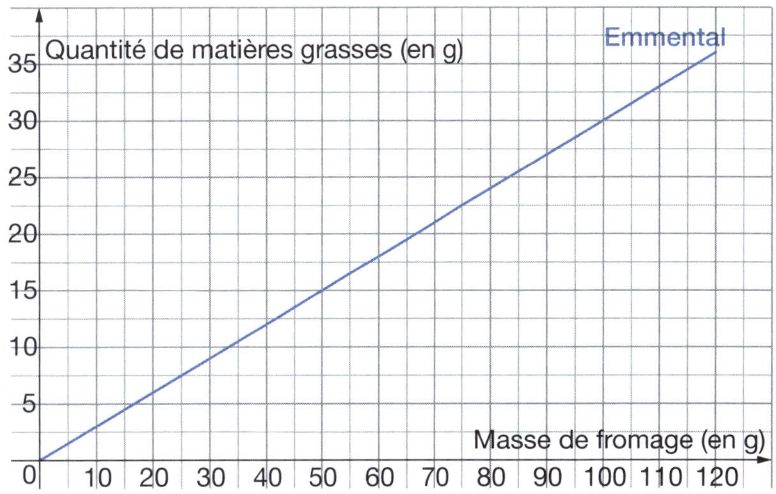

Problématique

Quel fromage Max doit-il choisir ?

MODÉLISATION D'UNE SITUATION DE PROPORTIONNALITÉ

On s'intéresse à l'emmental et au graphique qui lui est associé.

1 Chercher À partir du graphique, **complétez** le tableau de valeurs ci-dessous.

Masse d'emmental (en g)	10	....	50	....	110
Quantité de matières grasses (en g)	....	6	....	27	....

× ....

2 Raisonner Calculer **Indiquez** par un calcul si les grandeurs « masse d'emmental » et « quantité de matières grasses » sont proportionnelles. Si oui, **complétez** la bulle à droite du tableau avec le coefficient de proportionnalité.

....

....

....

3 Chercher **Déterminez** graphiquement la quantité de matières grasses apportée par 100 g d'emmental.

....

....

4 Raisonner **Déduisez**-en le pourcentage de matières grasses que contient l'emmental. ....

Une **situation de proportionnalité** de coefficient *a* peut être modélisée par la **fonction linéaire** de coefficient *a*.

5 Modéliser On note *h* la fonction qui modélise cette situation avec *m* la masse d'emmental et *h*(*m*) la quantité de matières grasses. **Cochez** parmi les expressions suivantes celle de la fonction *h* :

☐ $h(m) = 30m$ ☐ $h(m) = 0{,}3m$ ☐ $h(m) = 100m$

6 Modéliser **Cochez** la réponse exacte. La fonction *h* est une fonction :

☐ linéaire de coefficient 0,3 ☐ linéaire de coefficient 30 ☐ linéaire de coefficient 100.

PASSER DE L'EXPRESSION D'UNE FONCTION LINÉAIRE À SON GRAPHIQUE

On s'intéresse à la fonction *f* qui à la masse *m* de camembert, en g, associie la quantité de matières grasses *f*(*m*) par la relation $f(m) = 0{,}2m$.

7 Chercher En utilisant l'expression de la fonction *f*, **complétez** le tableau de valeurs ci-dessous.

Masse de camembert *m* (en g)	10	....	50	....	110
Quantité de matières grasses *f*(*m*)(en g)	....	6	....	17	....

× ....

8 Raisonner Calculer **Indiquez** par un calcul si les grandeurs « masse de camembert » et « quantité de matières grasses » sont proportionnelles. Si oui, **complétez** la bulle à droite du tableau avec le coefficient de proportionnalité.

....

....

....

9 Raisonner **Justifiez** que la fonction *f* est une fonction linéaire et **donnez** son coefficient.

....

....

10 Représenter Dans le repère de la page précédente, **placez** les points de coordonnées (*m* ; *f*(*m*)) et **tracez** à la règle la droite passant par tous les points.

11 Chercher Que ce soit pour le camembert ou pour l'emmental, les deux droites passent par un point particulier. **Donnez** le nom et les coordonnées de ce point.

....

12 Raisonner Calculer **Déterminez** l'image de 100 par la fonction *f*. ....

13 Raisonner **Donnez** une interprétation du résultat que vous avez obtenu à la question 12.

....

....

14 Chercher **Déduisez-en** le pourcentage de matières grasses que contient le camembert. ....

EN CONCLUSION

15 Communiquer **Répondez** à la problématique.

....

....

Activité 4 Découvrir la fonction affine

Question flash

Cochez la réponse correcte.
- Si $x = 2$, alors $20x + 3$ est égal à : ☐ 25 ☐ 43 ☐ 100.
- Si $t = 3$, alors $5t + 10$ est égal à : ☐ 18 ☐ 25 ☐ 150.

SITUATION

Rania est pâtissière. À la période de l'Épiphanie, elle doit acheter de la poudre d'amande pour la fabrication des galettes des rois. Elle a pour habitude de se rendre chez son grossiste qui lui vend la poudre d'amande à 11 € le kilo. Cependant, un concurrent qui propose de la vente en ligne, la vend à 8 € le kilo avec 15 € de livraison quelle que soit la quantité de poudre d'amande achetée.

Problématique

À partir de quelle quantité de poudre d'amande l'achat chez le concurrent est-il plus avantageux pour Rania que l'achat chez le grossiste ?

EXPRESSION D'UNE FONCTION AFFINE

1 a. Chercher Calculer **Calculez** le prix pour l'achat de 4 kg et de 10 kg de poudre d'amande chez le grossiste et chez le concurrent.

....

....

....

b. Chercher **Cochez** la réponse exacte.
- Pour 4 kg de poudre d'amande, Rania dépensera moins en réalisant son achat chez :
☐ le grossiste ☐ le concurrent.
- Pour 10 kg de poudre d'amande, Rania dépensera moins en réalisant son achat chez :
☐ le grossiste ☐ le concurrent.

2 Raisonner On modélise la situation par une fonction f, qui à la quantité de poudre d'amande x, en kg, associe le prix payé $f(x)$ au grossiste, en €, et une fonction g, qui à la quantité de poudre d'amande x, en kg, associe le prix payé $g(x)$ au concurrent, en €.

a. **Donnez** l'expression algébrique de la fonction f. ....

b. **Cochez** l'expression algébrique de la fonction g. ☐ $g(x) = 8x$ ☐ $g(x) = 8x + 15$ ☐ $g(x) = 15x + 8$

Une **fonction affine** est une fonction f qui, à tout nombre x, fait correspondre le nombre $ax + b$ où a et b sont des nombres relatifs fixés. On écrit alors $\boldsymbol{f(x) = ax + b}$.

c. **Expliquez** pourquoi la fonction g est une fonction affine en identifiant les valeurs de a et b.

....

....

REPRÉSENTATION GRAPHIQUE D'UNE FONCTION AFFINE

3 Calculer À l'aide de la calculatrice, **complétez** le tableau de valeurs ci-dessous.

Quantité de poudre d'amande (en kg) : *x*	0	2	4	6	8	10
Prix payé au grossiste (en €) : $f(x) = 11x$	....	....	....	....	....	....
Prix payé au concurrent (en €) : $g(x) = 8x + 15$	....	....	....	....	....	....

TUTO CALCULATRICE
Obtenir un tableau de valeurs
foucherconnect.fr/22mpm62

La représentation graphique d'une **fonction affine** telle que $f(x) = ax + b$ est une droite où a est le **coefficient directeur** de la droite et b **l'ordonnée à l'origine**.

4 Représenter Dans le repère ci-contre, **placez** les points du tableau de coordonnées $(x ; f(x))$, puis **tracez** la droite $\mathscr{C}_f$ passant par tous les points. **Faites** de même avec les points de coordonnées $(x ; g(x))$.

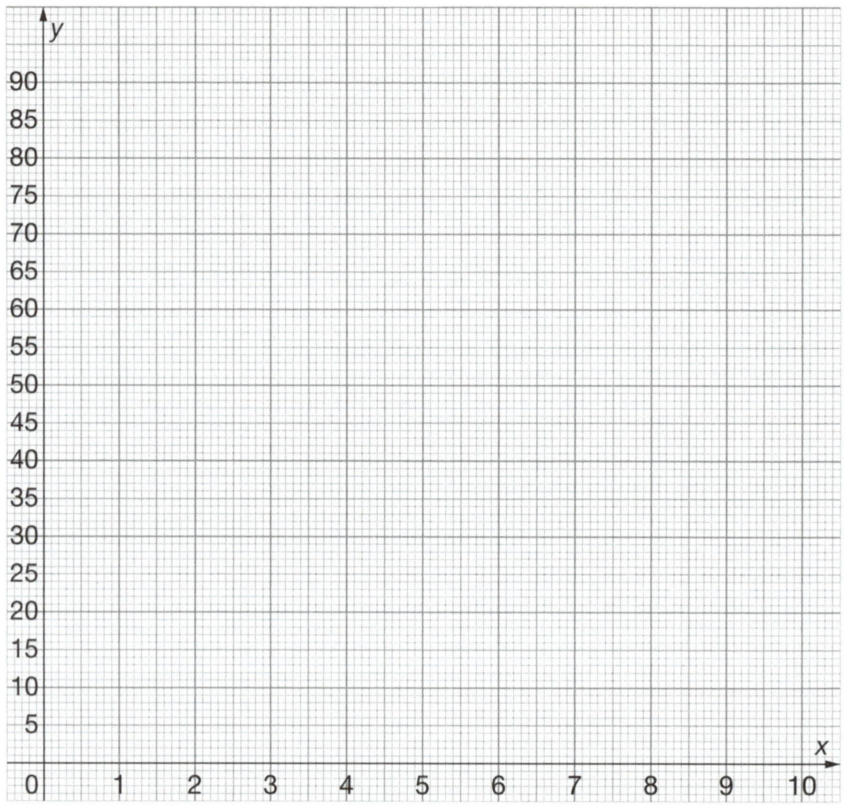

5 Raisonner **Cochez** la réponse exacte.

- Le coefficient directeur de la droite représentative de la fonction g est égal à :

☐ 8 ☐ 15.

- L'ordonnée à l'origine de la droite représentative de la fonction g est égale à :

☐ 8 ☐ 15.

- L'ordonnée à l'origine de la droite représentative de la fonction g se lit graphiquement :

☐ à l'intersection de $\mathscr{C}_g$ avec l'axe des abscisses

☐ à l'intersection de $\mathscr{C}_g$ avec l'axe des ordonnées.

6 Chercher **Déterminez** graphiquement pour quelle quantité de poudre d'amande le prix est identique chez le grossiste et chez le concurrent et **donnez** ce prix. **Laissez** apparents les traits utiles à la lecture.

....

....

7 Chercher **Cochez** la réponse exacte.

Graphiquement, on peut voir que pour moins de 5 kg de poudre d'amande la courbe représentative de la fonction f est : ☐ au-dessus de $\mathscr{C}_g$ ☐ en dessous de $\mathscr{C}_g$.

Ce qui signifie que pour moins de 5 kg de poudre d'amande :

☐ le grossiste est le moins cher ☐ le concurrent est le moins cher.

EN CONCLUSION

8 Communiquer **Répondez** à la problématique.

....

....

L'essentiel

Découvrir la notion de fonction

Soit la fonction f qui à tout nombre x associe le nombre $f(x)$. $f(x)$ est l'expression algébrique de f.
On dit que $f(x)$ est **l'image** de x par f et que x est un **antécédent** de $f(x)$ par f.
x possède au plus une image (une ou zéro), mais $f(x)$ peut avoir plusieurs antécédents.

Exemple

On considère la fonction f d'expression $f(x) = 0{,}5x + 1{,}5$.
$f(1) = 0{,}5 \times 1 + 1{,}5 = 2$. L'image de 1 est 2 et un antécédent de 2 est 1.

Calculer un pourcentage d'évolution

Un pourcentage est un quotient dont le dénominateur est 100. Ce quotient est noté $p\%$.
Augmenter une valeur de $p\%$ revient à la multiplier par $1 + \frac{p}{100}$.
Diminuer une valeur de $p\%$ revient à la multiplier par $1 - \frac{p}{100}$.

Exemples

- Un salarié gagne 1 270 € par mois. Il est augmenté de 2 %. Son nouveau salaire est égal à $1\,270 \times \left(1 + \frac{2}{100}\right) = 1\,270 \times 1{,}02 = 1\,295{,}40$ €
- Le prix plein tarif d'un billet de train est de 38 €. Paul bénéficie d'une réduction de 25 %. Le prix du billet au tarif réduit est égal à $38 \times \left(1 - \frac{25}{100}\right) = 38 \times 0{,}75 = 28{,}50$ €.

Modéliser une situation de proportionnalité par une fonction linéaire

Le nombre a étant fixé, on appelle **fonction linéaire** la fonction f qui, à tout nombre x, fait correspondre le nombre ax. On écrit alors $\boldsymbol{f(x) = ax}$. La **représentation graphique** de cette fonction linéaire est une **droite** passant par l'origine du repère. a est le coefficient directeur de la droite. Tous les points de coordonnées $(x\,;\,f(x))$ appartiennent à cette droite.
Une **situation de proportionnalité** peut être modélisée par une fonction linéaire de coefficient a.

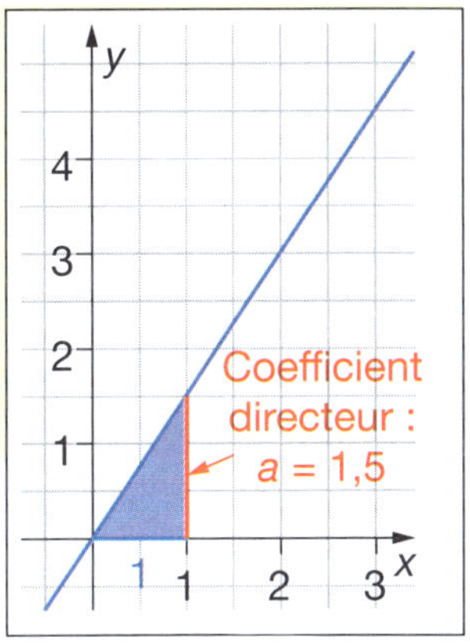

Exemple

La fonction d'expression $f(x) = 1{,}5x$ est une fonction linéaire. Sa représentation graphique est une droite ; cette droite passe par l'origine du repère et son coefficient directeur est égal à 1,5.

Découvrir la fonction affine

Les nombres a et b étant fixés, on appelle **fonction affine** la fonction f qui, à tout nombre x, fait correspondre le nombre $ax + b$. On écrit alors $\boldsymbol{f(x) = ax + b}$.
La représentation graphique d'une fonction affine est une droite. a est le coefficient directeur de la droite et b l'ordonnée à l'origine.

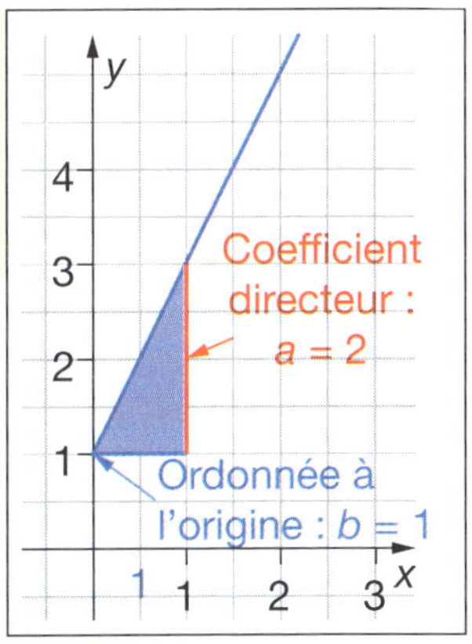

Exemple

La fonction f d'expression $f(x) = 2x + 1$ est une fonction affine. Sa représentation graphique est une droite ; cette droite a pour coefficient directeur $a = 2$ et pour ordonnée à l'origine $b = 1$.

VÉRIFIER SES ACQUIS
foucherconnect.fr/22mpm63

Exercices

AUTOMATISMES

Sans calculatrice ni brouillon, répondez aux 2 questions du rituel indiqué par votre professeur.

Rituel 1 (2')

1. Calculez le volume du cylindre ci-contre, en cm^3. Arrondissez à l'unité.

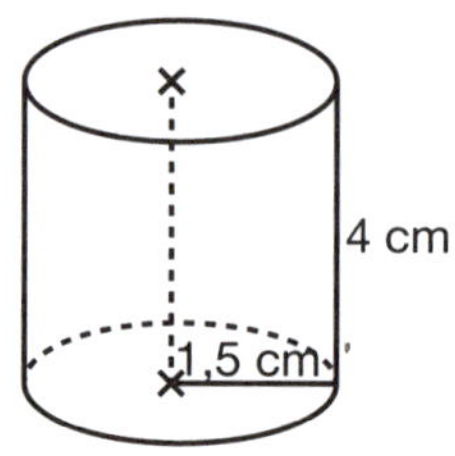

....

2. Comparez les fractions suivantes : $\frac{17}{18}$; $\frac{18}{17}$ et $\frac{18}{18}$.

....

Rituel 2 (2')

1. Convertissez 2 h 18 min 36 s en h, puis en minutes.

....

....

2. La fonction f est définie par $f(x) = -3x$.
Cochez un antécédent de 15.

☐ −5 ☐ −45 ☐ 5

Rituel 3 (2')

1. Factorisez $x^2 - 3^2$.

....

2. Une enseigne applique une augmentation de 8 € sur un objet coûtant 200 €. Calculez le pourcentage d'augmentation correspondant.

....

Rituel 4 (2')

1. Le triangle BIC est rectangle en C.

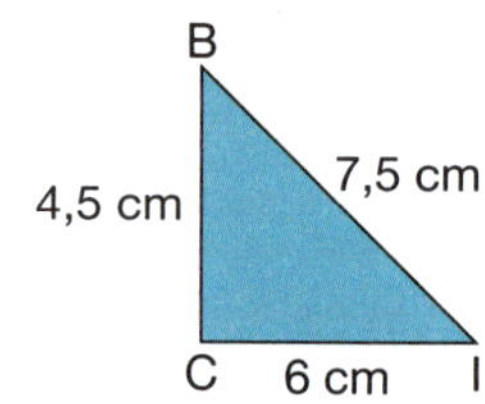

a. Cochez la réponse exacte.
$\cos \widehat{BIC} =$

☐ $\frac{BC}{BI}$ ☐ $\frac{CI}{BI}$ ☐ $\frac{CI}{BC}$

b. Donnez la valeur, arrondie au centième, de $\cos \widehat{BIC}$.

$\cos \widehat{BIC} =$ ...... = ...

2. Calculez l'expression $7 - \frac{5}{2a}$ pour $a = -1$.

....

Découvrir la notion de fonction

1 * On considère la fonction f telle que $f(4) = 10$. Cochez la ou les réponses exactes.

☐ 4 est l'image de 10 par f. ☐ 10 est l'image de 4 par f. ☐ 4 est un antécédent de 10 par f.

2 * On considère la représentation graphique de la fonction f.

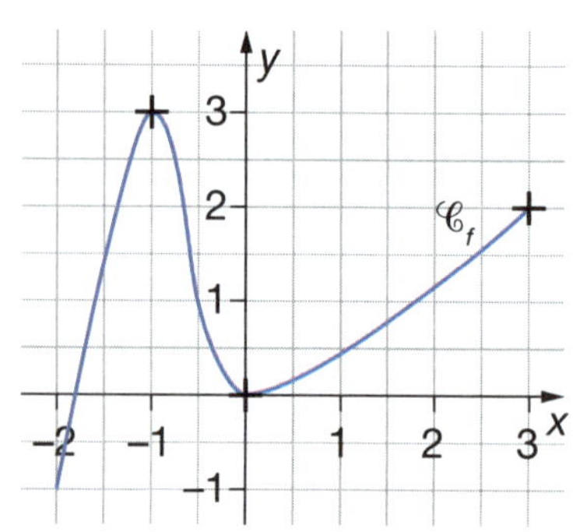

a. Complétez les expressions suivantes.

$f(-2) =$ ...... ; $f(0) =$ ...... ; $f(-1) =$ ...... ; $f($...$) = 2$; $f($...$) = 0{,}5$; $f($...$) = 1{,}2$

b. Cochez les réponses exactes.

☐ 3 est un antécédent de −1 par f. ☐ 3 est l'image de −1 par f.
☐ 0,5 est un antécédent de 1 par f. ☐ 0 est l'image de 0 par f.

3 ** On considère la fonction f définie par $f(x) = 4x$.

a. Calculez $f(4)$; $f(-5{,}2)$; $f\left(\frac{5}{3}\right)$.

....

....

b. Calculez l'image de 8 par f. ....

c. Calculez l'antécédent de 72 par f. ....

Calculer un pourcentage d'évolution

4 ** Cochez les réponses exactes.

a. Augmenter une valeur de 3 % revient à multiplier cette valeur par : ☐ 1,3 ☐ 0,7 ☐ 1,03 ☐ 0,3.
b. Augmenter une valeur de 25 % revient à multiplier cette valeur par : ☐ 1,25 ☐ 0,75 ☐ 0,25 ☐ 2,5.
c. Diminuer une valeur de 1 % revient à multiplier par : ☐ 0,9 ☐ 0,99 ☐ 0,999 ☐ 1,1.
d. Diminuer une valeur de 50 % revient à multiplier par : ☐ 1,05 ☐ 0,05 ☐ 1,5 ☐ 0,5.

Modéliser une situation de proportionnalité par une fonction linéaire

5 * On considère 4 fonctions linéaires f, g, h et i définies, pour tout x par : $f(x) = 1{,}8x$; $g(x) = -7x$; $h(x) = -x$; $i(x) = \frac{3x}{4}$. Pour chacune d'elles, donnez la valeur du coefficient directeur a.

$f : a =$ .... $g : a =$ .... $h : a =$ .... $i : a =$ ....

6 ** Associez à chacune des fonctions linéaires sa représentation graphique.

$f(x) = 1{,}4x$ • • d_1
$g(x) = -2x$ • • d_2
$h(x) = \frac{1}{4}x$ • • d_3
$i(x) = -0{,}8x$ • • d_4

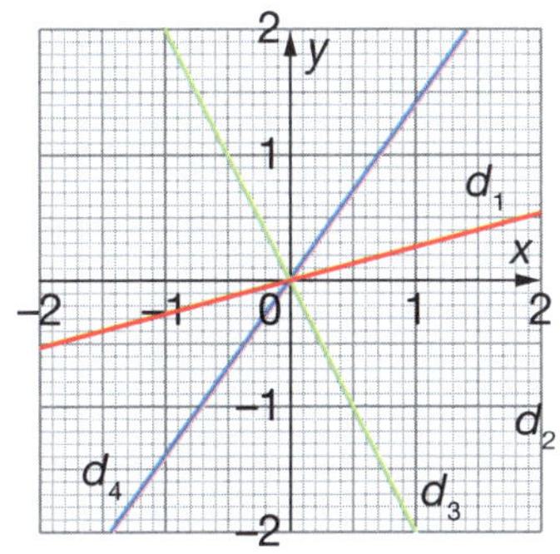

Découvrir la fonction affine

7 * On considère 3 fonctions affines f, g et h définies pour tout x par : $f(x) = 8x + 5$; $g(x) = -2x + 2$; $h(x) = -x - 7$. Pour chacune d'elles, donnez la valeur du coefficient directeur a et de l'ordonnée à l'origine b.

$f : a =$ .... $b =$ .... $g : a =$ .... $b =$ .... $h : a =$ .... $b =$ ....

8 ** Une fonction affine f est représentée ci-contre par la droite d.

a. Lisez sur le graphique l'image de 2 : .... et l'image de 0 : ....
b. Lisez sur le graphique le nombre dont l'image est 2 : ....
c. Lisez sur le graphique l'antécédent de 1 : ....
d. Déterminez l'ordonnée à l'origine de la droite d : ....
e. Déterminez le coefficient directeur de la droite d : ....

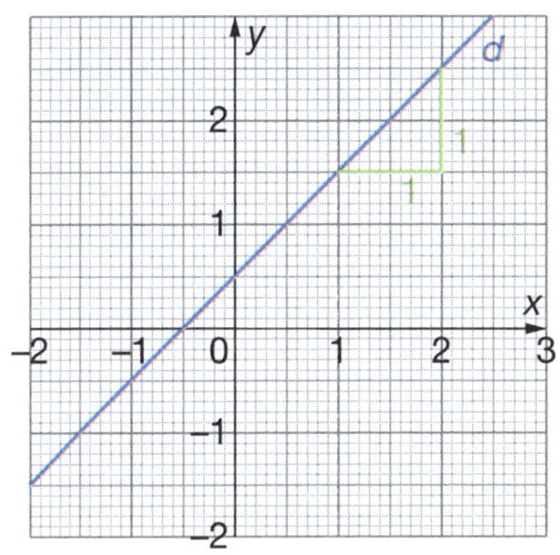

Autoévaluation **Cochez la bonne réponse parmi les propositions.**

a. f est la fonction définie par $f(x) = x^2$. L'image de −4 est égale à : ☐ −16 ☐ −8 ☐ 16.
b. g est la fonction définie par $g(x) = 4x$. L'antécédent de 8 est égal à : ☐ −4 ☐ −2 ☐ 2.
c. La phrase « l'image de 5 par la fonction k est 11 » s'écrit : ☐ $k(11) = 5$ ☐ $k(5) = 11$ ☐ $k \times 5 = 11$.
d. $t(4) = -10$ signifie que :
☐ 4 est l'image de −10 ☐ −10 est l'antécédent de 4 ☐ 4 est l'antécédent de −10.
e. La fonction f d'expression $f(x) = -2x$ est une fonction linéaire : ☐ Vrai ☐ Faux
f. La fonction g d'expression $g(x) = 10x - 5$ est une fonction :
☐ linéaire ☐ affine ☐ On ne peut pas savoir.
g. La représentation graphique de la fonction f d'expression $f(x) = -x$ est une droite :
☐ de coefficient directeur égal à −1 ☐ de coefficient directeur égal à 0.
h. La représentation graphique de la fonction g d'expression $g(x) = -3x + 5$ est une droite :
☐ de coefficient directeur égal à −3 et d'ordonnée à l'origine égale à 5
☐ de coefficient directeur égal à 5 et d'ordonnée à l'origine égale à −3.

Problèmes

9 ** Loumé fait du skateboard. Elle s'élance d'un tremplin et réussit à passer un mur de 1,8 m de hauteur. La trajectoire de Loumé, après le passage du mur, peut être modélisée par une fonction h telle $h(x) = -0{,}3x^2 + 1{,}5x + 1{,}8$ sur l'intervalle [0 ; 6], où x est la distance au sol, en mètres, depuis le mur et $h(x)$ la hauteur, en mètres, atteinte par Loumé.

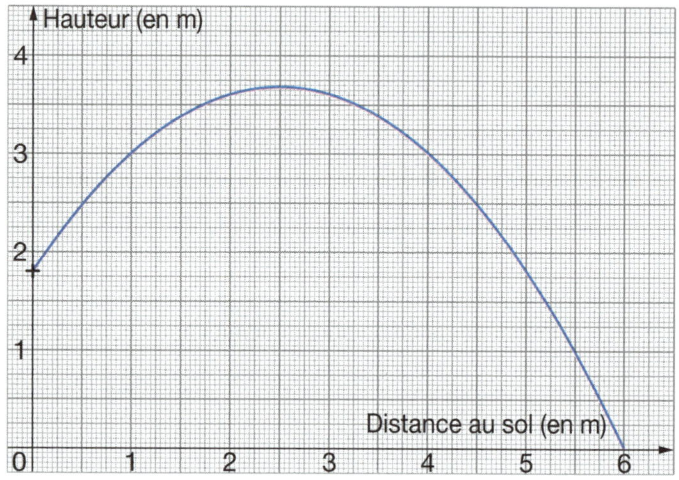

a. Donnez la valeur de $h(0)$ et expliquez ce que signifie ce résultat pour Loumé.

....

....

b. À l'aide du graphique, donnez un antécédent de 0 par h et expliquez ce que signifie ce résultat pour Loumé.

....

c. Déterminez graphiquement l'image de 2,5. Laissez apparents les traits utiles à la lecture. ....

d. Expliquez ce que signifie le résultat de la question c. pour Loumé.

....

10 * Léane et Zoéline ne sont pas d'accord. Un article qui initialement coûte 75 € a subi successivement une augmentation de 30 %, puis une réduction de 10 %. Léane dit qu'au final, le prix de cet article augmenté de 20 %. Zoéline n'est pas d'accord. Qui a raison ?

a. Complétez les phrases ci-dessous.

- Appliquer une augmentation de 30 % à une valeur revient à la multiplier par .... + ... = ...
- Appliquer une réduction de 10 % à une valeur revient à la multiplier par .... − .... = ...
- Appliquer une augmentation de 20 % à une valeur revient à la multiplier par .... + ... = ...

b. En utilisant les résultats de la question a. :

- calculez le prix de l'article après l'augmentation de 30 %.

....

- calculez le prix de l'article après la réduction de 10 %.

....

- calculez le prix de l'article s'il n'avait subi qu'une augmentation de 20 %.

....

c. Expliquez si Léane a raison en affirmant qu'une augmentation de 30 % suivie d'une réduction de 10 % est équivalente à une augmentation de 20 %.

....

....

11 * Pauline gagne 1 600 € par mois. Elle veut emménager d'ici quelques mois dans son premier appartement et elle souhaite l'équiper avec un canapé d'une valeur de 700 € et d'un téléviseur à 500 €. Pour cela, elle décide de mettre de côté 5 % de son salaire tous les mois.

a. Déterminez la somme que Pauline met de côté chaque mois. ....

b. Calculez la somme que Pauline aura épargné au bout de 2 mois, puis au bout de 10 mois.

....

c. On modélise la situation à l'aide d'une fonction *e* qui au nombre de mois *x* associe la somme épargnée *e*(*x*), en €. Donner l'expression de *e*(*x*). ....

d. Justifiez que la fonction *e* est linéaire. ....

e. Calculez l'image de 11 par la fonction *e*. Donnez une interprétation de la valeur trouvée.

....

f. Calculez un antécédent de 960 par la fonction *e*. Donnez une interprétation de valeur trouvée.

....

....

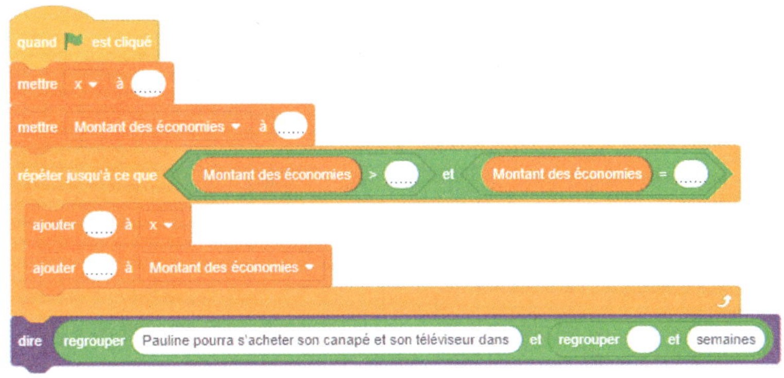

g. Pauline veut construire un script pour déterminer au bout de combien de temps elle pourra s'acheter son canapé et son téléviseur. À l'aide des informations de la situation, complétez les espaces vides du script.

h. Dans combien de temps Pauline pourra-t-elle s'acheter son canapé et son téléviseur ? ....

12 * **Prise d'initiative** Dans un jeu vidéo, la fée Morgane est en conflit avec le roi Arthur. Elle veut le trône de Camelot. Pour mener la bataille, la fée envoie son aigle combattre le lion du roi Arthur. La force de ces animaux se mesure en points. Tous les animaux commencent au niveau zéro, mais ils évoluent différemment. Le jeu s'arrête au niveau 35.

- L'aigle commence avec 30 points et gagne 1 point par niveau.
- Le lion n'a aucun point pour commencer mais il gagne 2 points par niveau réalisé.

a. Complétez le tableau suivant.

Niveau	0	1	5	10	15	20	25
Nombre de points du lion							
Nombre de points de l'aigle							

b. On modélise la situation à l'aide de 2 fonctions *A* et *L* qui au niveau *x* de jeu atteint par un animal, associent le nombre de points *A*(*x*) ou *L*(*x*) obtenus respectivement par l'aigle et le lion. Donnez les expressions des fonctions *A* et *L*. ....

c. Donnez la nature des fonctions *A* et *L*. ....

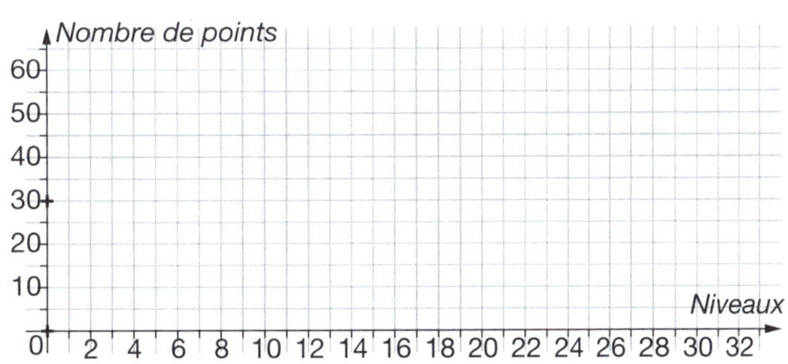

d. En utilisant ce graphique, déterminez le niveau à partir duquel le lion sera le plus fort.
Faites apparaître la démarche utilisée.

....

....

....

Vers les métiers... de la mécanique

SITUATION

Sur un circuit automobile, en ligne droite, on teste les performances d'une nouvelle voiture électrique.
Lors de cet essai, la vitesse de la voiture v, en km/h, est enregistrée en fonction du temps t, en s, sur deux phases successives d'accélération et de freinage, à l'aide d'un ordinateur.
Des logiciels informatiques ont permis de modéliser la vitesse v du véhicule lors de ces deux phases.

- Entre 0 et 10 s, en phase d'accélération, la fonction v est donnée par l'expression $v(t) = 9t$.
- Entre 10 et 20 s, en phase de freinage, la fonction v est donnée par l'expression $v(t) = -9t + 180$.

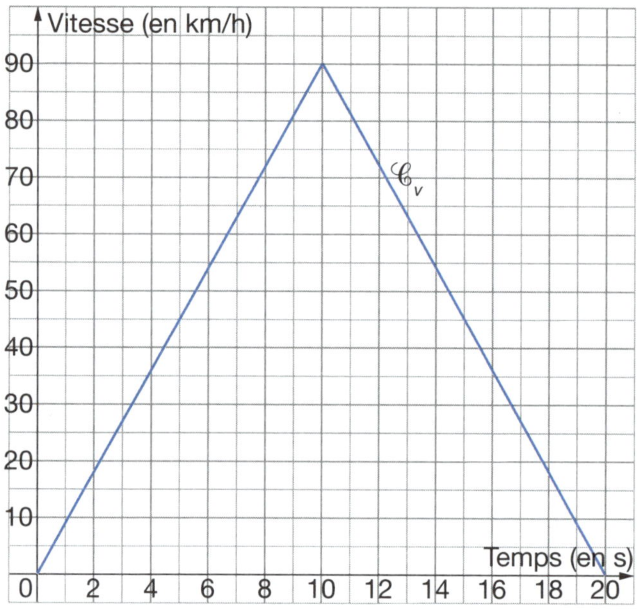

a. Cochez la réponse exacte.

- À $t = 5$ s, le véhicule est dans une phase de :
  □ accélération □ freinage.
- À $t = 15$ s, le véhicule est dans une phase de :
  □ accélération □ freinage.

b. À l'aide des expressions de v, complétez le tableau de valeurs ci-dessous.

	Accélération			Freinage	
Temps t (en s)	0	5	10	15	20
Vitesse $v(t)$ (en km/h)	....	....	....	....	....

c. Le logiciel utilisé a fourni la représentation graphique de la fonction v dans le repère ci-contre. Les points de coordonnées (t ; $v(t)$) du tableau de valeurs que vous avez complété en question **b.** appartiennent-ils à cette représentation ? Justifiez votre réponse.

....

....

d. Par lecture graphique, déterminez l'image de 10 par la fonction v. Donnez une interprétation du résultat trouvé. Laissez apparents les traits utiles à la lecture.

....

e. Déduisez-en la vitesse maximale atteinte par le véhicule. ....

f. Par lecture graphique, déterminez les antécédents de 54 par la fonction v. Donnez une interprétation du résultat trouvé. Laissez apparents les traits utiles à la lecture.

....

g. Retrouvez les résultats de la question **f.** en utilisant les expressions de la fonction v.

....

....

....

....

h. Déterminez la durée de cet essai. ....

ZOOM MÉTIERS

Les fonctions sont utilisées pour modéliser des phénomènes dans de nombreux domaines : en menuiserie, en maçonnerie ainsi que dans la plupart des métiers du bâtiment ou de l'industrie. Elles sont également employées dans les métiers du secteur tertiaire (banque, commerce...).

Vers le brevet

Nom : .... Prénom : ....

Classe : .... Date : ....

Exercice 1

Le poids *P*, en Newton (N), d'un corps sur un astre, c'est-à-dire la force que l'astre exerce sur ce corps, dépend de la masse *m* de ce corps, en kg, et de l'accélération de la pesanteur *g*, en N/kg. La relation qui lie ces trois grandeurs s'écrit : $P = m \times g$. Plusieurs mesures du poids et de la masse d'objets ont été effectuées sur la Lune. Les résultats sont les suivants.

Masse (en kg)	3	10	25	40	55
Poids (en N)	4,8	16	44,8	64	88

a. Raisonner Calculer Peut-on dire que la masse est proportionnelle au poids ? Justifiez la réponse.

....

b. Raisonner Déduisez-en la valeur de l'accélération de la pesanteur g_L sur la Lune. ....

c. Raisonner Calculer Sur Terre, l'accélération de la pesanteur de la Terre, notée g_T, est égale à environ 9,8 N/kg. Justifiez par un calcul qu'un objet pèse environ 6 fois moins lourd sur la Lune que sur la Terre.

....

Exercice 2

Un club informatique souhaite renouveler ses ordinateurs pour ses adhérents. Il s'adresse à deux fournisseurs qui vendent des ordinateurs au prix unitaire de 600 €. Les deux fournisseurs accordent des remises :
- Le fournisseur A offre une remise de 10 %.
- Le fournisseur B propose une remise de 6 % puis une remise supplémentaire de 4 %.

a. Calculer Déterminez le coefficient multiplicateur permettant de passer du prix initial au prix final après :

- une remise de 10 % : .... • une remise de 6 % : .... • une remise de 4 % : ....

b. Calculer En utilisant les réponses à la question **a.**, calculez le prix final d'un ordinateur avec :

- le fournisseur A : .... • le fournisseur B : ....

c. Chercher Déterminez quel fournisseur le club a intérêt à choisir. ....

d. Raisonner Communiquer Expliquez s'il est possible d'affirmer qu'une remise de 10 % est équivalente à deux remises successives de 6 % et de 4 %.

....

....

Exercice 3

Maxine et Louise travaillent dans des entreprises qui fabriquent des boîtiers permettant de distribuer le courant électrique dans les logements. Chaque mois, Maxine et Louise fabriquent le même nombre de boîtiers. Leur salaire est calculé de la façon suivante : Maxine a un salaire fixe de 1 000 € et touche 2 € de plus par boîtier fabriqué et Louise a un salaire de 7 € par boitier.

a. Chercher Calculer Complétez le tableau suivant.

	0 boîtier	**40 boîtiers**	**100 boîtiers**	**260 boîtiers**
Salaire de Maxine (en €)				
Salaire de Louise (en €)				

b. Modéliser On note *f* et *g* les fonctions qui au nombre de boîtiers *x* fabriqués chaque mois associent respectivement les salaires, en €, de Maxine et Louise. Donnez les expressions des fonctions *f* et *g*.

....

c. **Modéliser** Cochez les réponses exactes.
La fonction *f* est une fonction : □ affine □ linéaire.
Son coefficient directeur est égal à : □ 1 000 □ 2.
Son ordonnée à l'origine est égale à : □ 1 000 □ 2.

d. **Représenter** Dans le repère ci-dessous, représentez les fonctions *f* et *g*.

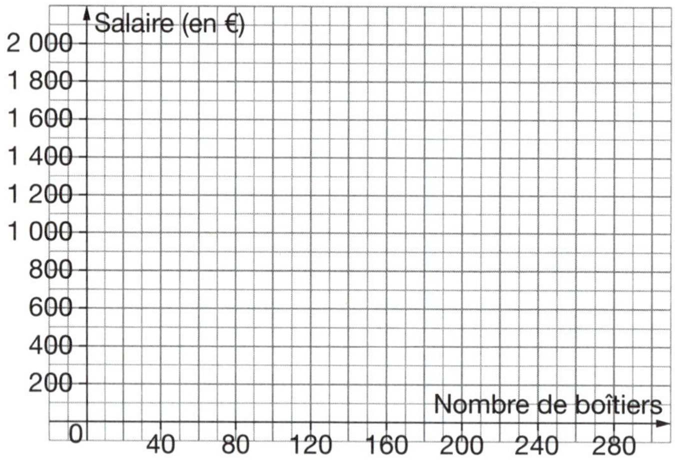

e. **Raisonner** Par lecture graphique, déterminez à partir de combien de boîtiers fabriqués en un mois le salaire de Louise sera supérieur ou égal à celui de Maxine. Justifiez.

....

....

f. **Raisonner** **Communiquer** Maxine a écrit ce script. Expliquez ce qu'il permet de calculer.

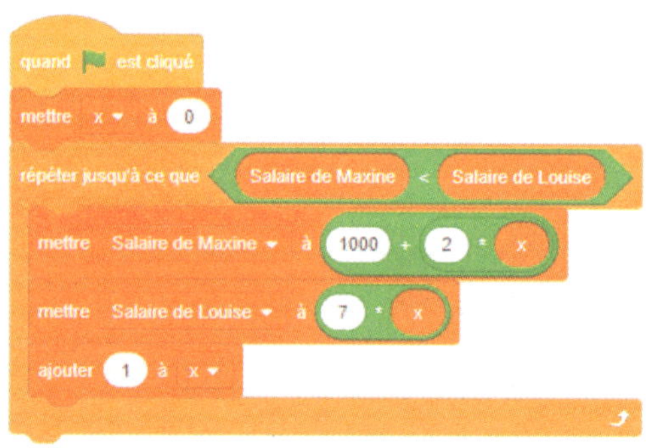

....

....

....

....

....

Grille d'évaluation

foucherconnect.fr/22mpm64

Compétences travaillées	Connaissances et capacités associées	Questions	Appréciation du niveau d'acquisition		
			(rouge)	(orange)	(vert)
Chercher	• Extraire d'un document ou d'un calcul les informations utiles.	2c. 3a.			
Modéliser	• Traduire une situation réelle.	3b. 3c.			
Représenter	• Représenter des données.	3d.			
Raisonner	• Utiliser un raisonnement logique. • Argumenter.	1a. 1b. 1c. 2d. 3e. 3f.			
Calculer	• Calculer en utilisant le langage algébrique.	1a. 1c. 2a. 2b. 3a.			
Communiquer	• Interpréter une information.	2d. 3f.			

CHAPITRE

08 Grandeurs et mesures

ACTIVITÉ PRÉPARATOIRE
foucherconnect.fr/22mpm56

Activité 1 Calculer le volume de solides usuels

Question flash Cochez parmi les unités suivantes, celles correspondant à un volume :
☐ m^2 ☐ mm ☐ m/s ☐ dm^3 ☐ V ☐ m^3 ☐ cm^2.

SITUATION

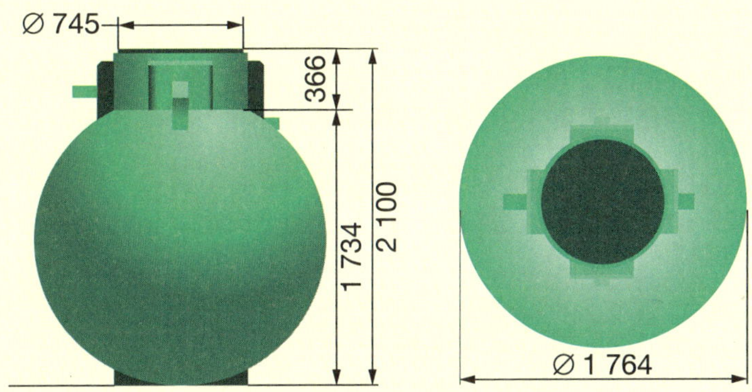

Jonas effectue son stage d'observation dans une entreprise vendant des cuves de récupération d'eau de pluie. Il accompagne le commercial pour réaliser des devis chez les clients. Le modèle le plus vendu est un modèle de cuve sphérique enterrée dont les dimensions, en mm, sont données ci-contre. Sur le devis proposé au client, on facture la cuve au prix de 2 591,60 € (TVA, pose, raccordement et accessoires compris), à cela s'ajoute le coût pour creuser le trou où sera installée la cuve.

Problématique

Ce modèle de cuve sphérique peut-il être proposé à un client qui souhaite stocker au moins 3 000 L d'eau de pluie et dont le budget est de 5 500 € ?

CALCUL DE LA CONTENANCE DE LA CUVE

1 Chercher **a. Expliquez** pourquoi cette cuve porte le nom de modèle « sphérique ».

....

b. Nommez le solide constituant la partie supérieure de la cuve. ....

2 Calculer **a. Relevez** sur les schémas la valeur du diamètre de la partie sphérique de la cuve.

....

b. Déduisez-en le rayon de la partie sphérique. **Exprimez**-le en dm.

....

On admet que la contenance de la partie sphérique correspond au volume d'une boule de même rayon.

Le **volume d'une boule** de rayon R est : $V = \frac{4}{3}\pi R^3$
Correspondance : 1 L équivaut à 1 dm^3.

c. **Calculez**, en litres, la contenance de la partie sphérique. **Arrondissez** à l'unité.

....

....

Coup de pouce Le volume est l'espace occupé par un objet. La contenance indique ce qu'un objet peut contenir.

On admet que la contenance de la partie supérieure correspond au volume d'un cylindre de hauteur h = 366 mm et de diamètre 745 mm.

Le volume d'un cylindre de hauteur h et de rayon R se calcule avec la formule : $V = \pi R^2 \times h$.

3 Calculer a. **Exprimez** les dimensions de la partie supérieure en dm, arrondies au centième.

Hauteur h = ... ; diamètre d = ... ; rayon R = ...

b. **Calculez**, en litres, la contenance de la partie supérieure de la cuve. **Arrondissez** à l'unité.

....

4 Calculer **Calculez**, en litres, la contenance totale de la cuve de modèle sphérique.

....

CALCUL DU VOLUME D'UN PAVÉ DROIT

Pour s'assurer que la cuve entre dans le trou qui va être creusé, on ajoute 30 cm en longueur, en largeur et en hauteur par rapport aux dimensions de la cuve. L'entreprise facture au client 250 € par mètre cube de terre extrait.

5 Raisonner a. **Justifiez** que le trou à creuser pour installer la cuve a la forme d'un pavé droit.

....

....

....

b. **Donnez** les dimensions du trou à creuser exprimées en mètres.

- Longueur : ....
- Largeur : ....
- Hauteur : ....

Coup de pouce Mettre toutes les dimensions dans la même unité avant de les ajouter.

c. **Calculez** le volume, en m^3, du trou à creuser. **Arrondissez** au dixième.

....

d. **Déduisez**-en le prix à facturer pour creuser le trou.

....

EN CONCLUSION

6 Communiquer **Répondez** à la problématique.

....

....

....

....

....

Activité 2 Exprimer des résultats dans des unités adaptées

Question flash

Complétez les correspondances entre les différentes unités.

1 km = ... m ; 1 h = ... min ; 1 m^3 = ... dm^3 ; 1 L = ... dm^3

SITUATION

Un cambriolage a eu lieu dans un château. La vidéosurveillance montre les voleurs quittant le lieu à 01 : 05. Une camionnette avec deux personnes suspectes est interceptée à Paris à 4 h 50 min. Dans le coffre, les enquêteurs ont retrouvé de l'argenterie ; ils pensent qu'il s'agit de celle dérobée au château, mais les suspects affirment que ces couverts ne sont pas en argent. Pour placer les suspects en garde à vue, les enquêteurs doivent prouver qu'ils avaient le temps de parcourir la distance entre le château et le lieu de leur interception et démontrer que les couverts sont en argent.

Problématique

Les suspects peuvent-ils être placés en garde à vue ?

EXEMPLES DE GRANDEURS MESURABLES ET LEURS UNITÉS

Une **grandeur est dite mesurable** si on peut lui affecter une valeur numérique à partir de mesures ou de calculs. Par exemple, la distance et le temps sont des grandeurs mesurables. La grandeur est caractérisée par une valeur numérique et une unité.

Décomposition du trajet entre le lieu du cambriolage et le lieu d'interception

Les enquêteurs ont obtenu des données concernant les distances parcourues sur les différents types de route qu'il faut emprunter pour effectuer le trajet entre le château et Paris.

- *Route en agglomération :* 3 540 m à la vitesse limite de 50 km/h.
- *Route départementale :* 95,7 km à la vitesse limite de 80 km/h.
- *Autoroute :* 348 km à la vitesse limite de 130 km/h.

1 Chercher **a.** **Cochez** l'unité qui vous semble la plus adaptée pour exprimer la distance entre le château et Paris : ☐ mm ☐ cm ☐ m ☐ km ☐ année-lumière.

b. Calculer **Convertissez** 3 540 m en km. ....

c. Calculer **Calculez**, en kilomètres, la distance entre le château et Paris.

Coup de pouce Consulter la méthode de conversion p. 191

....

Temps écoulé entre le moment où les cambrioleurs s'enfuient et le moment de l'interception

2 **a.** Chercher La minuterie de la vidéosurveillance indique 01 : 05. **Inscrivez** à côté de chaque valeur son unité.

01	05 ....

b. Calculer **Calculez**, en heures, le temps écoulé entre le moment où les cambrioleurs s'enfuient et le moment de l'interception.

....

GRANDEURS QUOTIENTS

La vitesse moyenne d'un véhicule est donnée par la relation $v = \frac{d}{t}$. La vitesse est une **grandeur quotient**.

Simulation du temps de trajet dans l'hypothèse où les limitations de vitesse sont respectées

3 Chercher **Retrouvez** parmi les propositions suivantes celle correspondant à l'unité de la vitesse, sachant que la distance est exprimée en km et le temps en h :
☐ km.h ☐ h/km ☐ h.km ☐ km/h² ☐ km/h.

4 Calculer a. **Calculez**, à l'aide de la formule $t = \frac{d}{v}$, le temps de parcours en heures sur chaque type de route en admettant que le conducteur roule à la vitesse limite autorisée. **Arrondissez** au dixième.

- En agglomération : ....
- Sur route départementale : ....
- Sur autoroute : ....

b. **Déduisez**-en le temps estimé pour faire le trajet entre le château et Paris. **Exprimez** ce temps en heures et minutes.

Coup de pouce
Exemple :
1,2 h = 1 h + 0,2 × 60 min
= 1 h 12 min.

....

c. En admettant qu'un conducteur parte du château à 1 h 05 et se rende directement à Paris en respectant les limitations de vitesse, **estimez** l'heure de son arrivée à Paris.

....

Vérification de la nature de l'argenterie

La masse volumique ρ d'un corps (ou substance) est une **grandeur quotient** dépendant de la masse et du volume : $\rho = \frac{m}{V}$. Elle peut s'exprimer en kg/m³ ou g/m³.

Les inspecteurs réalisent deux expériences sur une cuillère afin de voir si la masse volumique du métal qui la compose peut correspondre à celle de l'argent qui vaut environ 10,5 g/cm³.

5 Chercher La cuillère est posée sur une balance, celle-ci affiche 42.3. **Indiquez** dans quelle unité a été faite cette mesure. ....

6 Calculer La cuillère est ensuite plongée dans une éprouvette graduée dans laquelle il y a 50 mL d'eau. Une fois la cuillère immergée, le niveau de l'eau dans l'éprouvette est 54 mL. **Calculez**, en mL, le volume occupé par la cuillère, **convertissez**-le en cm³.

....

7 Calculer a. **Calculez** la masse volumique du métal constituant la cuillère, en g/cm³. **Arrondissez** au dixième.

$\rho = \frac{m}{V} =$ ....

b. **Comparez** le résultat trouvé à la masse volumique de l'argent. ....

EN CONCLUSION

8 Communiquer **Répondez** à la problématique.

....

....

....

....

....

L'essentiel

Volumes de solides usuels

$\mathcal{V}$ est le volume du solide.

Solide	Formule	Exemples
Pavé droit 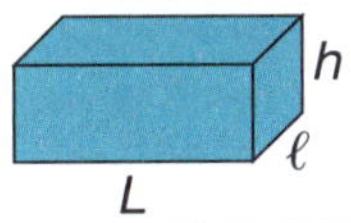	$\mathcal{V} = L \times \ell \times h$	Le volume d'un pavé droit de dimensions 5 m, 3,5 m et 2 m est : $5 \times 3{,}5 \times 2 = 35$ m^3.
Cylindre 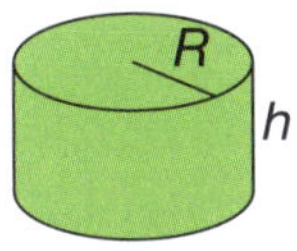	$\mathcal{V} = \pi R^2 \times h$	Le volume d'un cylindre dont le rayon de la base mesure 8 mm et la hauteur 15 mm est : $\pi \times 8^2 \times 15 = 960\pi$ mm$^3 \approx 3\,016$ mm^3.
Pyramide 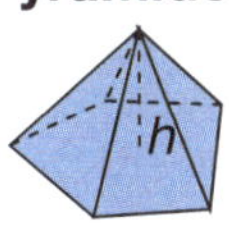	$\mathcal{B}$ est l'aire de la base. $\mathcal{V} = \frac{1}{3} \times \mathcal{B} \times h$	Le volume d'une pyramide dont la base est un carré de côté 11 cm et de hauteur 9 cm est : $\frac{1}{3} \times 11^2 \times 9 = 363$ cm^3.
Cône de révolution 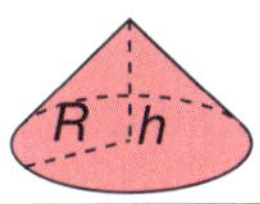	$\mathcal{V} = \frac{1}{3} \times \pi R^2 \times h$	Le volume d'un cône de révolution dont le rayon de la base mesure 7 dm et la hauteur 13 dm est : $\frac{1}{3} \times \pi \times 7^2 \times 13 \approx 667$ dm^3.
Boule 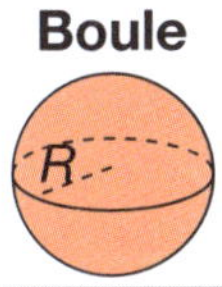	$\mathcal{V} = \frac{4}{3} \times \pi R^3$	Le volume d'une boule de rayon 2,7 cm est : $\frac{4}{3} \times \pi \times 2{,}7^3 \approx 82{,}4$ cm^3.

Grandeurs mesurables, grandeurs produits, grandeurs quotients

- Une **grandeur est dite mesurable** si on peut lui affecter une valeur numérique à partir de mesures ou de calculs. La grandeur est caractérisée par une valeur numérique et une unité.
- Une **grandeur produit** est le produit de deux grandeurs. Une **grandeur quotient** est le quotient de deux grandeurs.

Exemples

- La distance, le temps, la masse sont des grandeurs mesurables.
- L'énergie E est une grandeur produit : $E = P \times t$ (E en joules ; puissance P en watts ; temps t en secondes).
- Le débit d est une grandeur quotient : $d = \frac{V}{t}$ (d en m^3/s ; volume V en m^3 ; t en s).

Unités usuelles

- Unités de longueur : le mètre (m), le centimètre (cm), le millimètre (mm), le kilomètre (km), etc.
- Unités de masse : le kilogramme (kg), le gramme (g), le milligramme (mg), la tonne (t), etc.
- Unités de temps : la seconde (s), la minute (min), l'heure (h), le jour, l'année, etc.
- Unités d'aire : m^2, km^2, are, etc.
- Unités de volume : m^3, km^3, cm^3, dm^3, etc.
- Unités de contenance : litre (L), mL, cL, etc.   Correspondance : 1 L équivaut à 1 dm^3.

Exemple

Un pavé droit creux a un volume de 35 m^3 soit 35 000 L.

VÉRIFIER SES ACQUIS

foucherconnect.fr/22mpm57

Exercices

AUTOMATISMES

Sans calculatrice ni brouillon, répondez aux 2 questions du rituel indiqué par votre professeur.

Rituel 1 (2')

1. Résolvez les équations $-7{,}4 + x = 14$ et $2{,}8x = 14$.

2. Donnez le nom du point d'abscisse (–2,7).

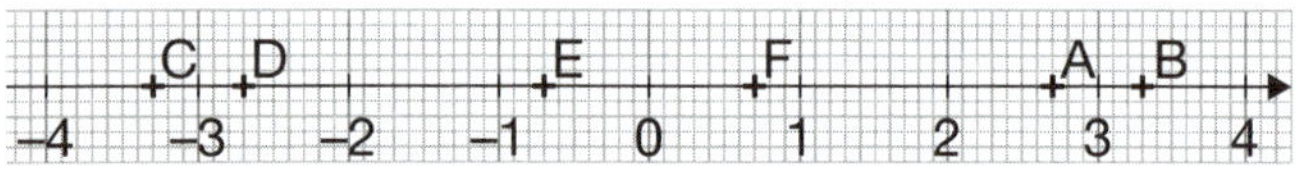

Rituel 3 (2')

1. Factorisez au mieux $14x^2 - 21x$.

2. Indiquez si les inégalités proposées sont vraies ou fausses.

$\frac{5}{4} > \frac{7}{2}$ .... $\frac{2}{3} > 0{,}5$ ....

Rituel 2 (2')

1. Convertissez 174 min en heures.

2. Donnez la nature du triangle ACB et calculez la mesure de l'angle $\hat{B}$.

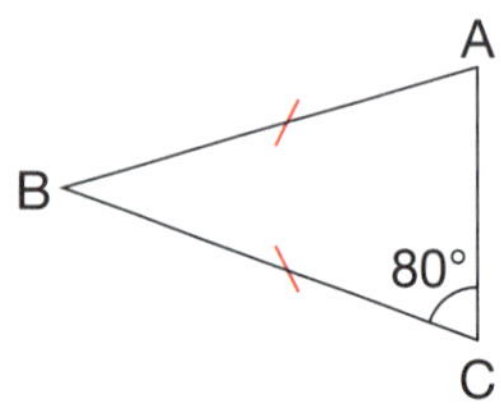

Rituel 4 (2')

1. La fonction g est définie par $g(x) = -0{,}8x$. Cochez l'image de –2 par g.

☐ –1,2 ☐ –1,6 ☐ 1,6

2. Calculez le périmètre d'un rectangle de longueur 6,8 cm et de largeur 7,2 cm.

Calculer le volume de solides usuels

1 * **a.** Calculez le volume d'un cône de rayon 5 cm et de hauteur 8 cm. Arrondissez au centième.

b. Calculez le volume d'une pyramide dont la base est un triangle d'aire 9 cm² et de hauteur 4 cm.

2 ** **a.** Indiquez le nom des solides constituant l'assemblage ci-contre.

b. Calculez le volume total de l'assemblage, arrondi au dixième.

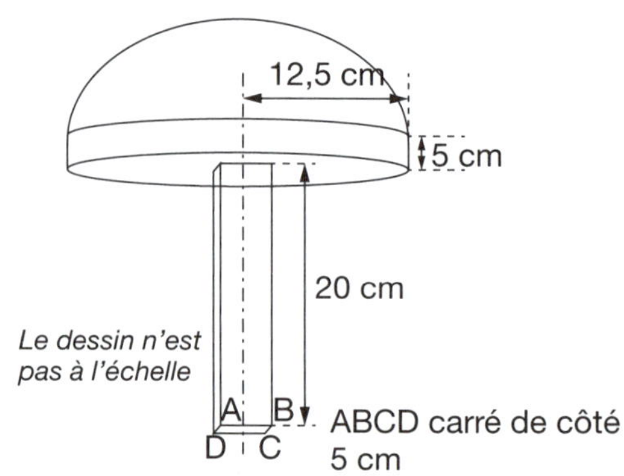

3 * **a.** Calculez le volume d'une boule de pétanque de 73 mm de diamètre. Arrondissez à l'unité.

b. Calculez, en cm^3, le volume d'une boîte de forme cylindrique pouvant contenir une triplette de boules identiques à celle de la question **a**. Arrondissez à l'unité.

....

....

Exprimer des résultats dans des unités adaptées

4 ** SCRATCH Le débit d'un fleuve (quantité d'eau qui s'écoule par unité de temps) est une grandeur quotient qui se calcule à l'aide de la formule $d = \frac{V}{t}$ (V étant le volume de fluide et t le temps).

a. Si V est exprimé en litres et t en secondes, alors le débit sera exprimé en : ☐ m^3/s ☐ L.s ☐ s/L ☐ L/s ☐ m^3/min.

b. Si on souhaite exprimer le débit en m^3/min, alors :

– le volume doit être exprimé en : ☐ m^3 ☐ cm^3 ☐ L ;

– le temps doit être exprimé en : ☐ s ☐ min ☐ h.

c. À Paris le débit de la Seine est en moyenne de 310 m^3/s. Complétez les phrases :

– en 1 seconde, il y a .... m^3 d'eau qui s'écoulent ;

– en 1 minute, il y a .... m^3 d'eau qui s'écoulent ;

– le débit est de 18 600 ....

d. foucherconnect.fr/22mpm58 Ouvrez le programme « **C08_01_ex4.sb3** ». Vérifiez les réponses **b** et **c**.

5 * Un laboratoire pharmaceutique produit des gélules de paracétamol, ainsi que du sérum physiologique. Une gélule est constituée de deux demi-sphères de 7 mm de diamètre et d'un cylindre de hauteur 14 mm. Le sérum produit a une concentration de 9 g de chlorure de sodium (NaCℓ) dans 1 litre d'eau distillée.

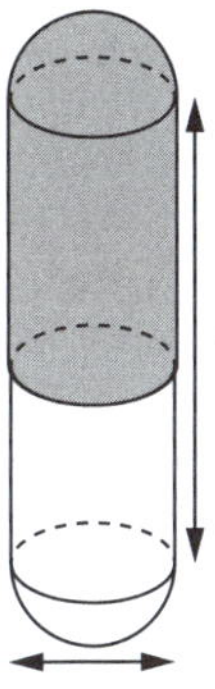

a. Indiquez sur le schéma les dimensions données dans l'énoncé.

b. Calculez le volume d'une gélule. Arrondissez le résultat au dixième.

....

....

....

c. La concentration d'une solution s'obtient en calculant le quotient $\frac{\text{masse}}{\text{volume}}$. Calculez la masse de NaCℓ à peser pour préparer 2 500 mL de sérum physiologique.

....

....

Autoévaluation **Cochez la bonne réponse parmi les trois propositions.**

a. Le volume d'un pavé droit de dimensions 10 m, 2,5 m et 3 m est : ☐ 15,5 m^3 ☐ 38 m^3 ☐ 75 m^3.

b. Le volume exact, en cm^3, d'une boule de rayon 15 cm est : ☐ $1\,500\pi$ ☐ $4\,500\pi$ ☐ 4 500.

c. Le volume d'une pyramide de base carrée de côté 6 cm et de hauteur 5 cm est :

☐ 60 ☐ 180 ☐ 60 cm^2 ☐ 180 cm^2 ☐ 60 cm^3 ☐ 180 cm^3.

d. Pour préparer de l'eau salée, on dissout 43 g de sel dans 1,25 L d'eau. La concentration de l'eau salée se calcule avec la formule : $c = \frac{\text{masse}}{\text{volume}}$. La concentration vaut :

☐ ≈ 0,03 L/g ☐ 34,4 g/L ☐ 44,25 g/L ☐ 44,25 g/m^3.

6 ** SCRATCH pix Compétence 1.3

Dans un centre aquatique, une piscine de forme cylindrique de 10 m de diamètre permet de pratiquer différentes activités. La position du sol est modifiable : il est positionné à une profondeur de 1,5 m pour les cours d'aquabike et à une profondeur de 12 m pour les séances de plongée.

a. Calculez, en m^3, le volume d'eau contenu dans la piscine lors des cours d'aquabike. Arrondissez à l'unité.

b. Calculez, en m^3, le volume d'eau dans la piscine lors des cours de plongée. Arrondissez à l'unité.

c. Pour assurer un remplissage (ou vidage) de la fosse, on utilise une pompe dont le débit est 80 m^3/h. Combien de temps faut-il pour passer de la position des cours d'aquabike à la position des cours de plongée ?

d. Les opérations de remplissage (ou vidage) prenant beaucoup de temps, il est nécessaire de les anticiper. Pour cela, les responsables de la piscine ont créé un programme Scratch qui calcule le temps nécessaire pour passer d'une position à une autre.

foucherconnect.fr/22mpm59 Ouvrez le programme « **C08_02_ex6.sb3** ». Vérifiez le résultat de la question **c**.

e. Complétez les instructions du programme pour que le temps s'affiche en heures, minutes et secondes.

7 ** Prise d'initiative Marwa hésite entre deux modèles de boucles d'oreilles faites du même matériau, mais de formes différentes. Elle souhaite choisir les boucles les plus légères (les boucles sont pleines).
Quelles boucles d'oreilles Marwa doit-elle choisir ?
Faites apparaître la démarche utilisée.

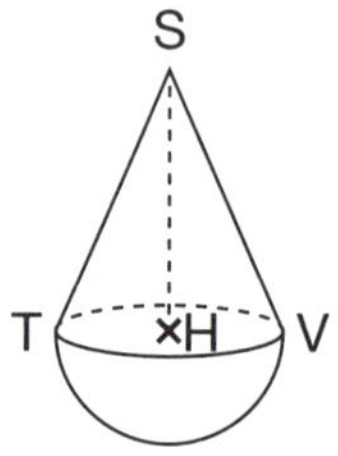

Modèle 1

[SH] est la hauteur du cône.
SH = 3 cm
TV = 2 cm

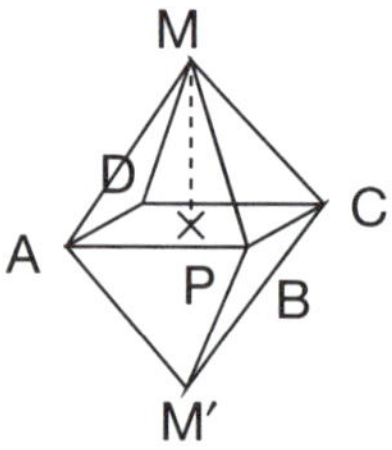

Modèle 2

ABCD est un carré.
[MP] est la hauteur de la pyramide MABCD.
AB = 2 cm
MP = M′P = 2 cm

8 ** Pour construire un garage, des maçons utilisent une bétonnière électrique. Chaque jour, ils la remplissent trois fois avec de l'eau et du ciment et la laisse branchée sur le secteur de 8 h à 17 h pour assurer le brassage.

À l'issue du chantier, ils facturent au client l'eau et l'électricité consommées.

Caractéristiques de la bétonnière
- Capacité totale : 180 L.
- Quantité d'eau nécessaire : 150 L.
- Tension : 230 V.
- Puissance : 850 W.

Prix du kilowattheure : 0,19 €
Prix du m³ d'eau : 3,20 €

Le but de l'exercice est de déterminer le montant journalier à facturer au client.

a. Calculez la quantité d'eau utilisée chaque jour pour le remplissage de la bétonnière.

b. Calculez le nombre d'heures de fonctionnement de la bétonnière.

c. L'énergie consommée par la bétonnière se calcule à l'aide de la formule $E = P \times t$. Si la puissance est exprimée en watts (W) et le temps en heures, indiquez dans quelle unité sera exprimée l'énergie.

d. Calculez l'énergie consommée par la bétonnière chaque jour. Exprimez le résultat en kWh.

e. Déterminez le montant journalier à facturer au client.

9 * Prise d'initiative Paul est livreur. Dans sa camionnette, de volume utile 3 m³, il peut charger 800 packs de 6 cannettes de format classique. Un client lui demande de lui livrer 800 packs de 6 canettes au format sleek.
Dimensions d'une canette sleek : diamètre 58 mm ; hauteur 145 mm.
Paul pourra-t-il livrer les packs de cannettes sleek dans sa camionnette ?
Faites apparaître la démarche utilisée. N'hésitez pas à faire un schéma.

Coup de pouce Volume utile : espace disponible pour les marchandises.

Vers les métiers... de la coiffure

SITUATION

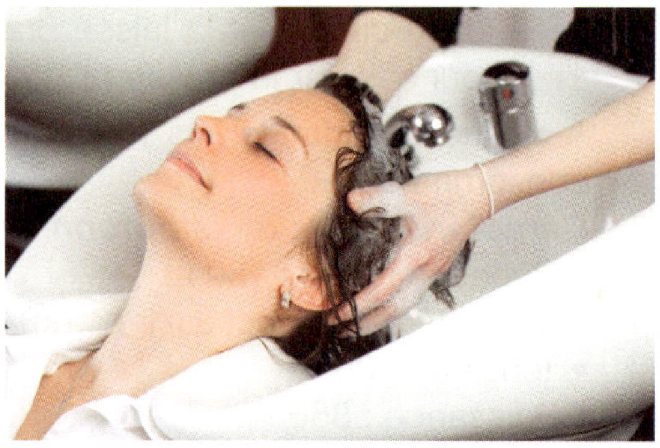

Gabrielle est la propriétaire d'un salon de coiffure. Elle est sensible à la protection de l'environnement et veut s'engager dans une démarche d'économie d'eau. Pour cela, elle décide d'installer un réducteur de débit sur chacun des robinets du salon. Elle demande également à ses coiffeurs de diminuer de 30 secondes le temps d'un lavage de tête.
Quelle économie totale peut-elle compter réaliser en un mois ?

Infos :
Un mois correspond à 20 jours ouvrés (jours d'ouverture du salon).

- Prix du m^3 d'eau : 3,20 €.
- Nombre de bacs du salon : 4.
- Nombre moyen de clients utilisant chaque bac par jour : 12.
- Débit d'eau normal : environ 12 L/min.
- Débit avec réducteur : 4,5 L/min.
- Durée d'un lavage de tête : environ 5 min/client.

1. Installation des réducteurs de débit

a. Calculez le nombre de litres d'eau utilisés pour un lavage sans réducteur, puis avec réducteur.

Sans réducteur : ....

Avec réducteur : ....

b. Déduisez-en le nombre de litres d'eau économisés par lavage de tête grâce à l'installation d'un réducteur de débit.

....

c. Calculez le nombre de litres d'eau économisés sur une journée, puis sur un mois pour l'ensemble du salon.

....

....

2. Réduction du temps de lavage de tête

a. Calculez le nombre de litres d'eau économisés à chaque lavage de tête si on réduit les temps de lavage de 30 secondes.

....

....

b. Calculez le nombre de litres d'eau économisés sur une journée, puis sur un mois pour l'ensemble du salon grâce à la réduction du temps de lavage de tête.

....

....

3. Économies réalisées

Calculez l'économie réalisée sur un mois grâce à l'installation de réducteurs de débit et la réduction du temps de lavage.

....

....

ZOOM MÉTIERS Les notions de grandeurs et mesures sont abordées dans tous les domaines professionnels qu'il s'agisse de métrages, de calculs de quantités, d'études tarifaires, etc.

Vers le brevet

Nom : .... Prénom : ....

Classe : .... Date : ....

Exercice 1

Raisonner Parmi les réponses proposées pour chaque question, entourez la réponse exacte.

Questions	Réponse A	Réponse B	Réponse C
a. Le volume d'un solide s'exprime en :	m	m^3	m^2
b. $d = \frac{V}{t}$. Si le volume V est en litres et le temps t en minutes alors le débit d est en :	L/min	L.min	min/L
c. L'unité qui n'est pas une unité de masse est :	g	t	m
d. 65,7 m^3 équivaut à :	65,7 L	65 700 L	0,0657 L

Exercice 2

Le but de l'exercice est de comparer le volume d'un cylindre et le volume d'un cône ayant le même diamètre et la même hauteur.

a. **Calculer** Calculez le volume d'un cylindre de diamètre 6 cm et de hauteur 12 cm.

....

....

b. **Calculer** Calculez le volume d'un cône de diamètre 6 cm et de hauteur 12 cm.

....

c. **Raisonner** Comparez le volume du cylindre et celui du cône.

....

Exercice 3

Pour recevoir son traitement, un patient doit être perfusé. Son médecin a prescrit 1,5 L de solution médicamenteuse par 24h.

Correspondance des gouttes et des millilitres	
Perfuseur pour solution aqueuse	**1 mL = 20 gouttes**

a. **Chercher** **Calculer** Calculez à quel débit gouttes/minute l'infirmier doit régler la perfusion.

....

....

....

b. **Modéliser** Observez le script en langage Scratch ci-contre et indiquez ce qu'il permet de calculer.

....

....

c. **Modéliser** Citez les variables utilisées dans ce script.

....

....

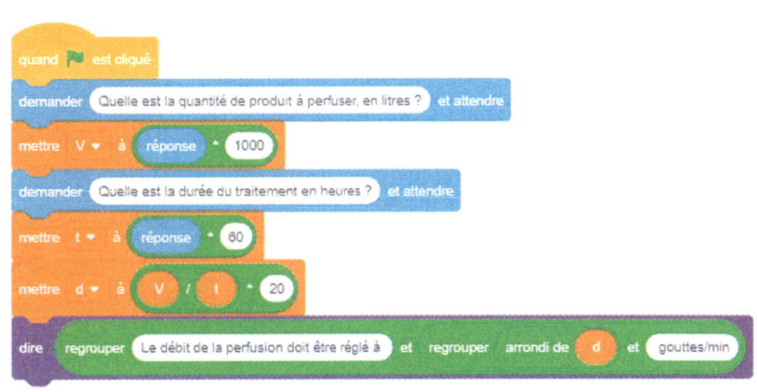

Exercice 4

En cours de pâtisserie, les élèves ont pour consigne de préparer un gâteau individuel au chocolat d'au moins 125 mL et d'estimer le coût de fabrication de 150 pièces.

Données :

– 100 mL de gâteau pèsent environ 50 g ;

– coût de fabrication : 4,36 €/kg.

Kasper hésite entre deux moules : un moule en forme de pyramide à base carrée de côté 8 cm et de hauteur 6 cm et un moule en forme de pavé droit de dimensions 6 cm, 5 cm et 4 cm.

a. Chercher Raisonner Calculer Communiquer Indiquez quel moule Kasper doit choisir.
Expliquez la démarche utilisée et donnez le détail des calculs.

b. Raisonner Calculer Communiquer Estimez le prix de fabrication de 150 pièces.

Grille d'évaluation

foucherconnect.fr/22mpm60

Compétences travaillées	Connaissances et capacités associées	Questions	Appréciation du niveau d'acquisition		
Chercher	• Extraire d'un document les informations utiles.	3a. 4a. 4b.			
Modéliser	• Analyser une simulation numérique.	3b. 3c.			
Raisonner	• Utiliser un raisonnement logique.	1a. 1b. 1c. 1d. 2c. 4a. 4b.			
Calculer	• Calculer le volume d'un solide. • Mener un calcul.	2a. 2b. 4a. 3a. 4b.			
Communiquer	• Expliquer par écrit la démarche utilisée.	4a. 4b.			

CHAPITRE

09 Transformations géométriques

ACTIVITÉ PRÉPARATOIRE

foucherconnect.fr/22mpm37

Activité 1 Utiliser symétries, translations et rotations

Question flash

Les figures $\mathscr{F}_1$ et $\mathscr{F}_2$ sont symétriques par rapport :

☐ au point M ☐ à la droite (d).

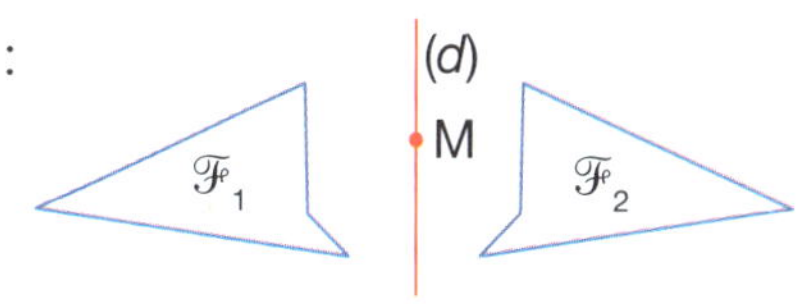

SITUATION

Pour décorer le sol d'un hall d'entrée, on réalise un pavage en partant d'un motif initial noté motif 1.

Ce motif est reproduit à l'identique de nombreuses fois et disposé de différentes façons : en utilisant des symétries ou en le faisant glisser (translation) ou en le tournant (rotation).

Symétries, translations, rotations sont appelées transformations géométriques.

Dans toute cette activité, ne tenez pas compte des couleurs.

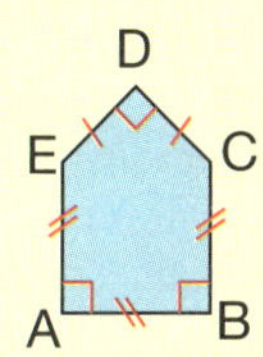

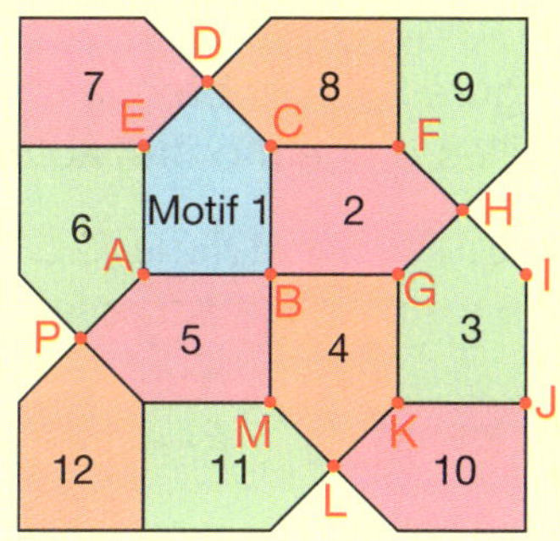

Problématique

Quelle transformation géométrique permet de passer du motif 3 au motif 12 ? Quelle transformation géométrique permet de passer du motif 2 au motif 3 ?

SYMÉTRIES

La figure (2) est symétrique de la figure (1) par rapport à la droite (d).
La figure (4) est symétrique de la figure (3) par rapport au point I.

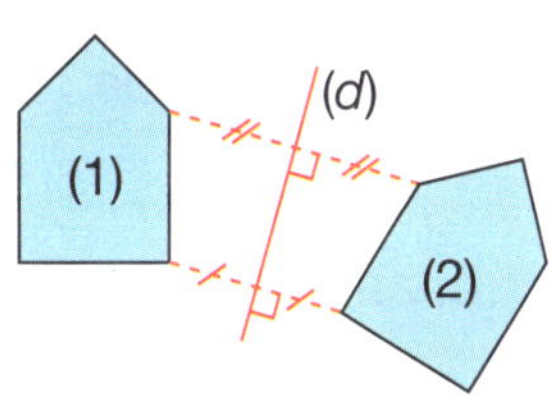

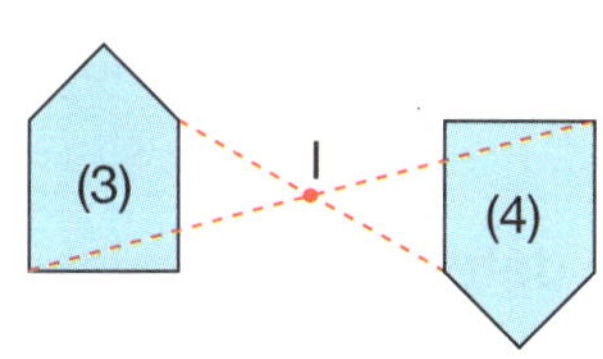

1 Raisonner Pour chaque phrase, **cochez** la réponse exacte.
Dans le pavage de la situation :

a. les motifs 1 et 2 sont symétriques par rapport à la droite (BC). ☐ Vrai ☐ Faux

b. le motif 3 est le symétrique du motif 9 par rapport au point H. ☐ Vrai ☐ Faux

c. les motifs 6 et 12 sont symétriques par rapport au point P. ☐ Vrai ☐ Faux

d. les motifs 6 et 7 sont symétriques par rapport au point E. ☐ Vrai ☐ Faux

TRANSLATION

La figure $\mathcal{F}_1$ est obtenue en faisant glisser la figure $\mathcal{F}$ selon la direction (DD_1), dans le sens de D vers D_1 et de la longueur DD_1.

La figure $\mathcal{F}_1$ est l'image de la figure $\mathcal{F}$ par la translation qui transforme D en D_1.
Une translation conserve les longueurs et les angles.

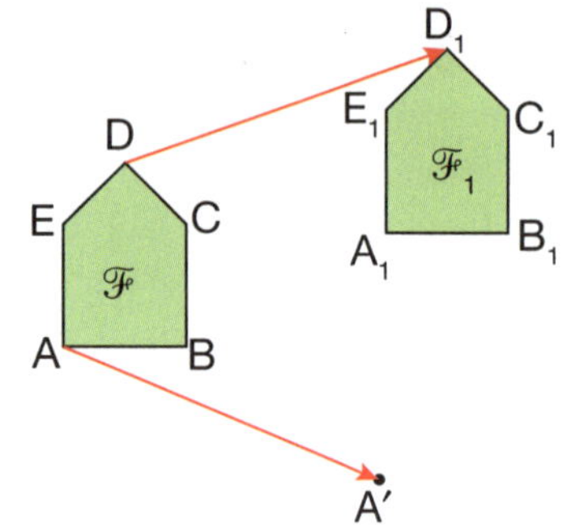

2 Raisonner **a. Écrivez** des égalités de longueurs entre les figures $\mathcal{F}$ et $\mathcal{F}_1$.

$DC = D_1C_1$; .... = ... ; .... = ...

b. Écrivez des égalités d'angles entre les figures $\mathcal{F}$ et $\mathcal{F}_1$.

$\widehat{AED}$ = ... ; .... = ...

3 Représenter Sur le dessin ci-dessus, **dessinez** l'image de la figure $\mathcal{F}$ par la translation qui transforme A en A'.

4 Représenter D'après le pavage donné dans la situation (page précédente) :

a. donnez l'image du motif 1 par la translation qui transforme E en G. ....

b. donnez la translation qui transforme le motif 1 en motif 12. ....

ROTATION

La figure $\mathcal{F}_2$ est obtenue en faisant tourner la figure $\mathcal{F}$ de 60° (dans le sens inverse des aiguilles d'une montre) autour du point O.

La figure $\mathcal{F}_2$ est l'image de la figure $\mathcal{F}$ par la rotation de centre O et d'angle 60°.
Une rotation conserve les longueurs et les angles.

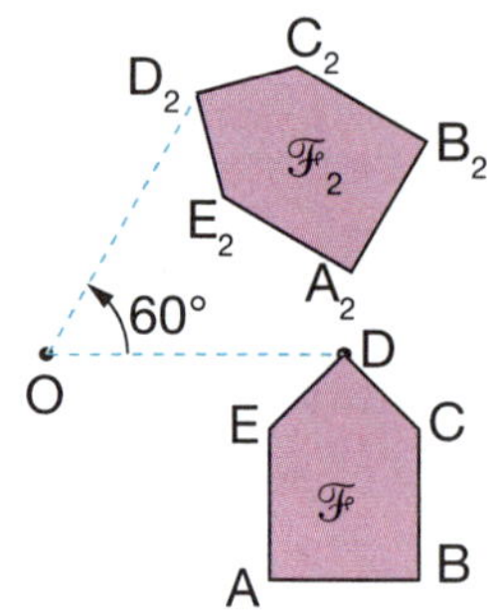

5 Raisonner **a. Écrivez** des égalités de longueurs entre les figures $\mathcal{F}$ et $\mathcal{F}_2$.

$DC = D_2C_2$; .... = ... ; .... = ...

b. Écrivez une égalité d'angles entre les figures $\mathcal{F}$ et $\mathcal{F}_2$. .... = ...

6 Représenter Sur le dessin ci-dessus, **dessinez** l'image de la figure $\mathcal{F}$ par la rotation de centre A et d'angle 90° (dans le sens des aiguilles d'une montre).

7 Représenter D'après le pavage donné dans la situation (page précédente) :

a. donnez l'image du motif 3 par la rotation de centre H et d'angle 180°.

....

b. déterminez la rotation (centre, angle et sens) qui transforme le motif 1 en motif 7.

....

EN CONCLUSION

8 Communiquer **Répondez** à la problématique.

....

....

....

Activité 2 Découvrir les homothéties et les triangles semblables

Question flash

Les droites parallèles (*d*) et (*d*′) sont coupées par la sécante (AB).
Cochez les réponses exactes.

- Les angles ① et ② sont des angles ☐ alternes-internes ☐ correspondants.
- Les angles ② et ③ sont des angles ☐ alternes-internes ☐ correspondants.

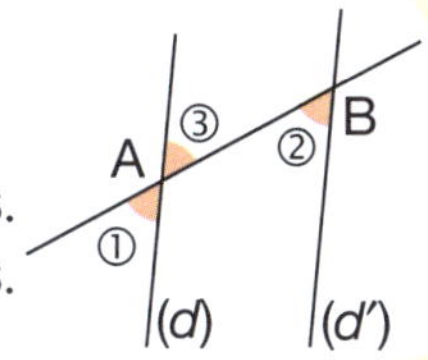

SITUATION

Lors d'une randonnée, Lola photographie cette construction en bois qui est une balise, un point de repère dans le paysage.

Lola souhaite en dessiner une vue de face simplifiée en utilisant une transformation géométrique, appelée homothétie, qui permet de réduire ou d'agrandir une figure.

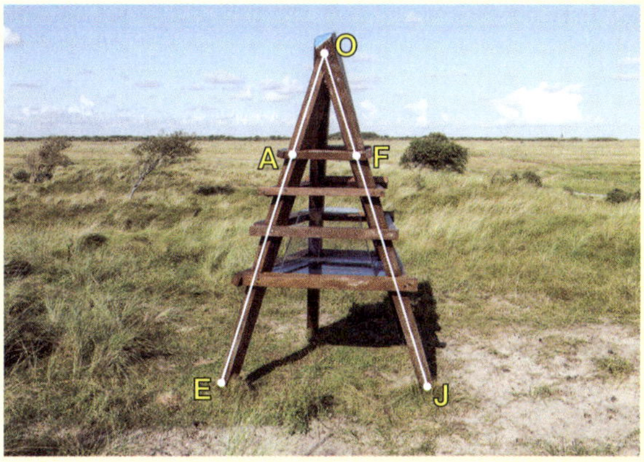

Problématique

Par quelle homothétie (centre, rapport) le segment [EJ] est-il l'image du segment [AF] ? Les triangles OAF et OEJ sont-ils semblables ?

HOMOTHÉTIE ET CONSTRUCTION

On donne OA = 2,5 cm et OE = 10 cm.

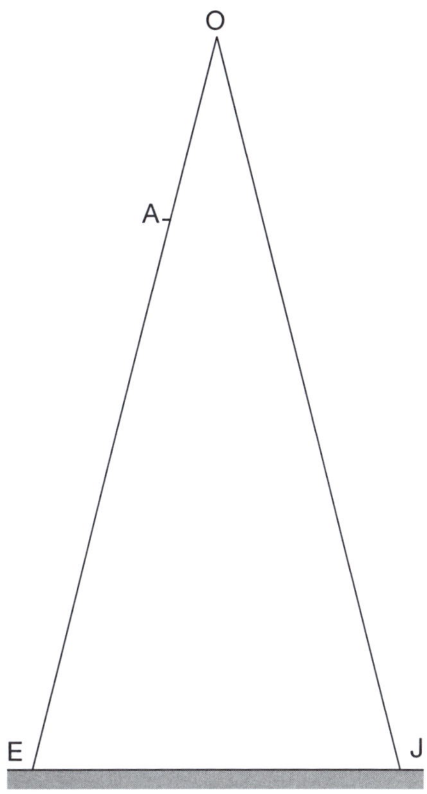

Le dessin n'est pas à l'échelle de la photo.

1 Calculer Représenter Le point B du segment [OE] est tel que OB = 1,6 × OA.

a. **Calculez** la longueur OB. ....

b. **Placez** le point B sur le dessin.

Le point B est l'image du point A par l'homothétie de centre O et de rapport $k = \frac{OB}{OA} = 1{,}6$.

2 Calculer Représenter Le point C est l'image du point E par l'homothétie de centre O et de rapport 0,6.

a. **Calculez** la longueur OC. ....

b. **Placez** le point C sur le segment [OE].

3 Calculer Le point D est tel que OD = 8 cm. Le point D est l'image du point E par l'homothétie de centre O et de rapport *k*.

a. **Placez** le point D sur le dessin.

b. **Calculez** le rapport *k*.

$k = \frac{OD}{OE} = \frac{\dots}{\dots} = \dots$

HOMOTHÉTIE ET THÉORÈME DE THALÈS

4 Représenter a. **Tracez** les parallèles à la droite (EJ) passant par les points A, B, C et D.

b. **Notez** F, G, H et I les points d'intersection respectifs des droites tracées précédemment avec le segment [OJ].

5 Calculer Modéliser a. **Rappelez** pourquoi on peut appliquer le théorème de Thalès dans le triangle ABG.

....

b. **Écrivez** le théorème de Thalès dans ce triangle.

$$\frac{OA}{\ldots} = \frac{\ldots}{BG} = \frac{OF}{\ldots}$$

c. On sait que OA = 2,5 cm et OB = 4 cm. On donne de plus AF = 1 cm.
Calculez BG.

....

L'image d'un segment par une homothétie *h* est un segment. Ses extrémités sont les images par *h* des extrémités du segment initial.

6 Chercher a. **Donnez** l'image du point A par l'homothétie de centre O et de rapport 1,6. ....

b. **Donnez** l'image du point F par l'homothétie de centre O et de rapport 1,6. ....

c. **Donnez** l'image du segment [AF] par l'homothétie de centre O et de rapport 1,6.

....

TRIANGLES SEMBLABLES

Deux triangles semblables ont leurs angles deux à deux de même mesure. Les triangles ABC et DEF sont des triangles semblables car $\widehat{A} = \widehat{F}$; $\widehat{B} = \widehat{D}$; $\widehat{C} = \widehat{E}$.

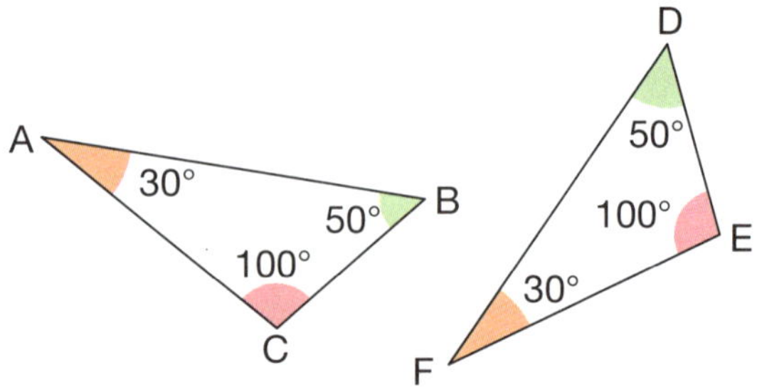

7 Raisonner On compare les angles des triangles OAF et OBG du dessin de la page précédente.

a. $\widehat{OAF} = \widehat{OBG}$ car ce sont des angles :
☐ correspondants ☐ alternes-internes.

b. **Complétez :** $\widehat{OFA} =$ .... pour la même raison.

c. De plus les triangles OAF et OBG ont leur 3e angle $\widehat{O}$ commun.
Donc les triangles OAF et OBG sont des triangles :
☐ égaux ☐ semblables.

8 Raisonner **Citez** deux autres triangles semblables sur la figure de la page précédente.

....

EN CONCLUSION

9 Raisonner Communiquer **Répondez** à la problématique.

....

....

....

Activité 3 Agrandir ou réduire un objet géométrique

Question flash Un carré de 6 m de côté est représenté à l'échelle 1/500.
Calculez, en cm, la mesure du côté du carré dessiné à cette échelle.

....

SITUATION

Manon est très bricoleuse et envisage de fabriquer deux poufs cubiques : le pouf P_1 de 50 cm d'arête et le pouf P_2 de 25 cm d'arête.

Leurs six faces sont recouvertes de cuir.

L'intérieur est garni de mousse de rembourrage.

Problématique

Pour préparer ses achats de cuir et de mousse, Manon pense qu'il faut deux fois moins de cuir et deux fois moins de mousse pour P_2 que pour P_1. A-t-elle raison ?

AGRANDISSEMENT ET RÉDUCTION AVEC UN LOGICIEL DE GÉOMÉTRIE DYNAMIQUE

foucherconnect.fr/22mpm38 **Ouvrez** le fichier « **C09_01_cube.ggb** ».

Le cube rose représenté à l'écran est un cube d'arête 2 cm.
Le déplacement du curseur situé en haut de la fenêtre *Algèbre* permet d'obtenir un autre cube, de couleur verte, qui est un agrandissement ou une réduction du cube rose selon la valeur du coefficient k (sur l'image ci-contre, $k = 2{,}6$).

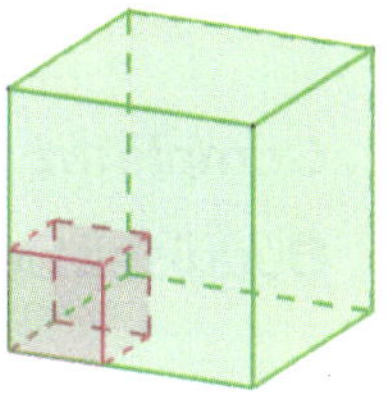

Le nombre k donné par le curseur est le **coefficient d'agrandissement ou de réduction** du cube rose.

1 Chercher Raisonner **Donnez** différentes valeurs au nombre k en déplaçant le curseur à l'écran.
Observez les cubes obtenus et **cochez** les réponses exactes ci-dessous.

a. Si $k > 1$, le cube vert est : ☐ plus petit ☐ plus grand que le cube rose.
Le cube vert est alors : ☐ une réduction ☐ un agrandissement du cube rose.

b. Si $0 < k < 1$, le cube vert est : ☐ plus petit ☐ plus grand que le cube rose.
Le cube vert est alors : ☐ une réduction ☐ un agrandissement du cube rose.

2 Chercher Raisonner a. **Faites varier** k en déplaçant le curseur à l'écran.
Cochez les réponses exactes ci-dessous après avoir observé les valeurs obtenues dans le tableau à l'écran.

Si $k = 1{,}8$: $\dfrac{\text{aire cube vert}}{\text{aire cube rose}} =$ ☐ $1{,}8$ ☐ $1{,}8^2$ ☐ $1{,}8^3$

$\dfrac{\text{volume cube vert}}{\text{volume cube rose}} =$ ☐ $1{,}8$ ☐ $1{,}8^2$ ☐ $1{,}8^3$

b. Remplacez les pointillés par k, k^2 ou k^3.

On a donc : aire du cube vert = ... × aire du cube rose

volume du cube vert = ... × volume du cube rose

COMPARAISON DES AIRES ET DES VOLUMES DES POUFS P_1 ET P_2

Dans un agrandissement ou une réduction de coefficient k d'un objet géométrique :
- les **longueurs** sont multipliées par $\boldsymbol{k}$;
- les **aires** par $\boldsymbol{k^2}$;
- les **volumes** par $\boldsymbol{k^3}$.

3 Calculer Raisonner On sait que l'arête de P_1 est égale à 50 cm.

a. Calculez l'aire de cuir nécessaire pour fabriquer le pouf P_1.
On ne tient pas compte des chutes de cuir et des coutures.

Coup de pouce : Le pouf a 6 faces de forme carrée.

....

....

b. Calculez le volume de mousse nécessaire pour fabriquer le pouf P_1.

Coup de pouce : Volume d'un cube = côté × côté × côté = côté^3

....

....

4 Raisonner Calculer On sait que : arête de P_1 = 50 cm et arête de P_2 = 25 cm.

a. Expliquez pourquoi P_2 est une réduction de P_1 de coefficient 0,5.

....

....

....

b. Complétez : aire du pouf P_2 = ... × aire du pouf P_1.

c. Déduisez des questions 3a. et 4b. l'aire de cuir nécessaire pour fabriquer le pouf P_2.

....

....

....

d. Complétez : volume du pouf P_2 = ... × volume du pouf P_1.

e. Déduisez des questions 3b. et 4d. le volume de mousse nécessaire pour fabriquer le pouf P_2.

....

....

....

EN CONCLUSION

5 Raisonner Communiquer **Répondez** à la problématique.

....

....

....

L'essentiel

Translation et rotation

- Une **translation** est un glissement dont on connaît la direction, le sens et la longueur.

Une translation conserve les distances et les angles.

Exemple

La translation qui transforme le téléphérique $(\mathcal{T})$ en téléphérique $(\mathcal{T}')$ a pour caractéristiques :
– sa direction : la droite (MN) ;
– son sens : de M vers N ;
– sa longueur : MN = 40 m.
On a CD = C′D′ et $\widehat{C} = \widehat{C'}$. Les figures $(\mathcal{T})$ et $(\mathcal{T}')$ sont superposables.

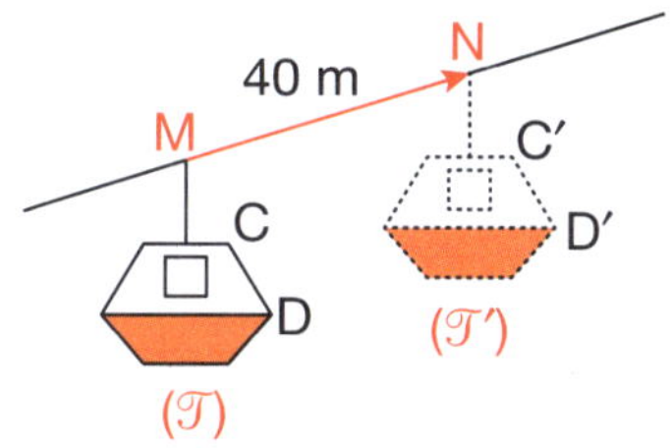

- Lorsqu'on applique une **rotation** de **centre** O et d'**angle** α degrés à une figure, cette figure tourne de α degrés autour du point O. Une rotation conserve les distances et les angles.

Exemple

La grande aiguille d'un cadran d'horloge de centre O passe de la position ① à la position ②. Elle tourne alors d'un angle de 150° dans le sens des aiguilles d'une montre.
L'aiguille ② est l'image de l'aiguille ① dans la rotation de centre O et d'angle 150°.
On a OA = OB et $\widehat{AOB} = 150°$.

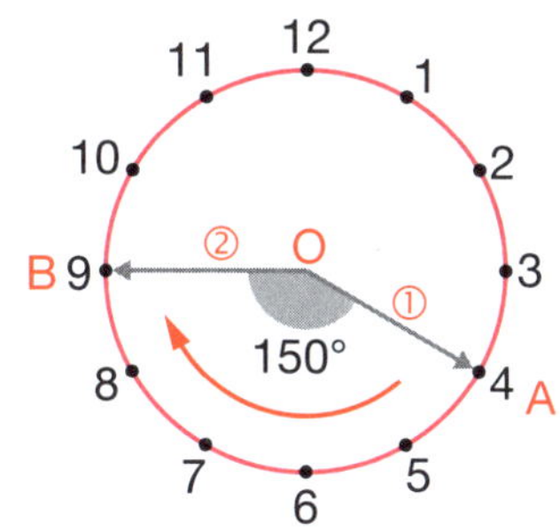

Homothétie et triangles semblables

- Une **homothétie** réduit ou augmente toutes les longueurs d'une figure dans la même proportion. Une homothétie se caractérise par son **centre O** et son **rapport *k***.
- Une homothétie conserve les angles mais pas les longueurs.
- Deux **triangles semblables** ont leurs angles deux à deux de même mesure.

Exemple

L'image du triangle rectangle $(\mathcal{R})$ par l'homothétie de centre O et de rapport 2 est le triangle rectangle $(\mathcal{R}')$.
OD′ = 2 × OD ; OE′ = 2 × OE ; OF′ = 2 × OF
Les triangles $(\mathcal{R})$ et $(\mathcal{R}')$ sont des triangles semblables. Ils ont la même forme.

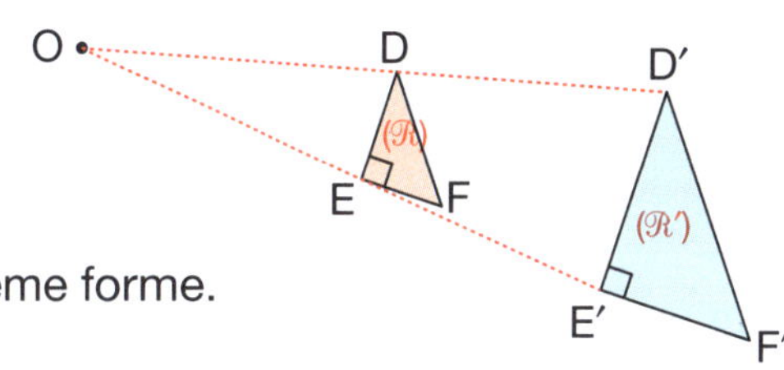

Agrandissement et réduction d'un objet géométrique

- Dans un agrandissement ou une réduction de coefficient k d'un objet géométrique, les **longueurs sont multipliées par *k*** ; les **aires** par $\boldsymbol{k^2}$; les **volumes** par $\boldsymbol{k^3}$; les **angles** sont **inchangés**.
- Si $\mathbf{0 < k < 1}$, on a une **réduction** de l'objet ; si $\mathbf{k > 1}$, on a un **agrandissement** de l'objet.

Exemple

Le cube ② est un agrandissement de coefficient 3 du cube ①.

Le cube ① est une réduction de coefficient $\frac{1}{3}$ du cube ②.

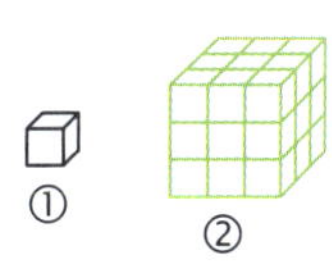

L'aire d'une face du cube ① est 144 m² ; l'aire d'une face du cube ② est : $144 \times 3^2 = 1\,296$ m².

Le volume du cube ② est 46 656 m³ ; le volume du cube ① est : $46\,656 \times \left(\frac{1}{3}\right)^3 = 1\,728$ m³.

VÉRIFIER SES ACQUIS
foucherconnect.fr/22mpm39

Exercices

AUTOMATISMES

Sans calculatrice ni brouillon, répondez aux 2 questions du rituel indiqué par votre professeur.

Rituel 1 (2')

1. Calculez $6 + \frac{2}{3}$.

....

2. Le triangle DEH est rectangle en H. Calculez, en m, DH à l'aide du théorème de Pythagore.

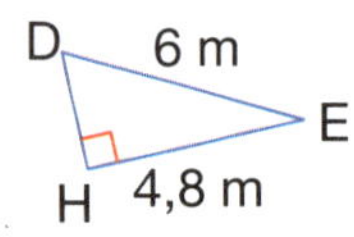

....

Rituel 3 (2')

1. À l'aide du codage de la figure,

a. citez un triangle rectangle isocèle : ....

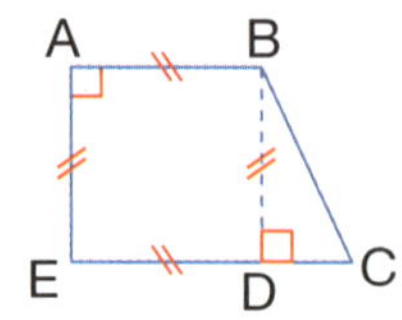

b. citez un triangle rectangle non isocèle : ....

2. Calculez $0{,}2 + 1 - 4 - 1{,}5$.

....

Rituel 2 (2')

1. On donne la fonction f définie par $f(x) = -3x + 5$. Calculez $f(-1)$.

....

2. Calculez, en cm², l'aire du triangle rectangle BCK.

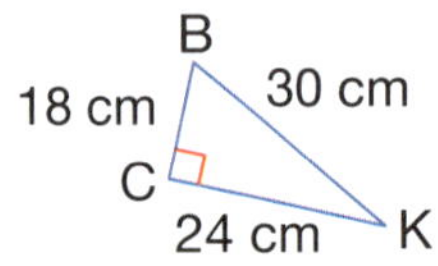

....

Rituel 4 (2')

1. Développez, puis réduisez $(x - 1)(x + 2)$.

....

2. Le triangle ABG est rectangle en G.

a. $\sin \widehat{BAG} =$

□ $\frac{BG}{AG}$ □ $\frac{BG}{AB}$ □ $\frac{AG}{AB}$

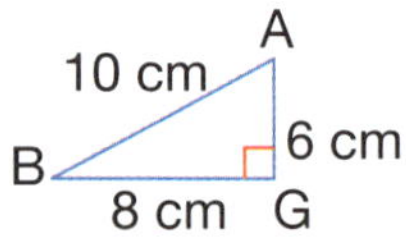

b. Calculez $\sin \widehat{BAG}$.

....

Utiliser symétries, translations et rotations

1 *

a. Construisez le symétrique A′B′C′ du triangle ABC par rapport à la droite (*d*).

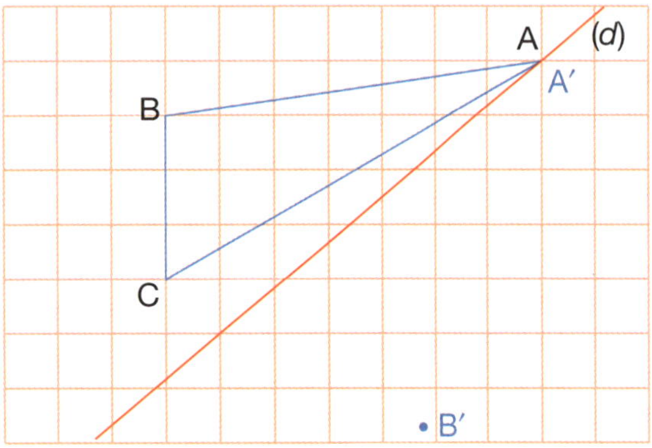

b. Construisez H′L′M′ l'image du triangle HLM par la symétrie de centre I.

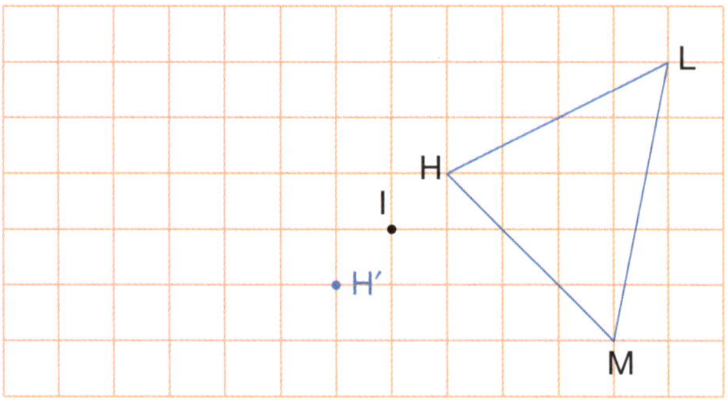

2 ** a. Construisez l'image D′E′F′ du triangle rectangle DEF par la translation qui transforme D en D′.

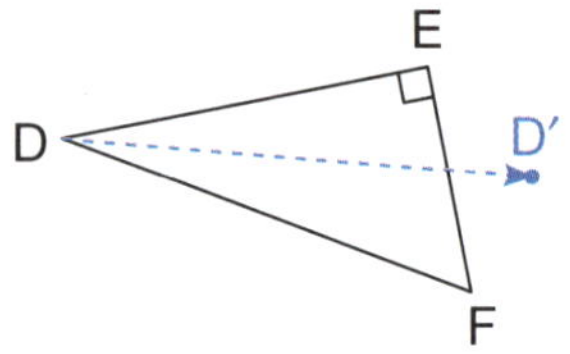

b. Par cette transformation, on peut écrire que DE = D′E′. Donnez les deux autres égalités de longueurs que l'on peut écrire.

....

c. Expliquez pourquoi le triangle D′E′F′ est rectangle.

....

....

3 ** **a.** Construisez l'image du rectangle ABCD par la rotation de centre E et d'angle 90° (sens inverse des aiguilles d'une montre). Notez A′, B′, C′, D′ les images respectives des points A, B, C, D par cette rotation.

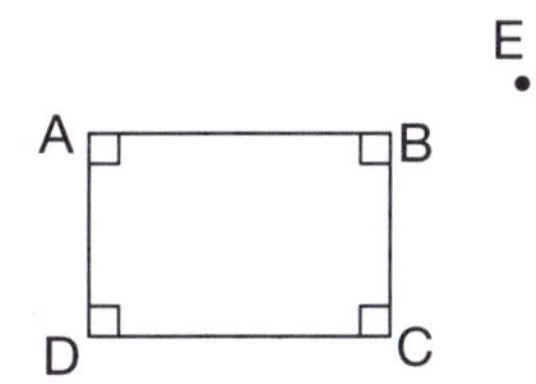

b. Donnez la nature de l'image du rectangle ABCD. Justifiez.

Découvrir les homothéties et les triangles semblables

4 ** Construisez l'image A′B′C′ du triangle ABC par l'homothétie de centre O et de rapport 0,6.

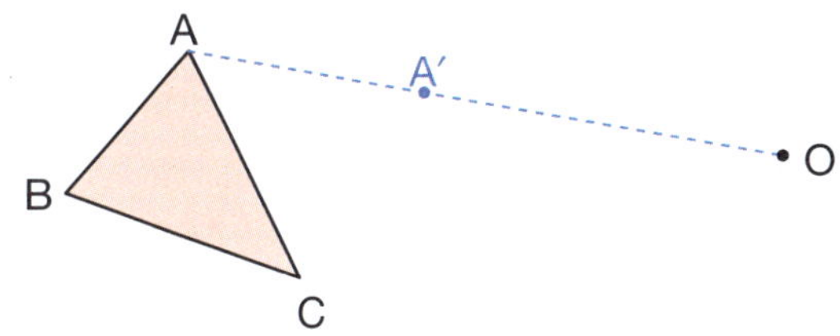

5 ** Dites si les deux triangles ci-contre sont semblables. Justifiez.

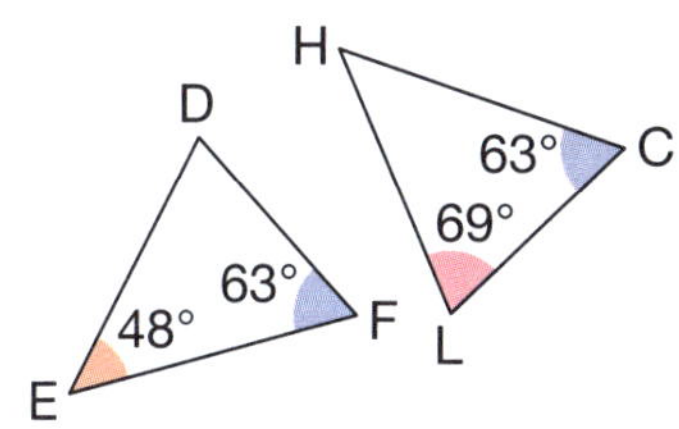

Agrandir ou réduire un objet géométrique

6 * Pour construire les 6 faces d'un cube, Gabriel a utilisé 150 cm² de carton. Il construit de même un autre cube dont l'arête est 4 fois plus grande.

Calculez, en cm², la quantité de carton nécessaire pour construire le grand cube.

7 * Le volume d'un solide est 200 cm³. On divise toutes ses dimensions par 4.

Calculez, en cm³, le volume du nouveau solide.

Autoévaluation **Cochez la bonne réponse parmi les propositions.**

Le robot 1 a subi quelques transformations pour devenir les robots 2, 3, 4, 5.

robot 1

robot 2

robot 3

robot 4

robot 5

Retrouvez pour chaque robot le nom de la transformation appliquée au robot 1.

Robot 2 : ☐ symétrie centrale ☐ symétrie axiale ☐ translation ☐ rotation ☐ homothétie.

Robot 3 : ☐ symétrie centrale ☐ symétrie axiale ☐ translation ☐ rotation ☐ homothétie.

Robot 4 : ☐ symétrie centrale ☐ symétrie axiale ☐ translation ☐ rotation ☐ homothétie.

Robot 5 : ☐ symétrie centrale ☐ symétrie axiale ☐ translation ☐ rotation ☐ homothétie.

8 ** Le pirate Jack le Rouge est en possession d'un parchemin où figure l'emplacement d'un trésor. Le trésor se trouve à l'intérieur de la cible cerclée de rouge. Voici les indications qui figurent sur son parchemin :

– se déplacer du point M au point P par la translation qui transforme A en B ;
– se déplacer du point P au point R par la rotation de centre A et d'angle 90°, dans le sens des aiguilles d'une montre ;
– déterminer l'image S du point R par l'homothétie de centre K et de rapport 0,4.
Le point S donne l'emplacement du trésor.

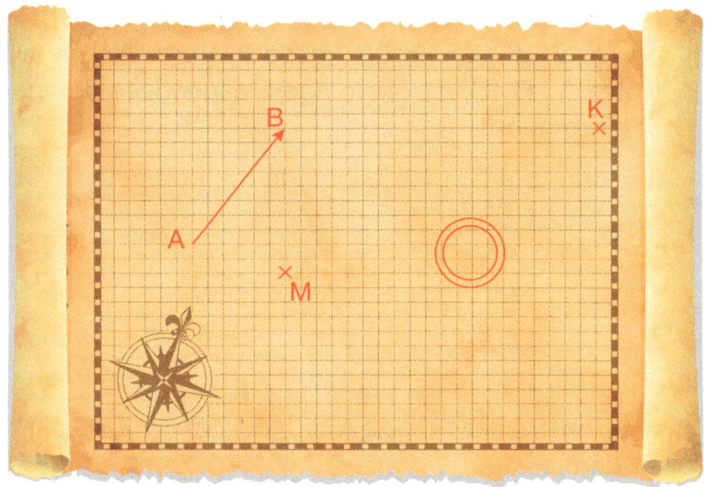

a. Jack le Rouge a besoin de votre aide pour trouver l'emplacement du trésor.
Donnez-lui des indications sur la façon dont il doit procéder pour placer les points P, R et S.

....

....

....

....

....

b. Construisez les points P, R et S.

c. Les indications du parchemin conduisent-elles Jack le Rouge dans la cible ? ....

9 ** SCRATCH foucherconnect.fr/22mpm40 Ouvrez le fichier « **C09_02_etoile.sb3** ».

On souhaite réaliser l'étoile ci-contre construite à partir du bloc losange donné dans le fichier.

a. Cliquez sur le bloc Définir losange pour tracer le losange initial.

b. D'après les instructions du bloc losange, donnez la mesure des angles de ce losange. ....

c. Le script qui permet de dessiner l'étoile est à compléter à l'écran.
– Tapez au clavier le nombre de répétition dans le 5e bloc.
– Faites glisser dans ce bloc les deux instructions nécessaires au tracé de l'étoile.

d. Exécutez le programme. Si l'étoile n'apparaît pas, cherchez l'erreur !

10 *** Pour construire le décor d'une pièce de théâtre (Figure 1), Johanna dispose d'une plaque rectangulaire ABCD de 4 m sur 2 m dans laquelle elle doit découper les trois triangles du décor avant de les superposer.

Elle propose un découpage de la plaque (Figure 2).
Le triangle ADM respecte les conditions suivantes :

- le triangle ADM est rectangle en A ;
- AD = 2 m ; $\widehat{ADM}$ = 60°.

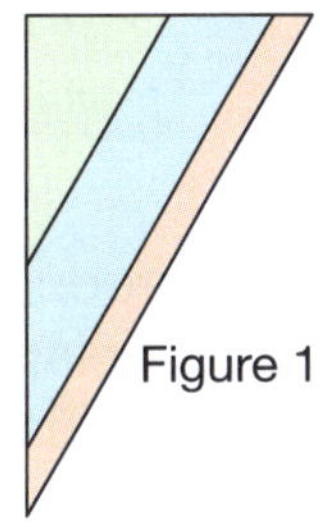

Figure 1

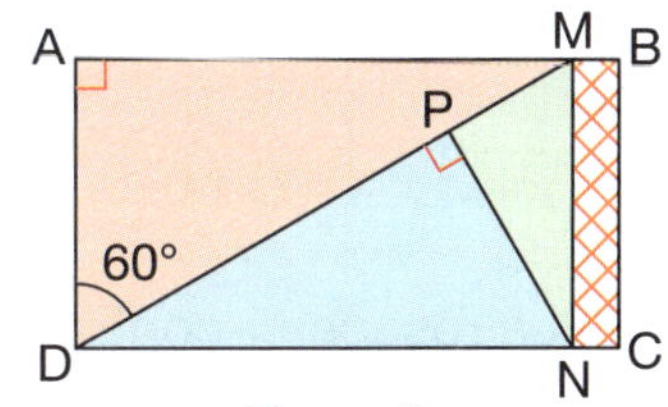

Figure 2

a. Montrez que [AM] mesure environ 3,46 m.

> **Coup de pouce** Utilisez tan $\widehat{ADM}$.

b. Pour que la superposition des triangles soit harmonieuse, Johanna veut que les trois triangles AMD, PNM et PDN soient semblables. Est-ce bien le cas ? Justifiez.

c. Johanna aimerait que le coefficient d'agrandissement pour passer du triangle PDN au triangle AMD soit inférieur à 1,5. Est-ce le cas ? Justifiez.

> **Coup de pouce** Calculez PN, puis le rapport $\frac{AD}{PN}$.

11 *** **Prise d'initiative** Le pavage ci-contre est réalisé avec des pentagones (polygones à cinq côtés). Il s'agit d'un pavage tel qu'il en existait dans les rues du Caire en Égypte (sans les couleurs).

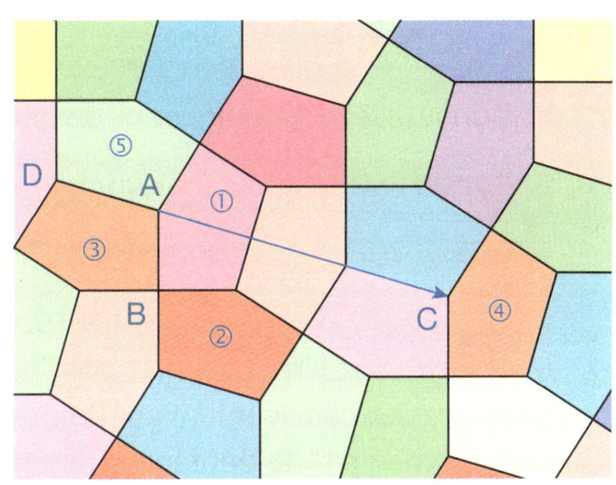

Écrivez 4 phrases contenant chacune un des mots suivants : rotation, translation, symétrie.

Exemple : le pentagone ③ est l'image du pentagone ⑤ par la symétrie d'axe (AD).

a. Phrase avec translation : ....

b. Phrase avec rotation : ....

c. Phrase avec symétrie d'axe .... : ....

d. Phrase avec symétrie de centre .... : ....

Vers les métiers… de la menuiserie et de l'ameublement

SITUATION

La rosace ci-contre doit être reproduite en marqueterie (décor réalisé avec des placages de bois). Elle est composée de vingt pentagones réguliers numérotés de 1 à 20 et $\widehat{AOB} = 36°$. Les transformations géométriques peuvent permettre de placer les motifs les uns par rapport aux autres.

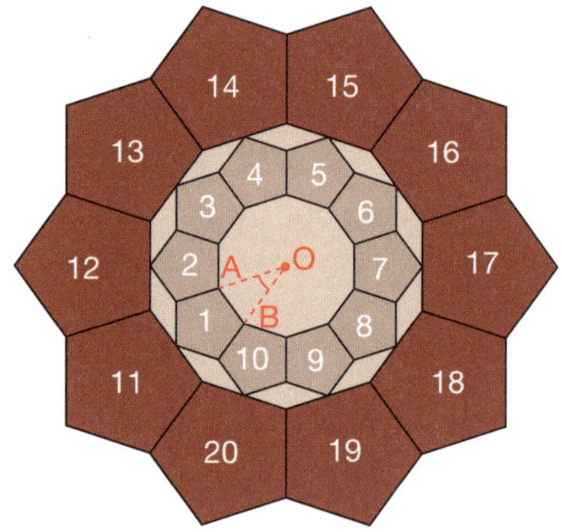

1. Analyse du motif de base

a. Donnez le nombre de côtés d'un pentagone. ....

b. Mesurez avec une règle graduée au mm le côté du pentagone 1 :

.... et le côté du pentagone 11 : ....

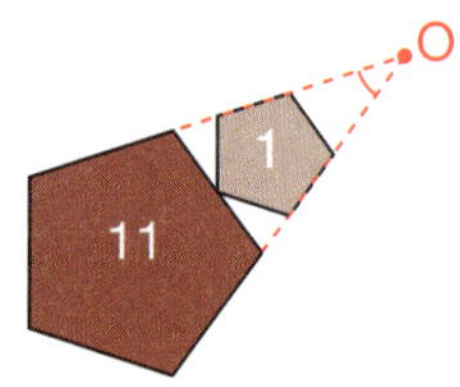

c. Comparez ces deux mesures. ....

d. Complétez la phrase suivante.

Le motif 11 est l'image du motif 1 par l'homothétie de centre .... et de rapport ....

2. Début de la construction sur papier

a. Donnez la transformation géométrique qui permet de passer du pentagone 1 au pentagone 2 et du pentagone 11 au pentagone 12.

....

b. Construisez sur la figure ci-dessus les pentagones 2 et 12.

3. Construction avec un logiciel de géométrie

foucherconnect.fr/22mpm41 Ouvrez le fichier « **C09_03_rosace.ggb** ».

Le pentagone régulier 1 nommé p1 dans le fichier est tracé ainsi que le point O.

a. Construisez l'image de p1 par l'homothétie de centre O et de rapport 2. Pour cela :
- cliquez successivement sur l'outil, puis sur p1, le point O et tapez 2 pour le rapport ;
- renommez p11 le pentagone obtenu.

b. Construisez l'image de p1 et celle de p11 par la rotation de centre O et d'angle 36° dans le sens horaire (sens des aiguilles d'une montre). Pour cela :
- sélectionnez p1 et p11 ;
- cliquez sur l'outil, puis sur le point O et tapez 36°. Choisissez le sens horaire.

c. Procédez de même pour construire par la même rotation l'image des deux pentagones obtenus. Continuez ainsi la rosace pour obtenir les 20 pentagones

ZOOM MÉTIERS Plusieurs métiers liés à l'art utilisent les transformations géométriques : la marqueterie, la peinture, la création de motifs dans différents domaines, etc.

Vers le brevet

Nom : .... Prénom : ....

Classe : .... Date : ....

Exercice 1

1. Raisonner Gaspard travaille avec un logiciel de géométrie dynamique pour construire une frise.
Il a construit un triangle ABC isocèle en C (motif 1) puis il a obtenu le losange ACBD (motif 2).
Voici les captures d'écran de son travail ci-contre.

Motif 1	Motif 2
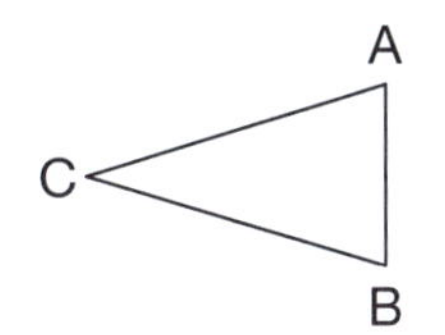	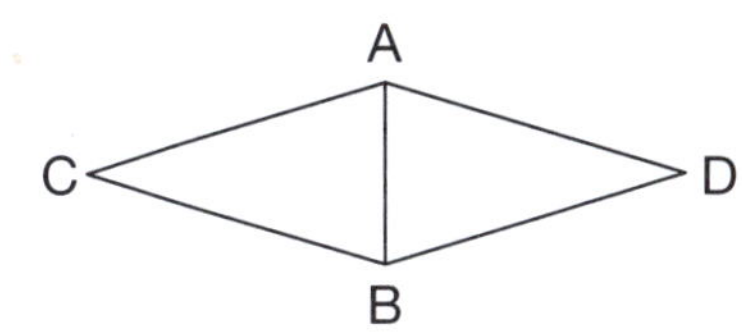

a. Donnez le nom et les caractéristiques de la transformation permettant de compléter le motif 1 pour obtenir le motif 2.

....

b. Une fois le motif 2 construit, Gaspard a appliqué à plusieurs reprises une translation. Il obtient ainsi la frise ci-contre.
Indiquez de quelle translation il s'agit.

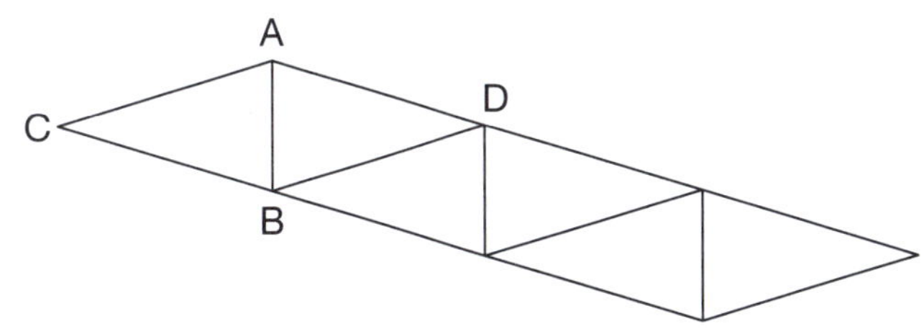

....

....

2. Représenter Construisez l'image du motif 1 par la rotation de centre C et d'angle 90° dans le sens des aiguilles d'une montre.
Laissez les traits de construction.

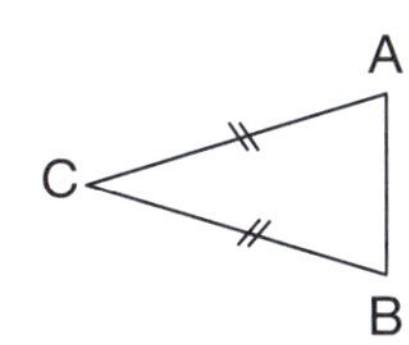

Exercice 2

Modéliser Représenter On a commencé par construire la figure A. En appliquant à la figure A des homothéties de centre O et de rapports différents, on a ensuite obtenu les autres figures.

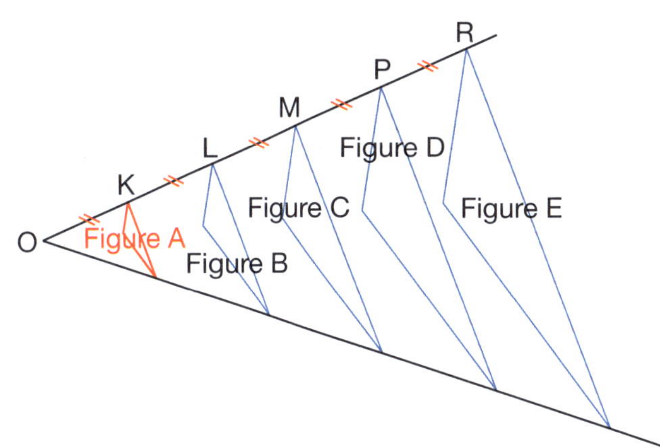

a. En observant le codage du dessin ci-contre, complétez les pointillés par 2, 3 ou 4 :

OM = ... × OK ; OP = ... × OK ; OL = ... × OK.

b. Donnez le rapport de l'homothétie de centre O qui permet d'obtenir la figure C à partir de la figure A. Aucune justification n'est attendue.

....

c. On applique l'homothétie de centre O et de rapport 0,5 à la figure D. Indiquez la figure obtenue. Aucune justification n'est attendue.

....

d. Indiquez quelle figure a une aire quatre fois plus grande que celle de la figure A.

....

Exercice 3

Olivia s'est acheté un tableau pour décorer le mur de son salon. Ce tableau, représenté ci-contre, est constitué de quatre rectangles de mêmes dimensions nommés ①, ②, ③ et ④ dessinés à l'intérieur d'un grand rectangle ABCD d'aire égale à 1,215 m².

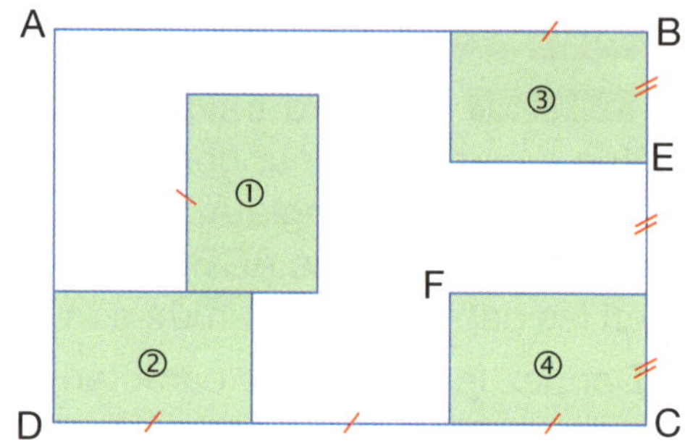

1. Modéliser Cochez Vrai ou Faux.

a. Le rectangle ③ est l'image du rectangle ④ par la translation qui transforme E en C.

☐ Vrai ☐ Faux

b. Le rectangle ③ est l'image du rectangle ① par la rotation de centre F et d'angle 90°dans le sens des aiguilles d'une montre.

☐ Vrai ☐ Faux

c. Le rectangle ABCD est l'image du rectangle ③ par l'homothétie de centre B et de rapport 3.

☐ Vrai ☐ Faux

2. Raisonner Calculer On compare le rectangle ③ et le rectangle ABCD.

a. Complétez les deux phrases suivantes.

- Le rectangle ABCD est un .... du rectangle ③ de rapport ......
- Aire du rectangle ABCD = ... × aire du rectangle ③.

b. Calculez, en cm², l'aire du rectangle ③. On rappelle que : aire ABCD = 1,215 m².

....

3. Représenter Olivia souhaite obtenir la figure ci-dessous à l'aide d'un programme Scratch.

R_2 est l'image de R_1 par une homothétie de rapport 1,2.

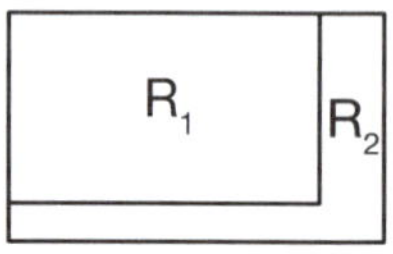

Le bloc Rectangle permet de tracer un rectangle lorsqu'on connaît sa longueur et sa largeur.

Complétez le script ci-contre afin d'obtenir la figure souhaitée.

Grille d'évaluation

foucherconnect.fr/22mpm42

Compétences travaillées	Connaissances et capacités associées	Questions	Appréciation du niveau d'acquisition		
			(rouge)	(orange)	(vert)
Modéliser	• Appliquer une transformation géométrique.	2 31.			
Représenter	• Dessiner des figures planes.	12. 2 33.			
Raisonner	• Utiliser un raisonnement logique.	11. 32.			
Calculer	• Calculer avec des nombres de manière exacte ou approchée.	32.			

CHAPITRE

10 Théorèmes de Pythagore et de Thalès

ACTIVITÉ PRÉPARATOIRE
foucherconnect.fr/22mpm67

Activité 1 Utiliser le théorème de Pythagore et sa réciproque

Question flash Calculez : $12{,}5^2 =$ .... ; $12^2 + 45^2 =$ .... ; $\sqrt{3600} =$ .... ; $\sqrt{0{,}64} =$ .... ; $\sqrt{2{,}1^2 + 2{,}8^2} =$ ....

SITUATION

Lors de l'implantation d'une construction sur un terrain, il est important de garantir la perpendicularité des futurs murs que l'on prévoit de monter. Pour cela, on vérifie le positionnement des chaises d'implantation qui servent à marquer les extrémités des murs.

Une méthode consiste à vérifier l'écartement des chaises d'implantation conformément au plan, puis de mesurer la longueur de la diagonale BC comme sur la figure ci-dessous.

Les maçons chargés de la construction effectuent des mesures à trois endroits différents sur le terrain.

Triangle ❶ : AB = 12 m ; AC = 5 m ; BC = 13 m.

Triangle ❷ : AB = 3,5 m ; AC = 4,5 m ; BC = 6 m.

Triangle ❸ : AB = 6 m ; AC = 8 m ; BC = 10 m.

Problématique

Pour quels triangles les chaises d'implantation sont-elles bien positionnées sur le terrain ?

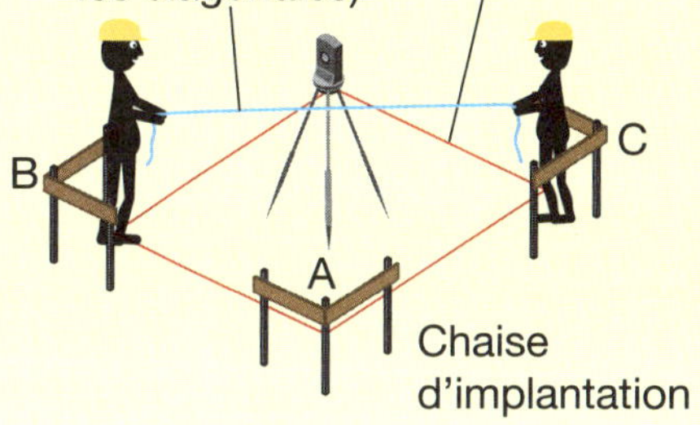

LE THÉORÈME DE PYTHAGORE

Pour garantir la perpendicularité de tous les murs, les trois premières chaises d'implantation doivent former un triangle rectangle avec la plus grande précision possible. Pour cela, les maçons calculent la longueur de l'hypoténuse.

AB mesure 18 m et AC mesure 25 m.
Les droites (AB) et (AC) sont perpendiculaires.

1 Chercher **a. Représentez** la configuration de la situation et **marquez** l'angle droit du triangle ABC rectangle en A ainsi obtenu.

b. Identifiez le côté correspondant à l'hypoténuse du triangle rectangle ABC.

....

Dans un triangle rectangle, le carré de l'hypoténuse est égal à la somme des carrés des côtés de l'angle droit. Cela correspond au **théorème de Pythagore**.

c. Calculer **Identifier** la relation correspondant à la situation.

□ $AB^2 + BC^2 = AC^2$ □ $AB^2 + AC^2 = BC^2$ □ $BC^2 + AC^2 = AB^2$

d. Chercher **Donnez** les longueurs connues des côtés du triangle ABC.

....

e. Calculer **Calculez** BC à l'aide de la relation choisie en c. Arrondissez le résultat au centième.

....

....

RÉCIPROQUE DU THÉORÈME DE PYTHAGORE

Si, dans un triangle, le carré de la longueur du côté le plus grand est égal à la somme des carrés des longueurs des deux autres côtés, alors le triangle est rectangle. Il s'agit de la **réciproque du théorème de Pythagore**.

On schématise les chaises d'implantation par les sommets d'un triangle comme sur la figure ci-contre.

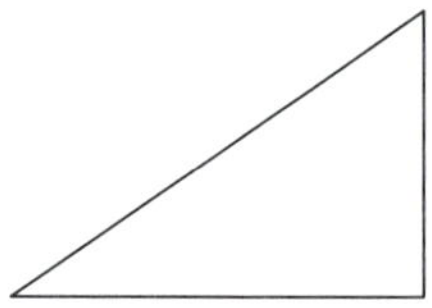

2 a. Modéliser **Construisez**, sur une feuille, les triangles ❶, ❷ et ❸ à l'échelle $\frac{1}{100}$.

b. Représenter **Mesurez**, à l'aide d'un rapporteur, l'angle $\widehat{A}$ pour chacun des triangles.

....

c. Raisonner **Déduisez**-en la nature de chacun des triangles.

....

3 Calculer a. **Complétez** le tableau suivant.

	AB	AC	BC	AB^2	AC^2	$AB^2 + AC^2$	BC^2
Triangle ❶							
Triangle ❷							
Triangle ❸							

b. **Comparez**, pour chacun des triangles, les colonnes BC^2 et $AB^2 + AC^2$.

....

....

4 Raisonner Les résultats de la question 3 confirment-ils ceux obtenus à la question 2 ?

....

....

EN CONCLUSION

5 Communiquer **Répondez** à la problématique.

....

....

....

Activité 2 Utiliser le théorème de Thalès

Question flash

Cochez la bonne réponse.

$\frac{x}{5} = \frac{3}{12}$ ☐ $x = 0,8$ ☐ $x = 1,25$;

$\frac{14}{x} = \frac{7}{15}$ ☐ $x = 7,5$ ☐ $x = 30$;

$\frac{15}{4} = \frac{x}{7}$ ☐ $x = 26,25$ ☐ $x = 420$;

$\frac{4}{24} = \frac{7}{x}$ ☐ $x = 21$ ☐ $x = 42$.

SITUATION

Léo décide d'abattre un arbre malade dans son jardin. Il doit connaître la hauteur de cet arbre pour effectuer ce travail en toute sécurité et éviter qu'il ne tombe sur le cabanon, situé à 6 m de l'arbre, ou le toit de la maison, située à 15 m de l'arbre.

Problématique

Léo pourra-t-il abattre son arbre en toute sécurité ?

THÉORÈME DE THALÈS

Soient (D) et (D') deux droites sécantes en A.
Soient B et M deux points de (D), distincts de A.
Soient C et N deux points de (D'), distincts de A.
Si les droites (BC) et (MN) sont **parallèles, alors** $\frac{AM}{AB} = \frac{AN}{AC} = \frac{MN}{BC}$.

Le triangle ABC ci-contre est un triangle quelconque. Le point M est un point de la droite (AB), le point N est le point de la droite (AC) tel que (MN) est parallèle à la droite (BC).

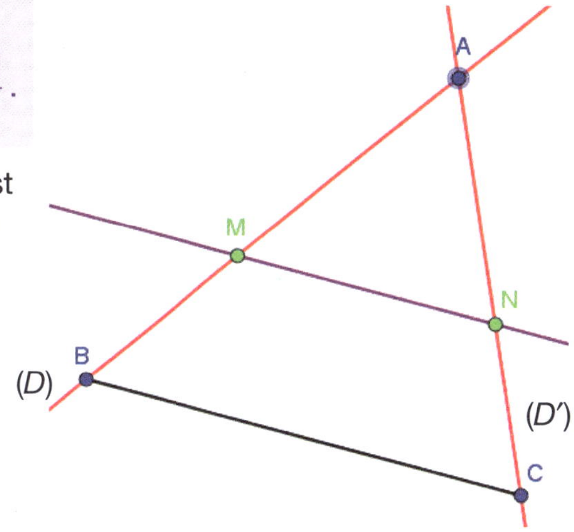

foucherconnect.fr/22mpm68 **Ouvrez** le fichier « **C10_01_thales.ggb** ».

1 Raisonner **a. Déplacez** le point M sur le segment [AB] et en dehors de celui-ci.
Que remarquez-vous à propos des rapports de la partie tableur ?

....

....

b. Déplacez les points A, B et C. Que remarquez-vous à propos des rapports de la partie tableur ?

....

2 Raisonner Dans toutes les configurations, les droites (BC) et (MN) sont parallèles par construction.

Comparez les rapports et **complétez** par = ou ≠ : $\frac{AM}{AB}$ ...... $\frac{AN}{AC}$ ...... $\frac{MN}{BC}$.

UTILISATION DU THÉORÈME DE THALÈS

On modélise la mesure de la hauteur de l'arbre par la représentation suivante.
Pour ce faire, Léo utilise l'ombre de l'arbre et celle d'un bâton planté à la verticale et d'une hauteur de 1 m.
On considère que les rayons KK' et BB' du soleil sont parallèles.
AB correspond à l'ombre du bâton et AK à celle de l'arbre.

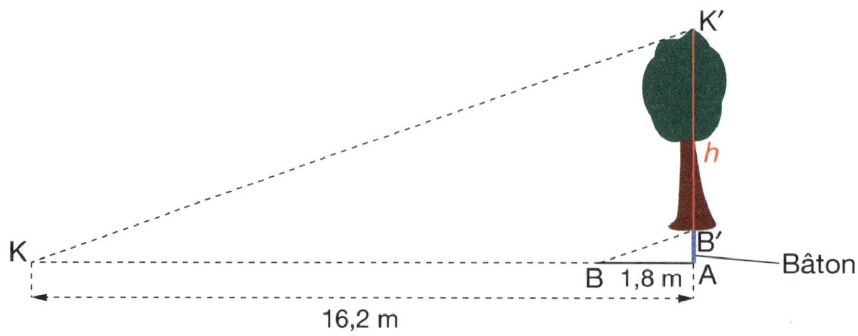

3 Représenter **Expliquez** pourquoi il est possible d'appliquer le théorème de Thalès dans le triangle AKK'.

....

....

....

4 Calculer a. **Écrivez** le théorème de Thalès dans le triangle AKK'.

$\frac{AB'}{\dots} = \frac{AB}{\dots} = \frac{\dots}{KK'}$.

b. **Remplacez** les longueurs connues par leur valeur.

$\frac{\dots}{\dots} = \frac{\dots}{\dots} = \frac{\dots}{\dots}$.

c. **Gardez** l'égalité où trois longueurs sur quatre sont connues.

$\frac{\dots}{\dots} = \frac{\dots}{\dots}$.

d. **Calculez** la longueur AK' en utilisant l'égalité des produits en croix.

....

....

....

5 Communiquer **Donnez** la hauteur de l'arbre.

....

EN CONCLUSION

6 Communiquer **Répondez** à la problématique.

....

....

....

....

Activité 3 Utiliser la réciproque du théorème de Thalès

Question flash Cochez la ou les configurations pour lesquelles on a tracé deux droites parallèles coupées par une sécante.

☐ 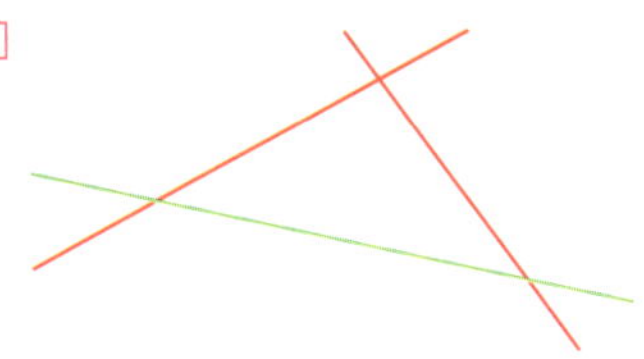

☐ 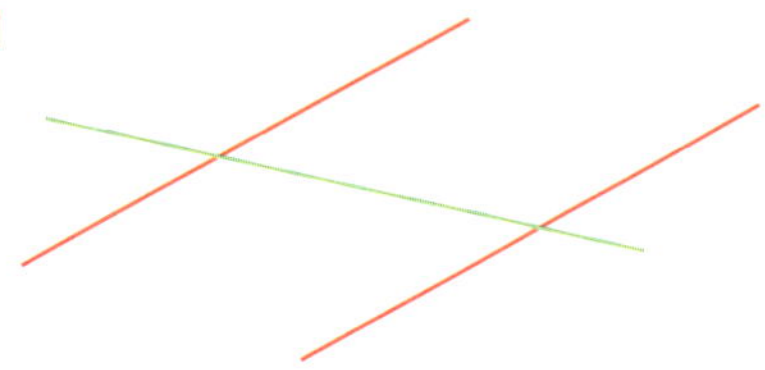

☐ 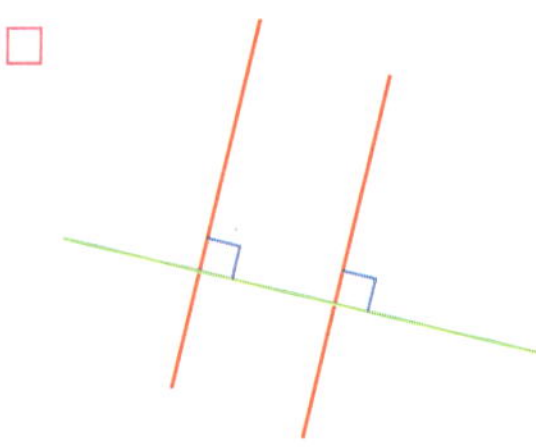

SITUATION

Une commune souhaite réaménager un terrain pour en faire une zone dédiée à la jeunesse.

Il est prévu d'installer sur ce terrain :
– une zone de jeux pour enfants sur la partie PAS ;
– un skate-park en forme de trapèze sur la partie RASC.

Afin de prévoir des revêtements différents, le terrain sera séparé en deux parties avec une ligne de séparation [AS] qui doit être parallèle à (RC) sachant que S appartient à [PC].

On connaît les dimensions suivantes : PR = 48 m ; PA = 30 m ; RC = 36 m ; PC = 60 m.

Malika pense qu'il faut placer S tel que PS = 36 m, Louise le placerait tel que PS = 37,5 m et Hugo le placerait tel que PS = 39 m.

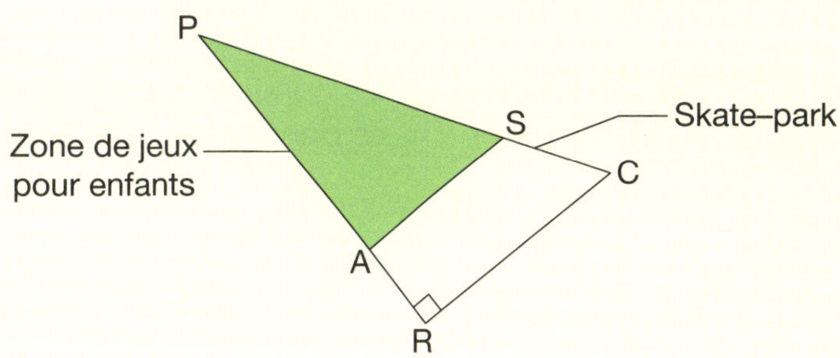

Problématique

Peut-on dire avec certitude qui de Malika, Louise ou Hugo a placé le point S correctement ?

DÉCOUVERTE DE LA RÉCIPROQUE DU THÉORÈME DE THALÈS

Soient (*D*) et (*D′*) deux droites sécantes en A.
Soient B et M deux points de (*D*), distincts de A.
Soient C et N deux points de (*D′*), distincts de A.

Si $\frac{AM}{AB} = \frac{AN}{AC}$ **et si** les points A, B, M et les points A, C, N sont dans le même ordre, **alors** les droites (BC) et (MN) **sont parallèles.**

La construction ci-contre réalisée avec GeoGebra est donnée.
Les droites (MB) et (NC) sont sécantes en A.
Les segments [MN] et [BC] sont tracés.

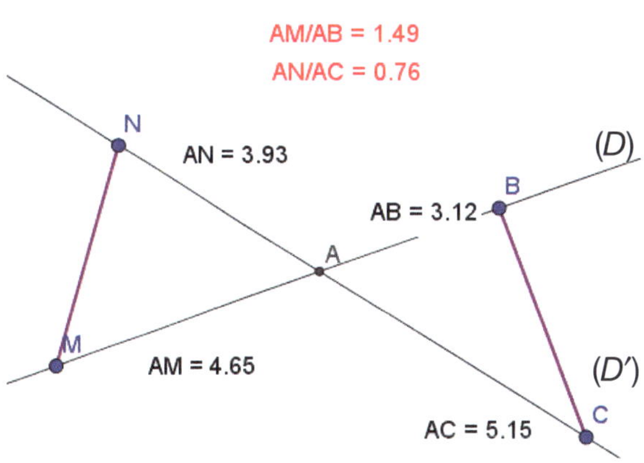

foucherconnect.fr/22mpm69 **Ouvrez** le fichier « **C10_02_reciproque_thales.ggb** ».

1 Raisonner **a. Déplacez** les points M, N, B et C afin que les rapports $\frac{AM}{AB}$ et $\frac{AN}{AC}$ soient égaux.

b. Raisonner Que constatez-vous alors pour les droites (MN) et (BC) ?

....

....

2 Raisonner La figure ci-contre semble remettre en cause cette constatation.

Donnez la précision supplémentaire sur l'emplacement des points M et N pour avoir (MN) // (BC). Pour cela, complétez la phrase suivante :

« Pour avoir (MN) // (BC), il faut que les points M, A et B soient alignés dans le même ordre que les points .... Ce qui n'est pas le cas sur cette figure. On ne peut donc pas appliquer la réciproque du théorème de Thalès. »

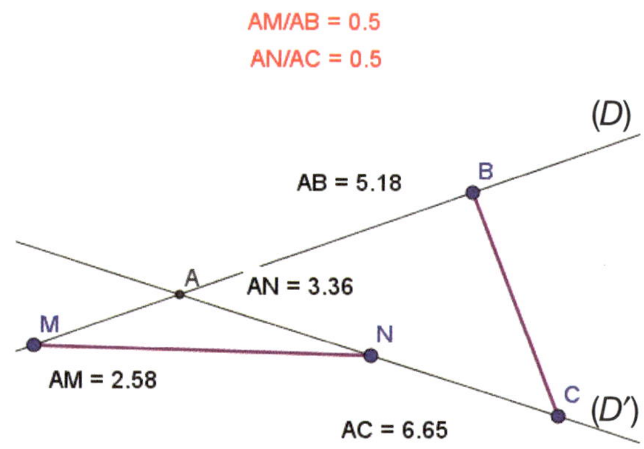

UTILISATION DE LA RÉCIPROQUE DU THÉORÈME DE THALÈS

On appelle S_M le point S s'il est positionné par Malika, respectivement S_L et S_H si le point S est positionné par Louise et Hugo.

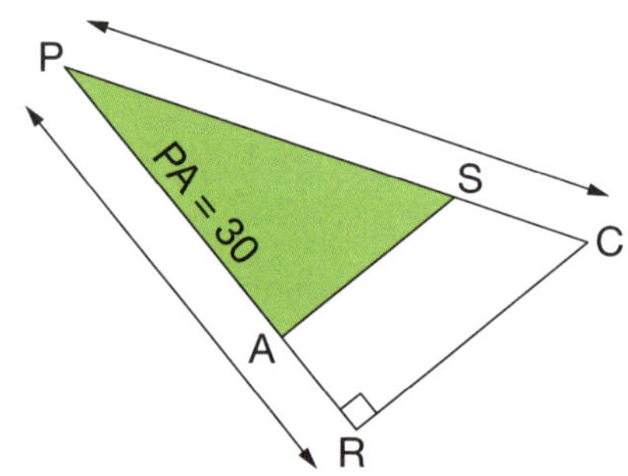

3 Chercher **a. Précisez** l'ordre de l'alignement des points P, A et R par rapport aux points P, S et C.

....

....

....

b. Modéliser **Déduisez-en** si les conditions sont réunies pour utiliser la réciproque du théorème de Thalès dans le triangle PRC.

....

....

....

4 Calculer **a.** Placez sur le schéma les dimensions connues.

b. Calculez le rapport $\frac{PA}{PR}$.

....

....

c. Calculez les rapports suivants : $\frac{PS_M}{PC} = \frac{......}{......} = ...$; $\frac{PS_L}{PC} = \frac{......}{......} = ...$; $\frac{PS_H}{PC} = \frac{......}{......} = ...$.

EN CONCLUSION

5 Communiquer **Répondez** à la problématique.

....

....

....

....

L'essentiel

Théorème de Pythagore et réciproque

- Énoncé du **théorème de Pythagore** : dans un triangle rectangle, le carré de l'hypoténuse est égal à la somme des carrés des côtés qui forment l'angle droit.

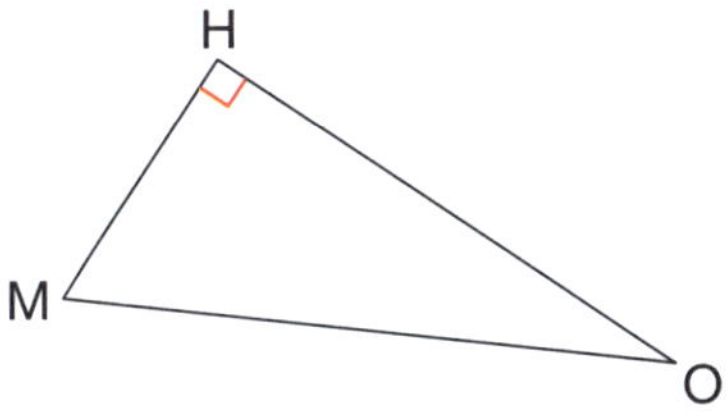

Exemple

Le triangle OHM est rectangle en H.
Le théorème de Pythagore permet d'écrire $MO^2 = MH^2 + HO^2$.

- Énoncé de la **réciproque du théorème de Pythagore** : **si**, dans un triangle, le carré de la longueur du côté le plus grand est égal à la somme des carrés des longueurs des deux autres côtés, **alors** le triangle est rectangle.

Exemple

Soit le triangle CTI suivant :

$$\left.\begin{aligned} TC^2 &= 13^2 = 169 \\ TI^2 + CI^2 &= 12^2 + 5^2 = 169 \end{aligned}\right\} \text{ soit } TC^2 = TI^2 + CI^2.$$

La réciproque du théorème de Pythagore s'applique. Donc, le triangle CTI est rectangle en I.

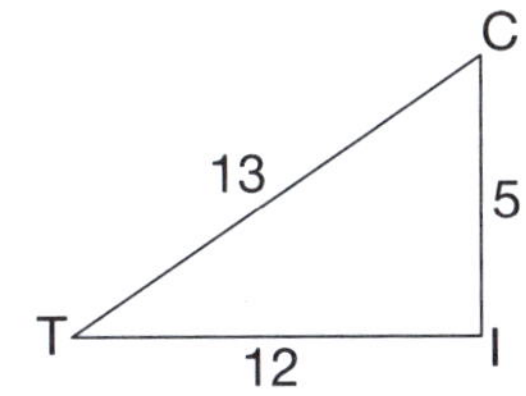

Théorème de Thalès et réciproque

- Énoncé du **théorème de Thalès** :
  - Soient (*D*) et (*D′*) deux droites sécantes en A.
  - Soient B et M deux points de (*D*), distincts de A.
  - Soient C et N deux points de (*D′*), distincts de A.

Si les droites (BC) et (MN) sont **parallèles alors** $\dfrac{AM}{AB} = \dfrac{AN}{AC} = \dfrac{MN}{BC}$

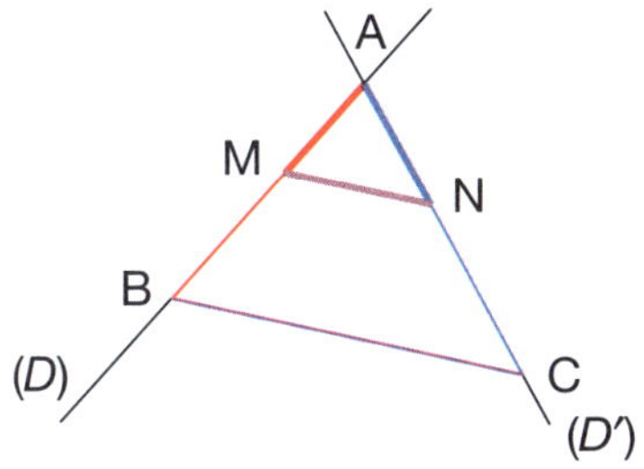

Exemple

Nous avons ci-contre deux configurations où (BC) est parallèle à (MN). Dans les deux cas, on mesure les longueurs :

AB = 10 ; AM = 6. Donc $\dfrac{AM}{AB} = \dfrac{6}{10} = 0{,}6$.

Puisque (BC) est parallèle à (MN), alors d'après le théorème de Thalès $\dfrac{AN}{AC} = 0{,}6$; $\dfrac{MN}{BC} = 0{,}6$.

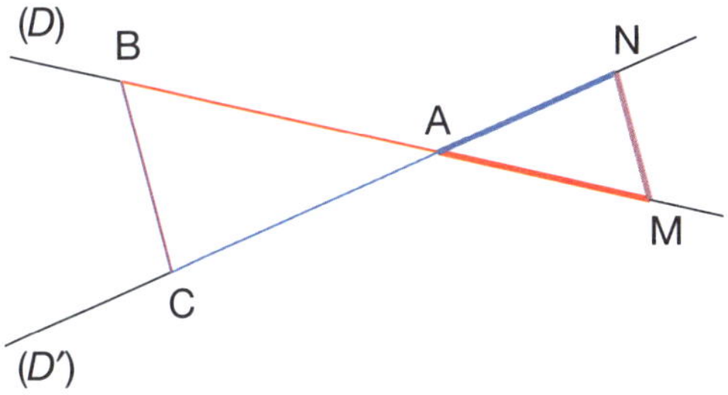

- Énoncé de la **réciproque du théorème de Thalès** :
  - Soient (*D*) et (*D'*) deux droites sécantes en A.
  - Soient B et M deux points de (*D*), distincts de A.
  - Soient C et N deux points de (*D′*), distincts de A.

Si $\dfrac{AM}{AB} = \dfrac{AN}{AC}$ **et si** les points A, B, M et les points A, C, N sont dans le même ordre, **alors** les droites (BC) et (MN) **sont parallèles**.

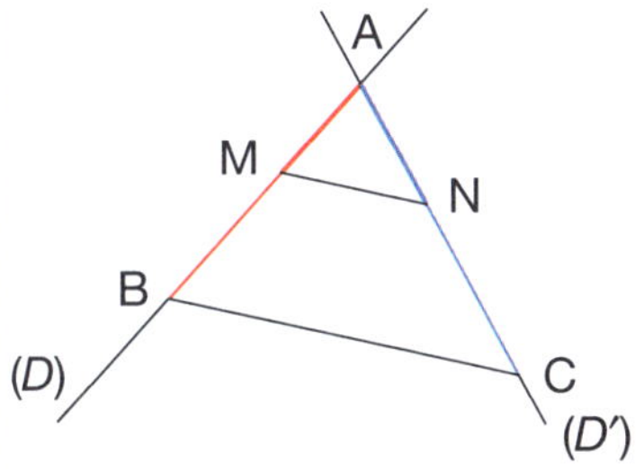

Exemple

Soit la configuration suivante avec :

AB = 12 ; AM = 3 ; AC = 16 ; AN = 4.

$$\left.\begin{aligned} \frac{AM}{AB} &= \frac{3}{12} = 0{,}25 \\ \frac{AN}{AC} &= \frac{4}{16} = 0{,}25 \end{aligned}\right\} \text{ donc } \frac{AM}{AB} = \frac{AN}{AC}$$

Les rapports sont égaux et les points A, M et B sont dans le même ordre que les points A, N et C. Donc les droites (BC) et (MN) sont parallèles.

VÉRIFIER SES ACQUIS
foucherconnect.fr/22mpm70

Exercices

AUTOMATISMES

Sans calculatrice ni brouillon, répondez aux 2 questions du rituel indiqué par votre professeur.

Rituel 1 (2')

1. Calculez, en m², l'aire d'un terrain de jeux rectangulaire tel que la longueur mesure 150 m et la largeur 50 m.

....

2. Exprimez les nombres décimaux suivants sous forme d'un pourcentage.

0,4 = ... ; 0,172 = ... ; 0,64 = ...

Rituel 2 (2')

1. Factorisez $x^2 - 81$.

....

2. Il y a 45 % de matière grasse dans le gruyère. Calculez la quantité de matière grasse dans un morceau de 200 g.

....

Rituel 3 (2')

1. Convertissez 3,65 h en heures et minutes.

....

....

2. Rangez les fractions suivantes dans l'ordre croissant : $\frac{3}{4}$; $\frac{1}{2}$; $\frac{1}{3}$; $\frac{3}{8}$.

....

Rituel 4 (2')

1. On donne la fonction f définie par $f(x) = -3x - 5$. Calculez $f(1)$.

....

2. Indiquez la forme factorisée de $10x^2 - 5x$.

☐ $5x(2x - 1)$ ☐ $-5x(x + 1)$ ☐ $10x(x + 1)$

Utiliser le théorème de Pythagore et sa réciproque

1 * Calculez la valeur manquante dans chacun des cas suivants. Arrondissez les valeurs au dixième.

a.

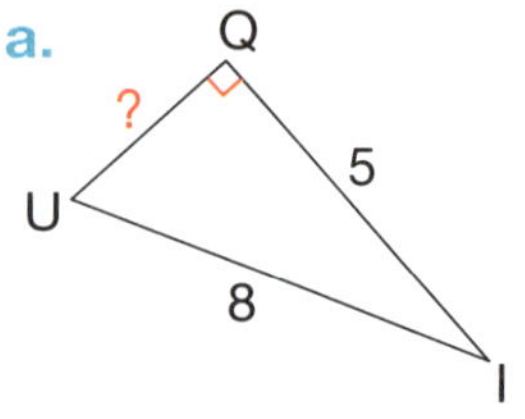

b.

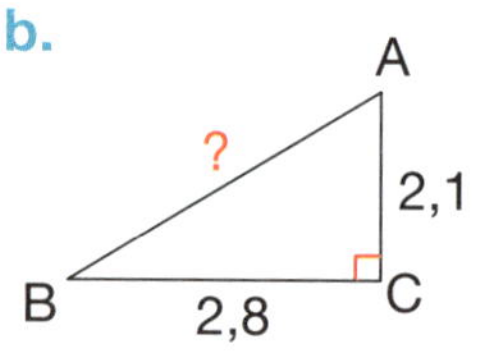

....

....

....

....

2 * Déterminez si les triangles suivants sont rectangles. Justifiez.

a.

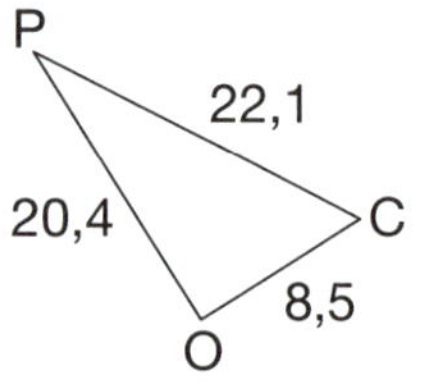

b.

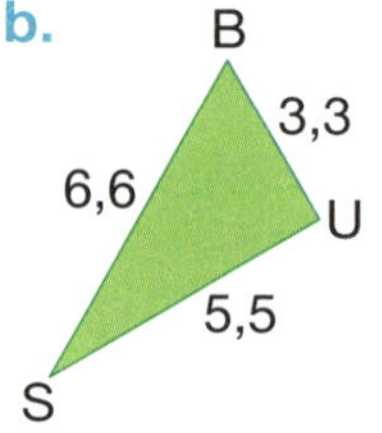

....

....

....

....

....

Utiliser le théorème de Thalès

3 * Pour chaque configuration suivante, les deux droites rouges sont parallèles.
Écrivez le théorème de Thalès pour chaque cas.

a.

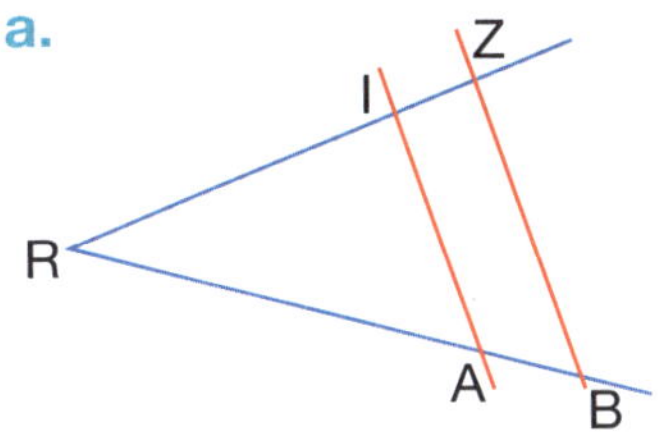

$\frac{\dots}{\dots} = \frac{\dots}{\dots} = \frac{\dots}{\dots}$

b.

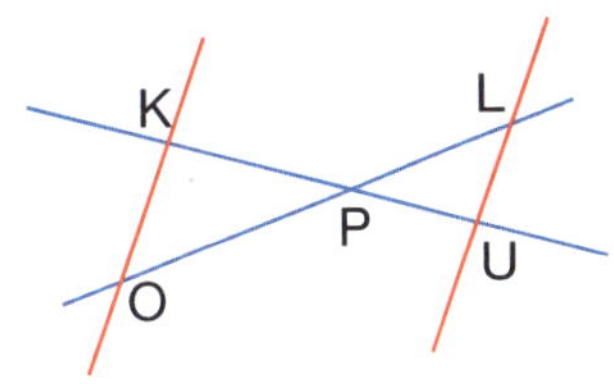

$\frac{\dots}{\dots} = \frac{\dots}{\dots} = \frac{\dots}{\dots}$

4 * Calculez pour chaque configuration la longueur x.

a.

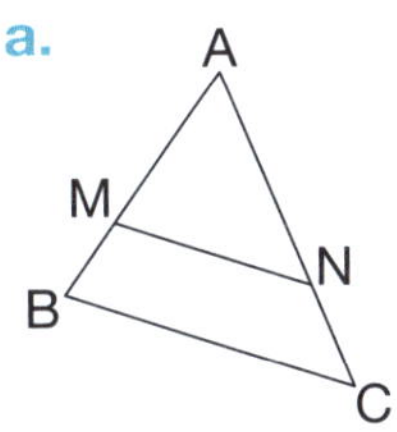

(MN) // (BC)
AM = 10 ; BC = 8
AB = 12 ; MN = x

b.

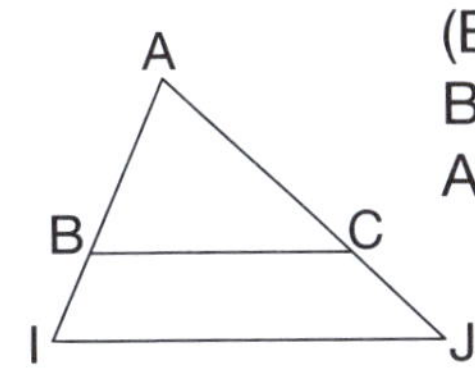

(BC) // (IJ)
BC = 50 ; IJ = 80
AB = 40 ; AI = x

....

....

....

Utiliser la réciproque du théorème de Thalès

5 ** Pour chaque configuration, déterminez si les droites (MN) et (KL) sont parallèles.

a.

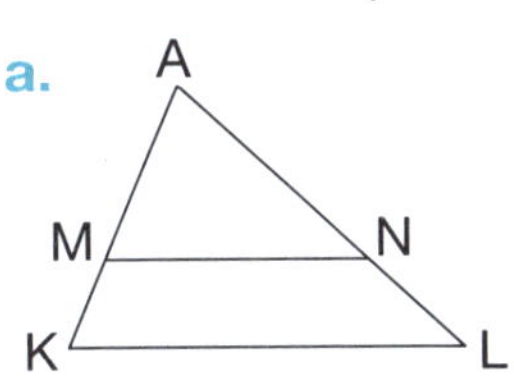

AM = 100 ; AK = 160
AN = 80 ; AL = 128

b.

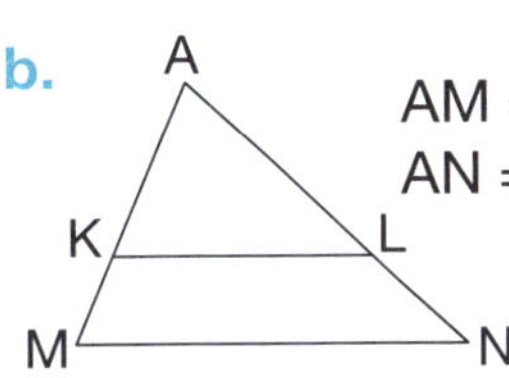

AM = 52 ; AK = 40
AN = 40 ; AL = 30

....

....

....

Autoévaluation **Cochez la bonne réponse parmi les propositions.**

Dans la figure ci-contre, qui n'est pas à l'échelle :
– les points D, P et A sont alignés ;
– les point K, H et A sont alignés.

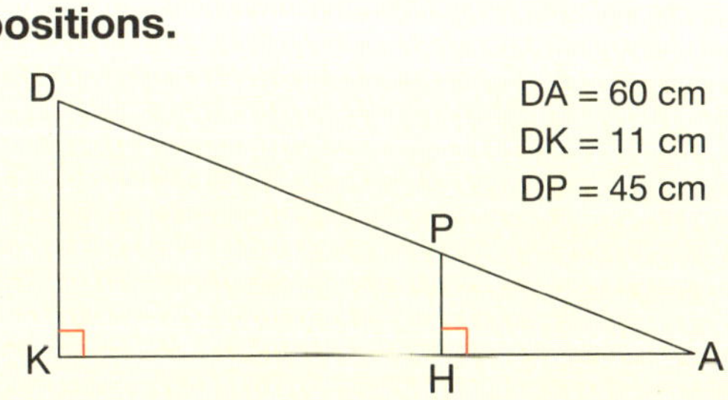

DA = 60 cm
DK = 11 cm
DP = 45 cm

a. Que constatez-vous pour les droites (DK) et (HP) ?
☐ Elles sont parallèles. ☐ Elles sont perpendiculaires.
☐ Elles sont sécantes.

b. Pouvez-vous appliquer le théorème de Thalès ? ☐ Non ☐ Oui

c. Calculez KA au dixième près. ☐ KA ≈ 2,8 cm. ☐ KA ≈ 59,0 cm. ☐ KA ≈ 75,1 cm.

d. Calculez HP au millimètre près. ☐ HP ≈ 2,8 cm. ☐ HP ≈ 46,4 cm. ☐ HP ≈ 75,1 cm.

6 ** La figure ci-contre s'appelle l'escargot de Pythagore.
La figure n'est pas à l'échelle.

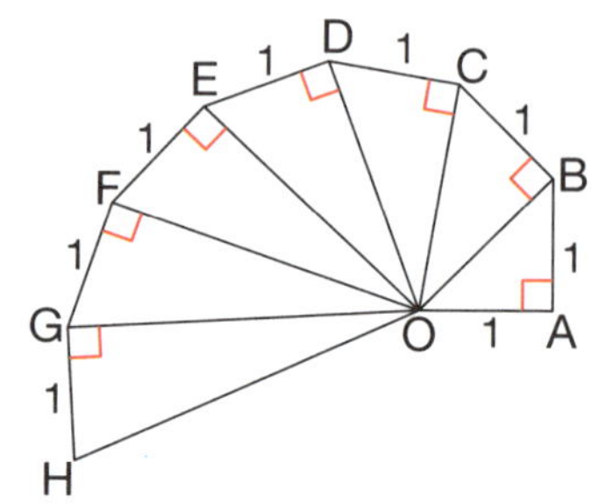

a. Sachant que OA = 1, calculez les longueurs des côtés OB, OC, OD et OE.
Donnez les valeurs exactes et celles arrondies au millième.

b. De la question **a.** déduisez les longueurs des côtés OF, OG et OH.

7 ** Madame Dujardin veut embellir d'une pelouse une partie de son jardin, la partie dessinée en vert, autour de sa terrasse comme indiqué sur le schéma.
ABB′D et ACC′D′ sont deux rectangles.
Pour ce faire, elle a besoin d'évaluer le périmètre et l'aire de la surface verte.

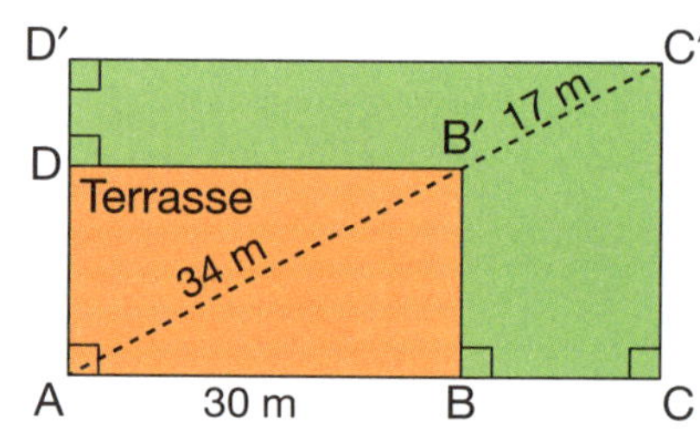

a. Calculez, en mètres, la longueur BB′.

b. Calculez, en mètres, les longueurs CC′ et BC.

c. Déduisez-en la longueur DD′.

d. Donnez le périmètre et l'aire de la surface verte recherchés par madame Dujardin.

8 ** SCRATCH L'objectif est de créer, à l'aide de Scratch, un programme qui calcule la longueur d'un côté d'un triangle rectangle connaissant les deux autres côtés. S'il s'agit de l'hypoténuse on répondra « oui » sinon on répondra « non ».

a. Pour utiliser ce programme, que faut-il obligatoirement vérifier concernant le triangle ?

b. Ce programme fait-il appel au théorème de Pythagore ou à sa réciproque ?

....

....

c. foucherconnect.fr/22mpm71 Ouvrez le fichier « **C10_03_ex08.sb3** » et déplacez les différentes briques pour obtenir un programme qui répond à l'objectif.

d. Vérifiez que votre programme fonctionne avec le triangle rectangle de côtés 3, 4 et 5.

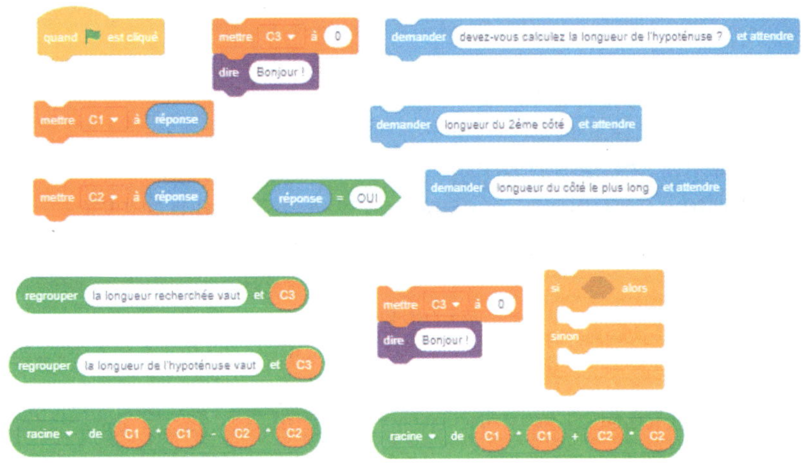

9 ** Prise d'initiative Afin d'alimenter un ballon d'eau chaude, Hakim décide d'installer, sur le mur exposé plein sud, un panneau solaire. Pour cela, il achète deux équerres de fixation sur lesquelles il posera le panneau solaire. Il effectue une recherche sur un site marchand. Il trouve des équerres métalliques de type H.81 × P.60 cm.
Il posera le panneau solaire au niveau de AC.
Est-ce que le support sera adapté sachant que le panneau solaire à une longueur de 1 m ?

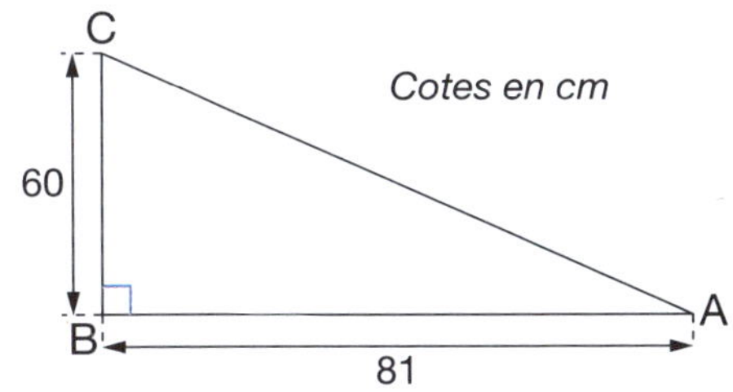

....

....

....

....

10 ** *Le schéma suivant n'est pas à l'échelle.*

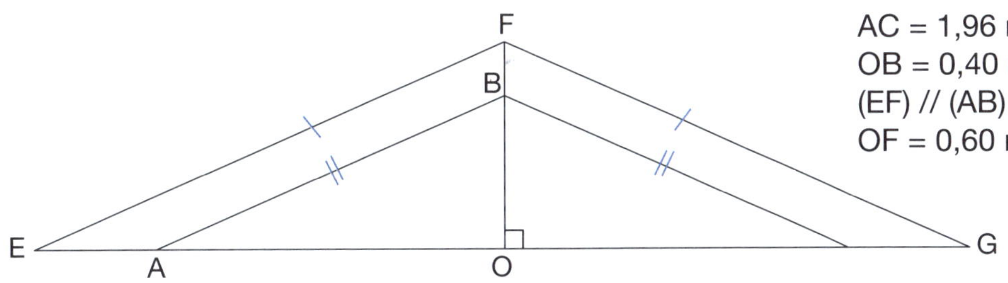

AC = 1,96 m
OB = 0,40 m
(EF) // (AB) et (FG) // (BC)
OF = 0,60 m

Les points E, A, O, C et G sont alignés. Les points O, B et F sont alignés.

a. Déterminez la longueur AO.

....

....

b. Montrez que la longueur AB arrondie au centième est de 1,06 m.

....

....

....

c. Calculez la longueur EF.

....

....

....

Vers les métiers... de la chaudronnerie et de la menuiserie

SITUATION 1

Renforcer la sécurité.

Suite à des intempéries successives, Myriem décide de renforcer la structure d'une charpente métallique. Pour cela, elle doit réaliser deux barres de renforcement en acier pour les positionner au niveau DG et BE de la charpente.

Pour effectuer ses calculs, elle dispose du schéma simplifié de la charpente suivant.

Les longueurs sont indiquées en mètres : GF = 2 m et DE = 4 m.

La barre en acier qu'elle possède mesure 10 m de long.

Myriem aura-t-elle assez d'une barre en acier pour réaliser les barres de renforcement ?

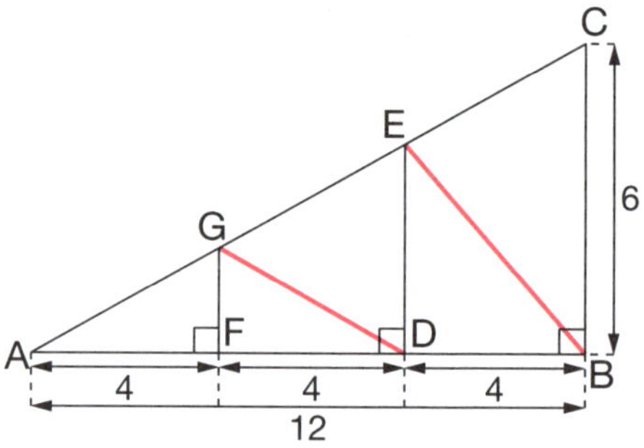

SITUATION 2

La sécurité et l'ergonomie

Nathan reçoit la commande de dessertes en bois représentées ci-contre. Pour des mesures de sécurité, les plateaux représentés par (AB) et (CD) pour la réalisation de cette desserte en bois doivent être parallèles.

La contrainte liée à la sécurité est-elle respectée ?

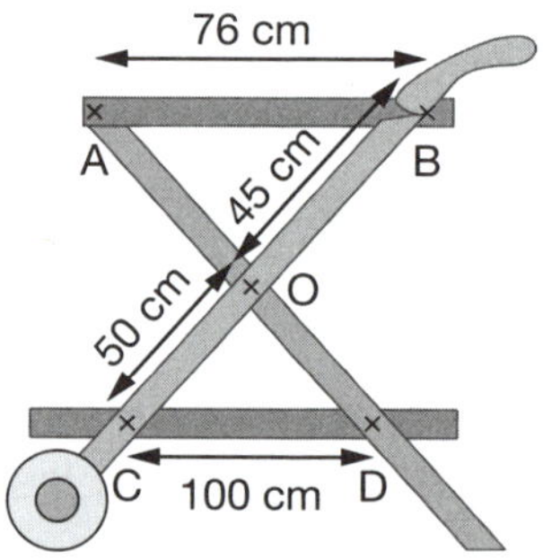

Le dessin n'est pas à l'échelle

ZOOM MÉTIERS Un grand nombre de métiers utilise les relations dans le triangle rectangle pour calculer des longueurs, vérifier la perpendicularité ou le parallelisme de droites. On peut par exemple citer les menuisiers, les ébénistes ou encore les chaudronniers.

Vers le brevet

Nom : .... Prénom : ....

Classe : .... Date : ....

Exercice 1

Représenter On donne : AB = 40 mm ; AM = 30 mm ; AC = 50 mm ; AN = 37,5 mm.
Les droites (MN) et (AB) sont-elles parallèles ?

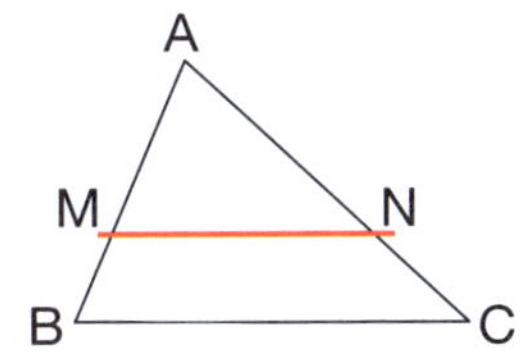

Exercice 2

Calculer Communiquer Max a posé une étagère de 20 cm de profondeur sur un mur parfaitement vertical. Il a vérifié ses mesures et a établi le schéma ci-contre.
Son étagère est-elle parfaitement horizontale ?

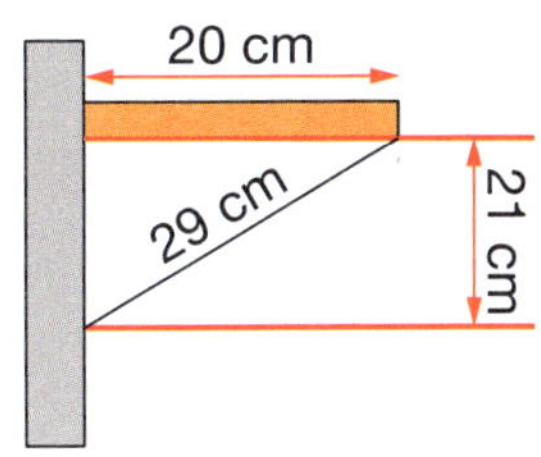

Exercice 3

Sur la figure ci-contre, ABCD est un rectangle.
(EG) // (AB).

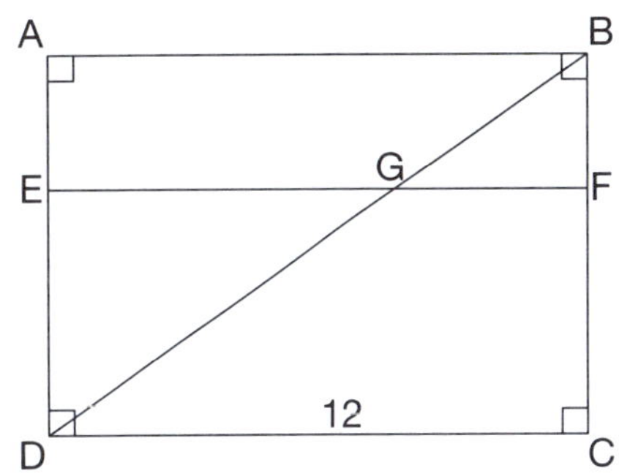

BC = 7
CF = 5

a. Chercher Identifiez des triangles pour lesquels le théorème de Pythagore peut s'appliquer.

b. Calculer Calculez la longueur BD. Arrondissez au dixième.

c. Chercher Identifiez des triangles pour lesquels le théorème de Thalès peut s'appliquer.

d. Calculer Calculez la longueur DG. Arrondissez au dixième.

Exercice 4

Pour régler les feux de croisement d'une automobile, on la place à 3 m d'un mur vertical sur un sol horizontal. Sur le croquis suivant, P désigne un phare de véhicule. Il est à 0,6 m du sol. En l'absence de mur, le rayon lumineux émis par le phare, atteindrait le sol en un point M. Il rencontre le mur en B. La distance HM est la portée du feu de croisement.

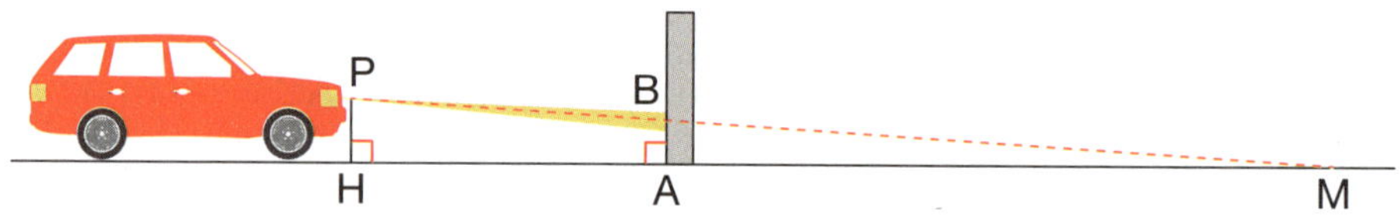

Consignes de sécurité

On admet que cette portée doit, à la fois, être :

– d'au moins 30 mètres, afin d'éclairer suffisamment loin ;

– d'au plus 45 mètres, pour ne pas éblouir les autres automobilistes.

Le rayon lumineux atteint le mur en B à une hauteur de 51 cm du sol.

Les feux de croisement de l'automobile nécessitent-ils un réglage ?

a. Chercher Complétez en utilisant les données de l'énoncé : HP = ... m ; HA = ... m.

b. Raisonner Que peut-on dire des droites (AB) et (HP) ? ....

....

c. Raisonner Calculer Dans le cas où HM = 30 m, calculez AM, puis AB.

....

....

....

....

d. Raisonner Calculer Dans le cas où HM = 45 m, calculez AM, puis AB.

....

....

....

....

e. Communiquer Concluez sur la nécessité d'un réglage des feux de croisement de l'automobile.

....

Grille d'évaluation foucherconnect.fr/22mpm72

Compétences travaillées	Connaissances et capacités associées	Questions	Appréciation du niveau d'acquisition		
Chercher	• Extraire d'une figure les informations utiles.	3a. 3c. 4a.			
Représenter	• Mettre en relation les données numériques.	1			
Raisonner	• Utiliser un raisonnement logique.	4b. 4c. 4d.			
Calculer	• Utiliser la réciproque du théorème de Pythagore. • Utiliser le théorème de Pythagore. • Utiliser le théorème de Thalès.	2 3b. 3d. 4c. 4d.			
Communiquer	• Rédiger et justifier ses réponses.	2 4e.			

CHAPITRE 11

Trigonométrie dans le triangle rectangle

ACTIVITÉ PRÉPARATOIRE
foucherconnect.fr/22mpm43

Activité 1 Découvrir les rapports trigonométriques

Question flash

Complétez les phrases suivantes.

- Un angle aigu est un angle dont la mesure en degrés est ……………
- Si TRI est un triangle rectangle en T, alors le côté [RI] s'appelle ……………

SITUATION

Il est écrit dans un document technique sur les rampes d'accès aux personnes à mobilité réduite (PMR) qu'il y a une relation mathématique entre la hauteur de la rampe et sa longueur horizontale.
Léa a lu qu'il est conseillé d'avoir une inclinaison à 3°.

Rampe d'accès inclinée à 3° :

Hauteur (cm)	5	10	20	40	50
Longueur (cm)	95	191	383	763	954

Problématique

Le document technique est-il exact ? Existe-t-il d'autres relations liant les côtés d'un triangle rectangle ?

REPÉRAGE DES CÔTÉS D'UN TRIANGLE RECTANGLE

La rampe d'accès est modélisée par le triangle PMR rectangle en R.

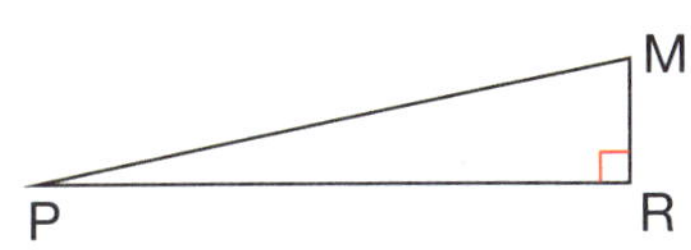

Chaque côté d'un triangle rectangle est nommé en fonction de l'angle considéré.

1 Chercher **a.** **Cherchez** les définitions des mots suivants et **reliez** chaque mot à la bonne définition.

Adjacent	•	•	placé en face de
Hypoténuse	•	•	situé auprès de
Opposé	•	•	côté opposé à l'angle droit d'un triangle rectangle

b. Raisonner **Complétez** les phrases avec le nom du côté correspondant.

- L'hypoténuse est le côté ……………
- Le côté adjacent à l'angle $\widehat{P}$ correspond au côté ……………
- Le côté opposé à l'angle $\widehat{M}$ correspond au côté ……………

c. Raisonner **Rayez** les mentions erronées.

- Le côté MR correspond au côté adjacent/opposé à l'angle $\widehat{M}$.
- Le côté MR correspond au côté adjacent/opposé à l'angle $\widehat{P}$.

TANGENTE D'UN ANGLE AIGU DANS LE TRIANGLE RECTANGLE PMR

$$\text{Tangente d'un angle aigu} = \frac{\text{côté opposé}}{\text{côté adjacent}}$$

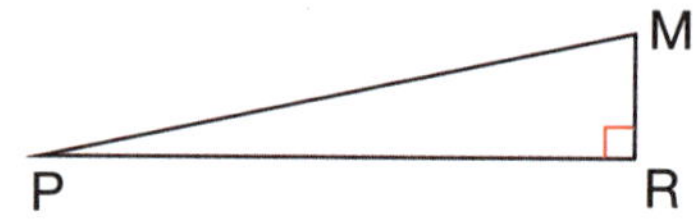

Donc, ici, $\tan \hat{P} = \dfrac{\text{hauteur MR}}{\text{longueur horizontale PR}}$

2 Calculer **a.** **Calculez** les rapports dans chaque colonne du tableau. **Arrondissez**-les au dix millième.

Hauteur (cm)	5	10	20	40	50
Longueur horizontale (cm)	95	191	383	763	954
$\dfrac{\textbf{hauteur}}{\textbf{longueur horizontale}}$	....	....	....	....	....

b. Calculer **Mettez** la calculatrice en mode degrés. **Calculez** à l'aide de la touche (tan), la valeur de tan 3°. **Arrondissez**-la au dix millième.

tan 3° = ...

3 Raisonner Comparez les valeurs obtenues aux questions **a.** et **b.**

....

RELATIONS TRIGONOMÉTRIQUES DANS LE TRIANGLE RECTANGLE

Dans un triangle rectangle, il existe des relations entre les côtés et les angles de ce triangle. On nomme ces relations rapports trigonométriques, car elles s'expriment à l'aide d'un quotient.

Pour déterminer les relations, on utilise le logiciel GeoGebra.

4 Raisonner foucherconnect.fr/22mpm44 **Ouvrez** le fichier « **C11_01_rapports_trigo.ggb** ».

Un triangle ABC rectangle en C est construit. On appelle α l'angle $\widehat{ABC}$.

a. **Déplacez** les points A et B. Que remarquez-vous à propos des rapports de la partie tableur ?

....

b. **Déplacez** le curseur. Est-ce que les rapports de la partie tableur restent constants ?

....

c. À l'aide de la calculatrice, **calculez** les valeurs suivantes. **Arrondissez**-les au centième.

sin 50° = ... ; cos 50° = ... ; tan 50° = ...

d. **Fixez** le curseur sur la valeur 50, puis **comparez** les valeurs du tableau aux valeurs obtenues en **c.**

....

e. **Recommencez** les questions **c.** et **d.** pour d'autres valeurs de α. Les valeurs arrondies de cos α, sin α et tan α sont-elles également identiques pour d'autres valeurs de α ?

....

f. En utilisant les notations AB, BC et AC, **complétez** les égalités suivantes.

$\sin \hat{B} = \dfrac{\dots}{\dots}$; $\cos \hat{B} = \dfrac{\dots}{\dots}$; $\tan \hat{B} = \dfrac{\dots}{\dots}$

EN CONCLUSION

5 Communiquer **Répondez** à la problématique.

....

....

Activité 2 Calculer des angles et des longueurs

Question flash

Le triangle OMP est rectangle en M. Cochez les affirmations exactes.

- ☐ OM est l'hypoténuse.
- ☐ OM est le côté adjacent à l'angle $\hat{P}$.
- ☐ OM est le côté opposé à l'angle $\hat{P}$.
- ☐ OP est l'hypoténuse.
- ☐ MP est le côté adjacent à l'angle $\hat{O}$.
- ☐ MP est le côté opposé à l'angle $\hat{O}$.

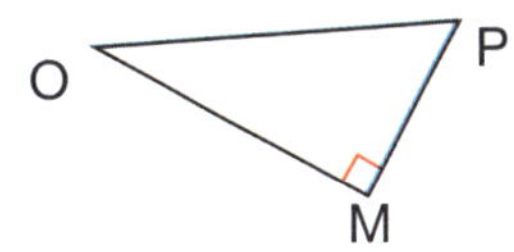

SITUATION

Joachim a lu dans des consignes de sécurité que pour poser une échelle contre un mur il est recommandé que l'angle formé entre le sol et l'échelle soit compris entre 70° et 75°.

Dans un premier temps, il appuie son échelle de 4,30 m de long sur un mur et pose le pied de l'échelle à une distance de 1,30 m du mur. Puis il rapproche l'échelle du mur jusqu'à ce que l'angle formé avec le sol fasse un angle de 75°.

Problématique

Joachim respecte-t-il la consigne lorsqu'il pose l'échelle à 1,30 m du mur ? À quelle distance minimale du mur peut-il poser l'échelle ?

MESURE D'UN ANGLE AIGU DANS UN TRIANGLE RECTANGLE

On se place dans la configuration où le pied de l'échelle est distant de 1,30 m du mur.

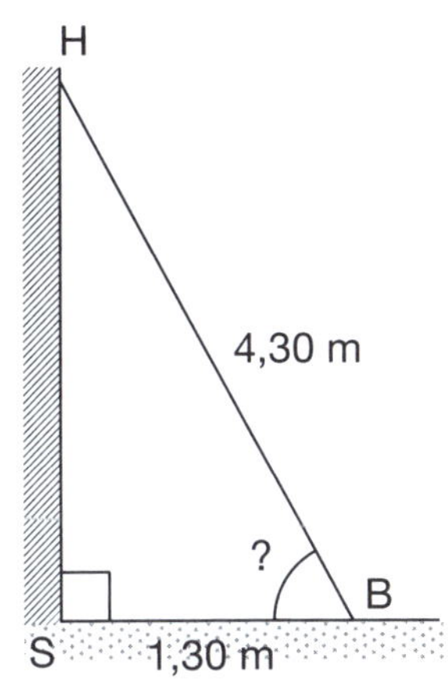

1 Raisonner Le triangle rectangle HSB est rectangle en S.

a. **Cochez** la réponse exacte.

Le côté [SB] est le côté : ☐ opposé ☐ adjacent à l'angle $\hat{B}$.

b. **Identifiez** le rapport trigonométrique de l'angle $\hat{B}$ qui fait intervenir le côté SB et l'hypoténuse HB.

☐ sin $\hat{B}$ ☐ cos $\hat{B}$ ☐ tan $\hat{B}$

2 Calculer On donne SB = 1,30 m et BH = 4,30 m.

a. **Calculez** ce rapport. **Arrondissez** au millième.

.... $\hat{B} = \dfrac{SB}{HB}$ = ... ≈ ....

On trouve la mesure de l'angle $\hat{B}$ à l'aide de la touche Arccos ou $\cos^{-1}$.

Coup de pouce

Touches $\cos^{-1}$ 0 . 5 EXE

Affichage 60

b. **Déterminez** la mesure de l'angle $\hat{B}$ à l'aide de la calculatrice. **Arrondissez** au degré.

$\hat{B}$ ≈ ....

c. La consigne de sécurité est-elle respectée ? ....

MESURE D'UN CÔTÉ DANS UN TRIANGLE RECTANGLE

On se place dans la configuration où l'angle formé par l'échelle avec le sol mesure 75°.

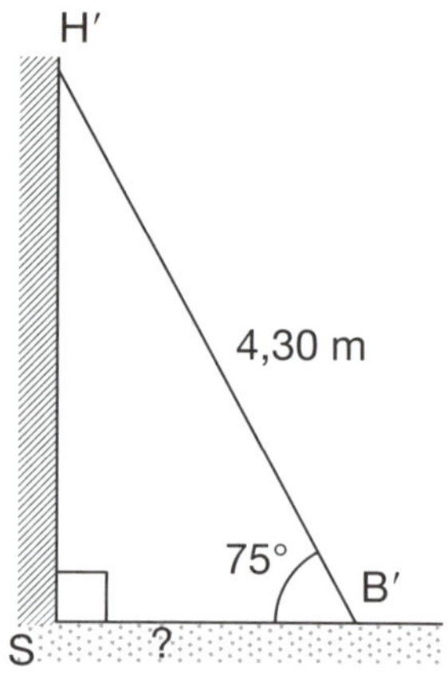

3 Représenter Le triangle rectangle H′SB′ est rectangle en S.

a. **Cochez** la réponse exacte.

Le côté [SB′] est le côté :

☐ opposé à l'angle $\widehat{B'}$ ☐ adjacent à l'angle $\widehat{B'}$.

b. **Identifiez** le rapport trigonométrique de l'angle $\widehat{B'}$ qui fait intervenir le côté SB′ et l'hypoténuse H′B′.

☐ sin $\widehat{B'}$ ☐ cos $\widehat{B'}$ ☐ tan $\widehat{B'}$

4 Calculer On donne $\widehat{B'}$ = 75° et B′H′ = 4,30 m.

a. **Complétez** l'égalité suivante : .... $\widehat{B'} = \dfrac{SB'}{H'B'}$.

b. **Remplacez** $\widehat{B'}$ et H′B′ par leur valeur.

.... $= \dfrac{SB'}{........}$

c. **Complétez** le calcul.

SB′ = ... × .... ≈ ....

5 Valider Communiquer **Interprétez** cette valeur sous la forme d'une phrase par rapport à la situation étudiée.

....

....

....

....

EN CONCLUSION

6 Raisonner Communiquer **Répondez** à la problématique.

....

....

....

....

....

7 Raisonner Communiquer Quel est le risque principal d'approcher davantage l'échelle du mur ?

....

....

....

....

Rapports trigonométriques

● Dans un triangle rectangle :
– l'**hypoténuse** est le côté opposé à l'angle droit ;
– le **côté opposé** à un angle aigu est celui qui lui fait face ;
– le **côté adjacent** à un angle aigu est le côté de l'angle qui n'est pas l'hypoténuse.

Exemple
Soit le triangle ABC ci-contre, rectangle en A.
L'hypoténuse est le côté [BC].
Pour l'angle $\widehat{B}$: [AB] est le côté adjacent ; [AC] est le côté opposé.
Pour l'angle $\widehat{C}$: [AC] est le côté adjacent ; [AB] est le côté opposé.

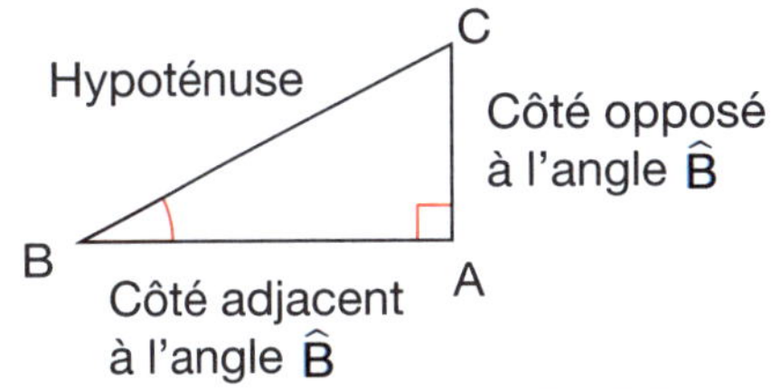

● Dans un triangle rectangle, il existe des relations entre les côtés et les angles de ce triangle. On nomme ces relations « **rapports trigonométriques** ».

sinus d'un angle aigu = $\dfrac{\text{côté opposé à cet angle}}{\text{hypoténuse}}$; **cosinus** d'un angle aigu = $\dfrac{\text{côté adjacent à cet angle}}{\text{hypoténuse}}$;

tangente d'un angle aigu = $\dfrac{\text{côté opposé à cet angle}}{\text{côté adjacent à cet angle}}$.

Exemple
Dans le triangle ABC rectangle en C, on a :
$\sin \widehat{B} = \dfrac{AC}{BA}$; $\cos \widehat{B} = \dfrac{BC}{BA}$; $\tan \widehat{B} = \dfrac{AC}{BC}$

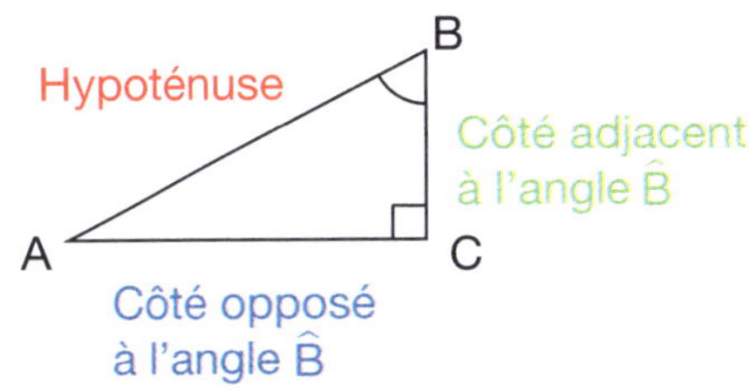

Calculs d'angles et de longueurs

● On peut **calculer la mesure d'un angle aigu** d'un triangle rectangle dès qu'on connaît la longueur de deux des côtés du triangle. On utilise le sinus, le cosinus ou la tangente de l'angle cherché suivant les côtés connus.

Exemple
Dans le triangle rectangle DEF ci-contre, on donne DE = 72 cm et EF = 51 cm.
On cherche la mesure de l'angle $\widehat{E}$.
On connaît l'hypoténuse DE et le côté adjacent EF à l'angle $\widehat{E}$.
On peut donc calculer le cosinus de l'angle $\widehat{E}$. $\cos \widehat{E} = \dfrac{EF}{DE} = \dfrac{51}{72}$.
D'où $\widehat{E} = \arccos\left(\dfrac{51}{72}\right) \approx 45°$.

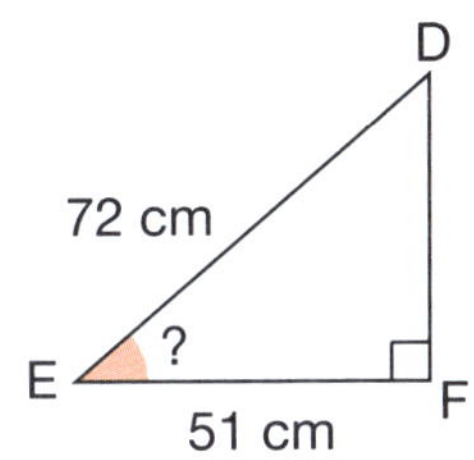

● On peut **calculer la mesure d'un côté** d'un triangle rectangle dès qu'on connaît la longueur d'un autre côté et la mesure d'un angle aigu. On utilise la définition du sinus, du cosinus ou de la tangente de l'angle donné suivant le côté connu et le côté cherché.

Exemple
Dans le triangle rectangle DEF ci-contre, on donne DE = 6 cm et $\widehat{E}$ = 58°.
On cherche la longueur DF. Le côté DF est le côté opposé à l'angle $\widehat{E}$.
On connaît l'hypoténuse DE.
On peut donc utiliser le sinus de l'angle $\widehat{E}$: $\sin \widehat{E} = \dfrac{DF}{DE} = \dfrac{DF}{6}$.
D'où DF = 6 × sin 58° ≈ 5,1 cm.

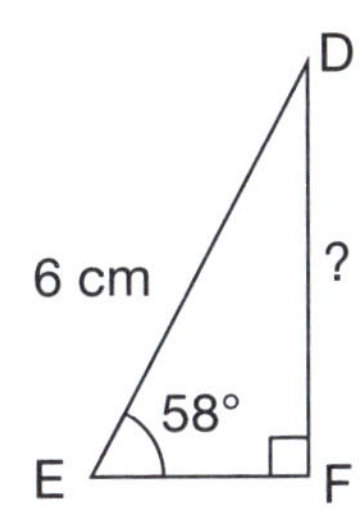

VÉRIFIER SES ACQUIS
foucherconnect.fr/22mpm45

Exercices

AUTOMATISMES

Sans calculatrice ni brouillon, répondez aux 2 questions du rituel indiqué par votre professeur.

Rituel 1 (2')

1. L'aire, en cm², du triangle ci-contre est égale à :
☐ 40 ☐ 24 ☐ 30

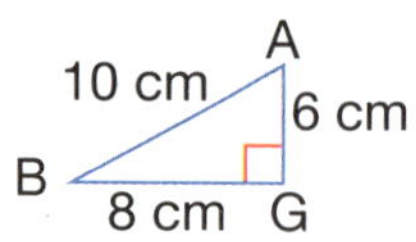

2. Développez, puis réduisez $(x + 1)(x - 2)$.

Rituel 3 (2')

1. À l'aide du codage de la figure,

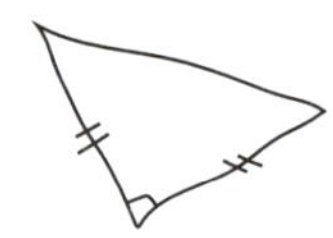

a. donnez la nature du triangle.

b. donnez la mesure des angles de ce triangle.

2. Calculez 3,5 – 6 + 10 – 2,5.

Rituel 2 (2')

1. Soit une fonction *f* telle que l'image de 5 par la fonction *f* est égale à 18. Cochez la réponse exacte :
☐ $f(5) = 18$ ☐ $f(18) = 5$ ☐ $f(x) = 18$

2. Exprimez 3,544 m en dm puis en mm.

Rituel 4 (2')

1. On donne la fonction *f* définie par $f(x) = -3x + 5$. Calculez $f(-1)$.

2. Calculez 20 % de 250.

Découvrir les rapports trigonométriques

1 * Déterminez, à l'aide de la calculatrice, les rapports trigonométriques suivants. Arrondissez les valeurs au millième.

a. cos 45° ≈ .... ; cos 30° ≈ .... ; cos 80° ≈ ....

b. sin 45° ≈ .... ; sin 30° = ... ; sin 80° ≈ ....

c. tan 45° = ... ; tan 30° ≈ .... ; tan 80° ≈ ....

2 * Déterminez, à l'aide de la calculatrice, la mesure des angles aigus suivants. Arrondissez au degré.

a. Si cos $\widehat{A} = 0{,}31$, alors $\widehat{A} \approx$ .... ; si cos $\widehat{B} = 0{,}81$, alors $\widehat{B} \approx$ ....

b. Si sin $\widehat{C} = 0{,}4$, alors $\widehat{C} \approx$ .... ; si sin $\widehat{D} = 0{,}918$, alors $\widehat{D} \approx$ ....

c. Si tan $\widehat{E} = 1{,}5$, alors $\widehat{E} \approx$ .... ; si tan $\widehat{F} = 0{,}5$, alors $\widehat{F} \approx$ ....

3 * Le triangle RTF est rectangle en R.

a. Nommez son hypoténuse. ....

b. Nommez le côté opposé à l'angle $\widehat{T}$. .... Nommez le côté adjacent à l'angle $\widehat{T}$. ....

c. Nommez le côté opposé à l'angle $\widehat{F}$. .... Nommez le côté adjacent à l'angle $\widehat{F}$. ....

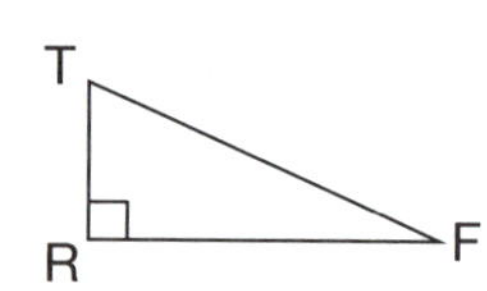

4 ** Le triangle PAS est rectangle en P.

Complétez les égalités suivantes à l'aide des longueurs AP, AS et PS.

cos $\widehat{A}$ = ... ; sin $\widehat{A}$ = ... ; tan $\widehat{A}$ = ...

cos $\widehat{S}$ = ... ; sin $\widehat{S}$ = ... ; tan $\widehat{S}$ = ...

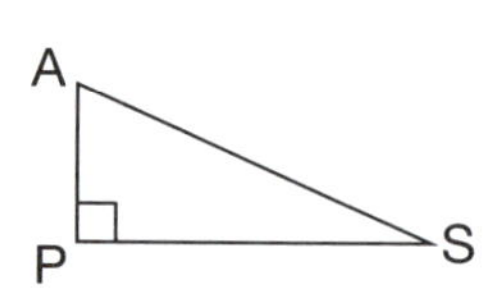

Calculer des angles et des longueurs

5 ** Le triangle BCD est rectangle en C. On donne CD = 4,1 cm et BD = 6,5 cm.

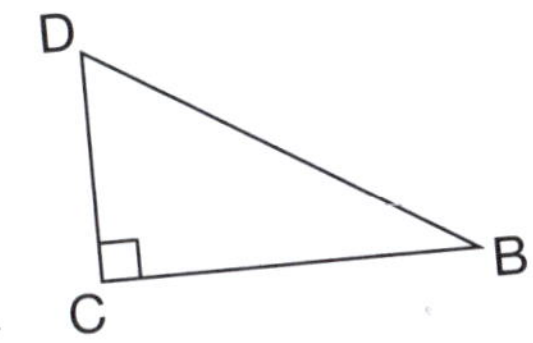

a. Quel rapport trigonométrique de l'angle $\hat{B}$ peut-on calculer avec CD et BD ?

☐ sin $\hat{B}$ ☐ cos $\hat{B}$ ☐ tan $\hat{B}$

b. Calculez ce rapport. Arrondissez au centième. ....

c. Déterminez la mesure arrondie au degré de l'angle $\hat{B}$. ....

d. Déduisez-en la mesure de l'angle $\hat{D}$. ....

e. Déterminez avec la calculatrice cos $\hat{D}$. ....

f. Vérifiez que sin $\hat{B}$ = cos $\hat{D}$. ....

6 * Le triangle CDE est rectangle en D. On donne CD = 2,7 cm et $\hat{C}$ = 35°.

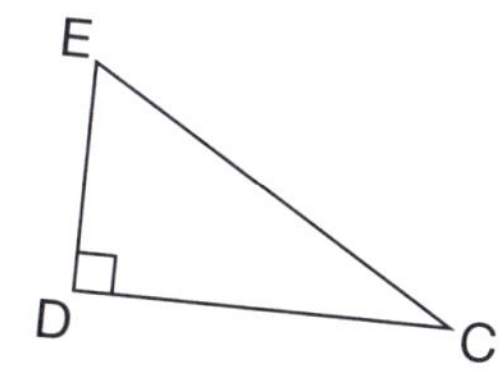

a. Quel rapport trigonométrique de l'angle $\hat{C}$ peut-on calculer avec CD et CE ?

☐ sin $\hat{C}$ ☐ cos $\hat{C}$ ☐ tan $\hat{C}$

b. Calculez CE. ....

....

7 * On appelle la pente d'un plan incliné ayant une inclinaison α le rapport $\frac{\text{dénivelé}}{\text{distance horizontale}}$.

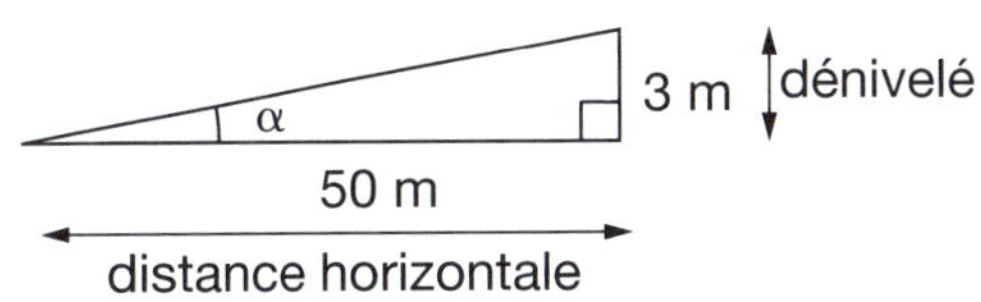

Elle s'exprime souvent en pourcentage. D'après l'exemple, pente = $\frac{3}{50}$ = 0,06, soit une pente de 6 %.

a. À quel rapport trigonométrique, la pente correspond-elle ?

....

b. Au pied d'une piste olympique de ski, si on se déplace de 10 m horizontalement, la piste s'élève de 19 m. Calculez la pente de cette piste.

....

c. Déterminez son inclinaison.

....

Autoévaluation **Cochez la bonne réponse parmi les trois propositions.**

Le triangle BEG est rectangle en E. On donne GE = 5,7 cm et $\hat{B}$ = 78°. Au besoin, faites une figure.

a. Quel rapport trigonométrique de l'angle $\hat{B}$ fait intervenir GE et BE ?

☐ sin $\hat{B}$ ☐ cos $\hat{B}$ ☐ tan $\hat{B}$

b. Calculez BE.

☐ BE = $\frac{5,7}{\sin 78°} \approx 5,83$ cm. ☐ BE = $\frac{5,7}{\cos 78°} \approx 27,42$ cm. ☐ BE = $\frac{5,7}{\tan 78°} \approx 1,21$ cm.

c. Calculez, sans utiliser le théorème de Pythagore, l'hypoténuse BG.

☐ BG ≈ 5,83 cm. ☐ BG ≈ 27,42 cm. ☐ BG ≈ 1,21 cm.

Problèmes

8 ** Ce panneau routier indique une descente dont la pente est de 10 %. Cela signifie que pour un déplacement horizontal de 100 m, le dénivelé est de 10 m.

Le schéma ci-dessous n'est pas à l'échelle.

a. Déterminez la mesure de l'angle $\widehat{BCA}$ que fait la route avec l'horizontale. Arrondissez la réponse au degré.

b. Dans certains pays, il arrive parfois que la pente d'une route ne soit pas donnée par un pourcentage, mais par une indication telle que « 1 : 5 ». Cela veut alors dire que pour un déplacement horizontal de 5 m, le dénivelé est de 1 m.

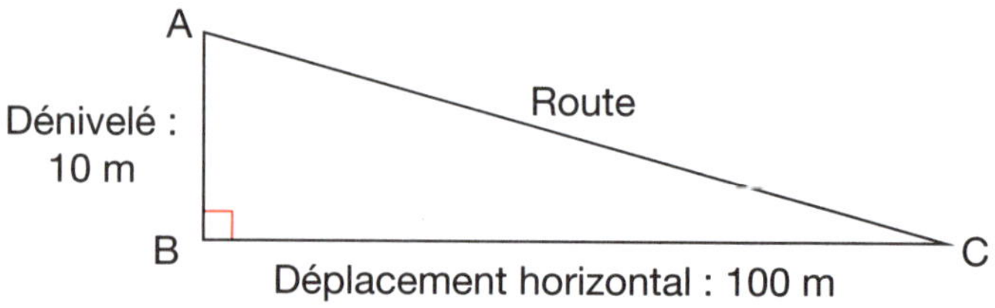

Lequel des deux panneaux ci-contre indique la pente la plus forte ?

9 *** Un avion arrive non loin d'un aéroport. Le radar de la tour de contrôle émet un signal bref en direction de l'avion.

Le signal effectue un aller-retour : il atteint l'avion et revient au radar 0,000 3 seconde après son émission.

a. Le signal est émis à la vitesse de 300 000 km par seconde. Vérifiez qu'à cet instant l'avion se trouve à 45 kilomètres du radar de la tour de contrôle.

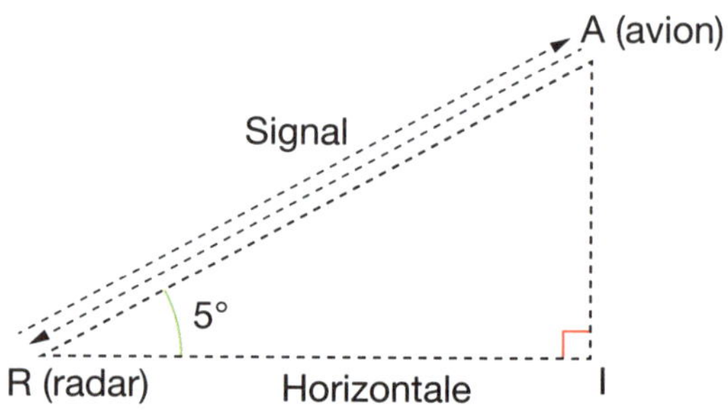

Coup de pouce On rappelle : $d = v \times t$

b. La direction radar-avion fait un angle de 5° avec l'horizontale.
Calculez alors l'altitude de l'avion à cet instant. Arrondissez à la centaine de mètres près.
On néglige la hauteur de la tour de contrôle.

Coup de pouce L'altitude correspond à la distance AI du schéma.

10 ✱✱✱ **Prise d'initiative**

Hugo, Léa et Slimane observent les trois figures suivantes et s'interrogent sur la possibilité de calculer le cosinus de l'angle $\widehat{BAC}$.

Hugo affirme : « On ne peut écrire $\cos \widehat{BAC} = \dfrac{AB}{AC}$ que sur les figures ① et ③. »

①

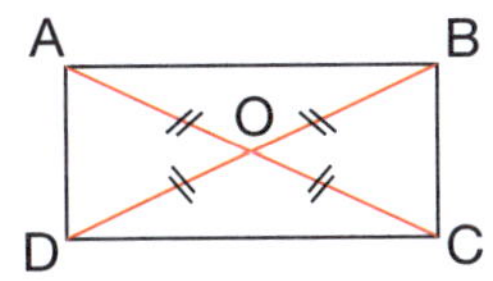

②

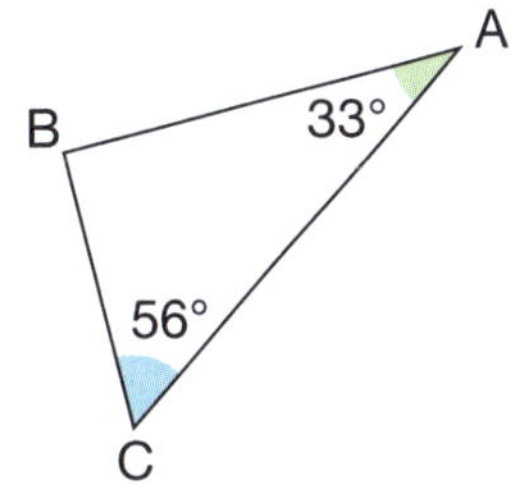

③

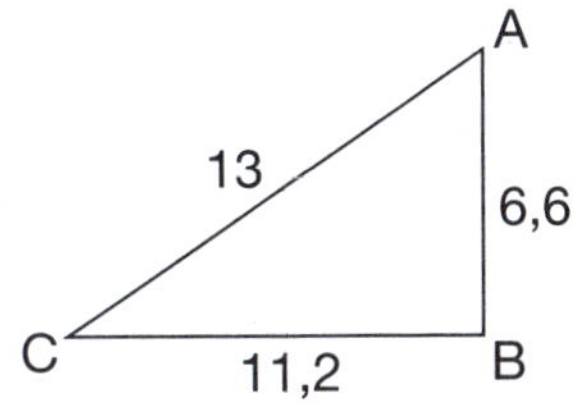

Léa, elle, assure : « On peut calculer $\cos \widehat{BAC}$ dans ces trois figures. »

Quant à Slimane, il soutient : « On ne peut pas calculer $\cos \widehat{BAC}$ pour les figures ① et ②. »

Qui de Hugo, Léa ou Slimane a raison ? Justifiez votre réponse.

11 ✱✱✱ Le plan cadastral d'une ville qui recense les parcelles et leurs délimitations donne, pour une parcelle rectangulaire, une aire de 4 000 m².

Le centre de la parcelle est bien identifié. Avant de préparer le terrain pour y réaliser la construction d'un bâtiment, Sabrina doit vérifier que l'aire du terrain correspond bien à celle du cadastre. Pour cela, elle se place au centre O du terrain rectangulaire ABCD. Elle prend deux mesures : AC = 90 m et $\widehat{AOB} = 100°$.
Un écart de 0,5 % entre l'aire indiquée sur le cadastre et l'aire de la parcelle est acceptable.

a. Représentez la situation par un schéma.

b. On appelle H le pied de la hauteur du triangle AOB issue de O. Déterminez la mesure de l'angle $\widehat{AOH}$.

c. Dans le triangle AOH, calculez les distances AH et OH.

d. Déterminez si les mesures effectuées par Sabrina permettent de confirmer la valeur indiquée par le cadastre.

Vers les métiers... de la construction durable, du bâtiment et des travaux publics

SITUATION

Les ponts à haubans sont constitués de nombreux câbles obliques partant d'un pylône qui supporte le tablier. Cela permet de mieux répartir les forces au niveau des piliers. Sa construction nécessite de faire appel à des conducteurs d'engins, des grutiers, des cimentiers et coffreurs, entre autres métiers.

La figure ci-contre est une schématisation d'un pont à haubans :

– le câble 1 est fixé sur le mât au point B et sur le tablier au point D ;

– le câble 2 est fixé sur le mât au point B et sur le tablier au point C.

Dans cette figure, les proportions ne sont pas respectées.

On donne les mesures suivantes : AD = 62 ; AB = 33 ; BH = 32.

Toutes les longueurs sont exprimées en mètres.

Le but de cet exercice est de déterminer les longueurs des câbles 1 et 2.

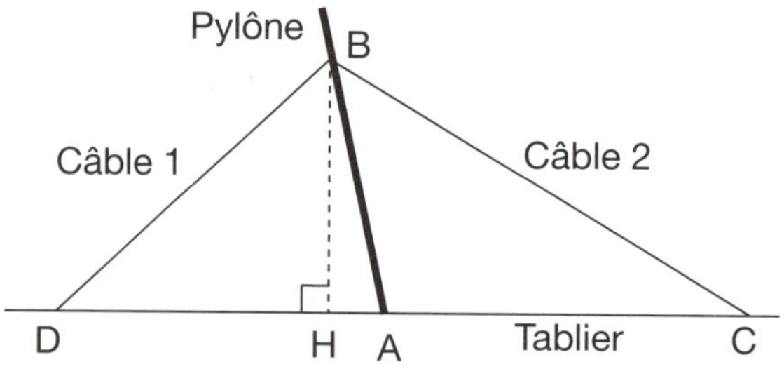

1. Calculez AH, en mètres. Arrondissez au centième.

2. Déduisez-en que DH = 53,94 m (valeur arrondie au centième).

3. Calculez BD, en mètres. Arrondissez au centième.

4. Déterminez la mesure de l'angle $\widehat{BAD}$ dans le triangle rectangle BAH. Arrondissez au degré.

5. On donne $\widehat{BCD} = 18°$. Calculez BC en mètres. Arrondissez au centième.

6. Donnez les longueurs des câbles 1 et 2.

ZOOM MÉTIERS

Un grand nombre de métiers utilise les relations trigonométriques dans le triangle rectangle pour calculer et/ou vérifier des mesures d'angles ou de longueurs : les topographes, les menuisiers, les chaudronniers, les marqueteurs, etc.

Vers le brevet

Nom : .... Prénom : ....

Classe : .... Date : ....

Exercice 1

Représenter Calculer **QCM.** Choisissez la bonne réponse.

a. On sait que $\sin \hat{B} = 0{,}295$. Alors :

☐ $\hat{B} \approx 5°$ ☐ $\hat{B} \approx 73°$ ☐ $\hat{B} \approx 17°$

b. On sait que le triangle GAP est rectangle en A. Alors :

☐ $\sin \widehat{G} = \dfrac{AG}{GP}$ ☐ $\sin \widehat{G} = \dfrac{GP}{AP}$ ☐ $\sin \widehat{G} = \dfrac{AP}{GP}$

c. On sait que le triangle CFT est rectangle en C ; CT = 4,6 cm et CF = 1,6 cm. Alors :

☐ $\hat{T} \approx 19°$ ☐ $\hat{T} \approx 71°$ ☐ On ne peut pas calculer $\hat{T}$.

d. On sait que le triangle BGH est rectangle en H ; $\widehat{G} = 75°$ et BG = 17 m. Alors :

☐ HG ≈ 16,4 m ☐ HG ≈ 4,4 m ☐ On ne peut pas calculer HG.

Exercice 2

Gaspard a effectué trois mesures de distances sur le terrain à l'aide d'un théodolite laser (voir photo ci-contre). Il a tracé à la main le schéma suivant :

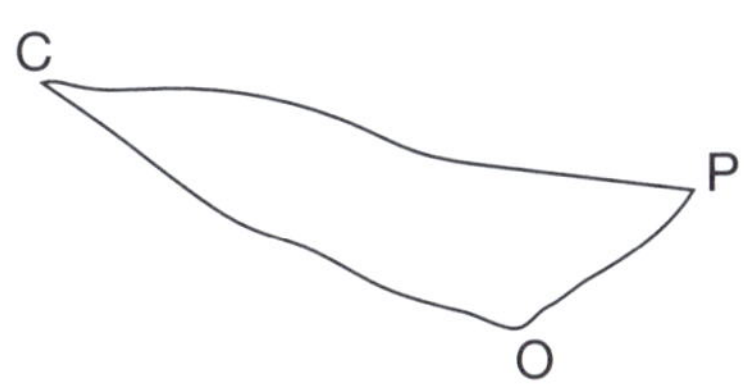

Le triangle POC est tel que PO = 25 m, OC = 60 m et PC = 65 m.

a. Calculer À l'aide de la réciproque du théorème de Pythagore, montrez que le triangle POC est rectangle.

b. Calculer Calculez $\sin \hat{P}$ et $\cos \hat{C}$.

c. Raisonner Communiquer Que constatez-vous ?

d. Calculer Communiquer Peut-on conclure de la question c. que les angles $\hat{P}$ et $\hat{C}$ sont égaux ?

Exercice 3

Le plateau d'une table est représenté sur le schéma ci-dessous par le segment [EF]. Elle est éclairée par un spot lumineux placé en S. La zone éclairée est représentée par le triangle SAB.

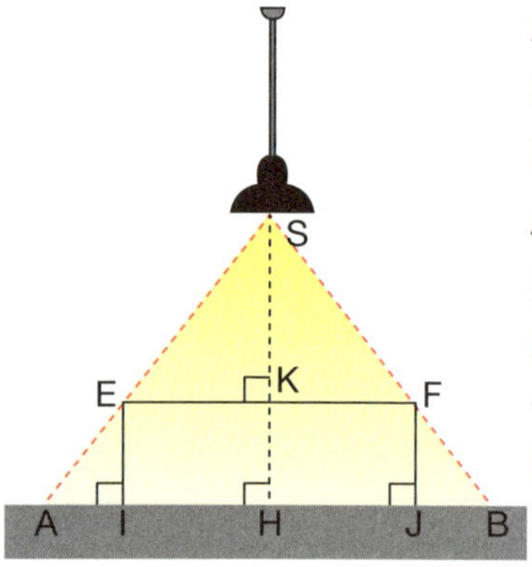

Le schéma n'est pas à l'échelle.

Données :

EI = 0,7 m ; EF = 1,6 m

AI = JB = 28 cm ; SK = 2 m

(SH) est la médiatrice de [EF] et [AB].

La caractéristique technique fournie avec le spot par le fabricant est la suivante : « angle du cône lumineux compris entre 47° et 52° ».

Le fabricant respecte-t-il la caractéristique technique ?

a. Raisonner Calculez, à partir des données, les longueurs AH et SH.

AH = ...

SH = ...

b. Calculer Calculez tan $\widehat{ASH}$ dans le triangle rectangle ASH. Arrondissez la valeur au millième.

....

c. Calculer Déduisez de la question précédente la mesure, en degrés, de l'angle $\widehat{ASH}$. Arrondissez la valeur à l'unité.

....

d. Raisonner Que représente la demi-droite [SH) pour l'angle $\widehat{ASB}$? Pourquoi ?

....

....

e. Raisonner Déduisez des questions **c.** et **d.** la mesure de l'angle $\widehat{ASB}$.

....

f. Raisonner Communiquer Justifiez par une phrase si le fabricant a respecté la caractéristique technique.

....

....

Grille d'évaluation

foucherconnect.fr/22mpm46

Compétences travaillées	Connaissances et capacités associées	Questions	Appréciation du niveau d'acquisition		
			(rouge)	(orange)	(vert)
Représenter	• Dessiner une figure plane.	1			
Raisonner	• Utiliser un raisonnement logique.	2c. 3a. 3d. 3e. 3f.			
Calculer	• Utiliser la réciproque du théorème de Pythagore. • Calculer un rapport trigonométrique. • Utiliser les rapports trigonométriques pour calculer la mesure d'un angle.	2a. 1b. 1d. 2b. 3b. 1a. 1c. 3c.			
Communiquer	• Rédiger et justifier ses réponses.	2c. 2d. 3f.			

CHAPITRE

12 Représentations dans l'espace

ACTIVITÉ PRÉPARATOIRE
foucherconnect.fr/22mpm21

Activité 1 Représenter l'espace

Question flash Parmi les trois solides usuels représentés ci-dessous, cochez le pavé droit.

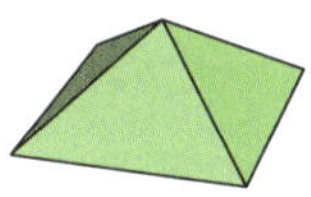 ☐

 ☐

 ☐

SITUATION

Le solide ABCDEFGH est un pavé droit. M est un point de l'arête [AB].
On donne EF = 4 cm, FG = 2 cm, AE = 3 cm.
Une fourmi est positionnée au point E et souhaite attraper une miette qui est au point C. Plusieurs trajets sont possibles pour aller de E à C, en particulier le trajet noir et le trajet rouge.

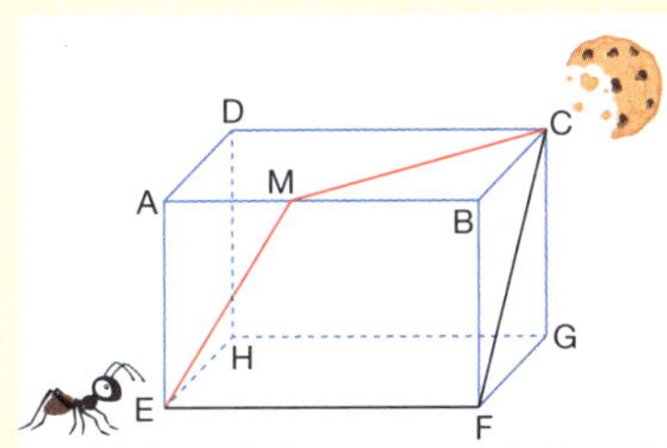

Problématique

De ces deux trajets, lequel est le plus court ?

PERSPECTIVE CAVALIÈRE

Le pavé ABCDEFGH est représenté ci-contre en perspective cavalière.

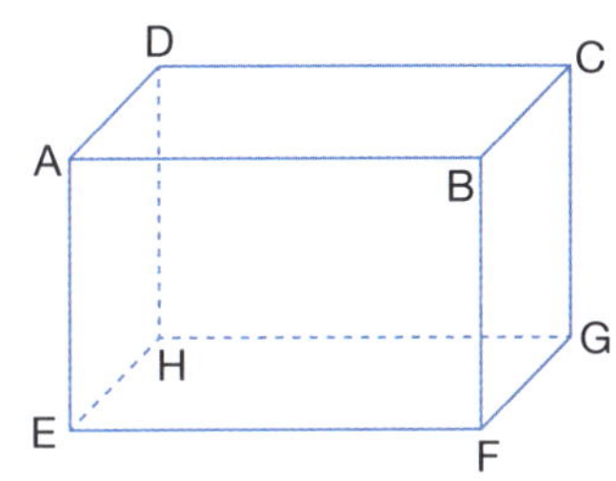

1 Représenter **Cochez** la réponse exacte.
En perspective cavalière, les arêtes cachées :
☐ ne sont pas dessinées ☐ sont dessinées en pointillé
☐ sont dessinées en trait plein.

2 Représenter Dans un pavé droit, les faces sont des rectangles (ou des carrés).
Les angles $\widehat{ABF}$, $\widehat{DAB}$, $\widehat{CBF}$, $\widehat{DHG}$, par exemple, sont donc des angles droits (90°).

a. **Donnez**, parmi ces 4 angles, ceux qui mesurent 90° sur le dessin. ....

b. **Cochez** la réponse exacte pour dire quand un angle droit doit être dessiné droit :
☐ lorsqu'il est en vue frontale ☐ lorsqu'il est vu de profil.

COORDONNÉES DANS L'ESPACE

foucherconnect.fr/22mpm22 **Ouvrez** le fichier « **C12_01_repere.ggb** ».

On peut se servir du pavé droit ABCDEFGH pour définir un repère dans l'espace.
On prend par exemple le point E comme **origine**, la droite (EF) comme axe des **abscisses**, la droite (EH) comme axe des **ordonnées** et la droite (EA) comme axe des **altitudes**.

Le point B a pour coordonnées (4 ; 0 ; 3) où 4 est l'abscisse, 0 l'ordonnée et 3 l'altitude. Les coordonnées doivent être écrites dans cet ordre.

3 Représenter **a. Donnez** les coordonnées des points A, C et H.

....

b. Placez le point K de coordonnées (1 ; 2 ; 3). **Utilisez** l'outil [•A].

PATRON D'UN PAVÉ DROIT

Un **patron d'un solide** est une surface plane qui, après **pliage**, permet d'obtenir ce solide.

Le dessin ci-contre est un patron du pavé ABCDEFGH.
Seules les faces teintées sont utiles dans cette partie.

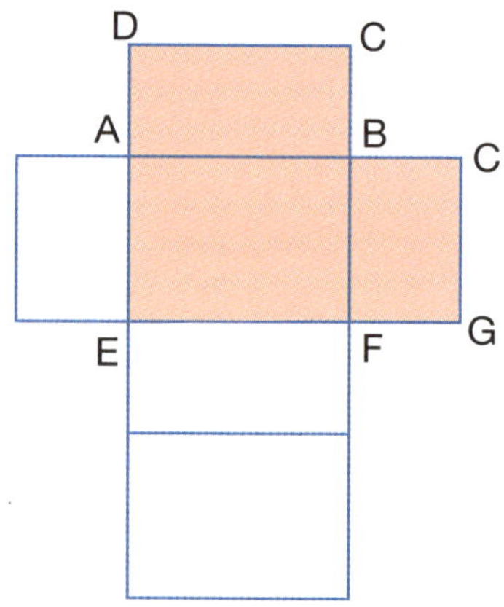

4 Raisonner **a. Expliquez** pourquoi le point C est marqué deux fois sur ce patron.

....

....

b. Représenter **Tracez** sur ce patron le trajet noir donné dans la situation.

5 Raisonner **a.** D'après ce patron, quel est le plus court chemin pour aller de E à C en coupant le segment [AB] ?

....

....

b. Représenter **Tracez** ce trajet en rouge sur le patron et **placez** le point M correspondant sur l'arête [AB].

CALCULS DE LONGUEUR

Coup de pouce
Dans le triangle ABC rectangle en C,
$AB^2 = AC^2 + BC^2$.

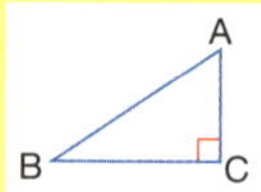

6 Calculer Pour calculer la longueur du trajet noir.

a. Complétez : EF = ... cm ; FG = ... cm ; GC = ... cm.

b. Calculez, en cm, la longueur FC en appliquant le théorème de Pythagore dans le triangle rectangle FGC. **Arrondissez** au dixième.

....

....

c. Calculez la longueur du trajet noir.

....

....

7 Calculer Pour calculer la longueur du trajet rouge tracé à la question 5b.

a. Cochez l'hypoténuse du triangle rectangle EFC : □ AC □ EC □ EB

b. Calculez EC.

....

EN CONCLUSION

8 Communiquer **Répondez** à la problématique.

....

....

Activité 2 Se repérer sur la sphère terrestre

Question flash Le rayon d'un cercle mesure 5 cm. La longueur de ce cercle, en cm, mesure :
☐ $\pi \times 5^2$ ☐ $2 \times \pi \times 5$ ☐ $\pi \times 5$.

SITUATION

La Terre peut être considérée comme une sphère de rayon 6 370 km environ. On peut repérer un point sur cette sphère à l'aide de ses coordonnées géographiques : (latitude ; longitude).

Les coordonnées géographiques de la ville d'Anchorage (Alaska) sont (60°Nord ; 150°Ouest) ; celles de Saint-Pétersbourg (Russie) sont (60°Nord ; 30°Est).

Un avion a le choix entre deux itinéraires pour aller d'Anchorage à Saint-Pétersbourg : celui qui suit le soixantième parallèle nord ou celui qui passe par le pôle Nord en suivant un méridien.

Problématique

Quel est le meilleur choix pour la compagnie aérienne, c'est-à-dire la distance de vol la plus courte ?

VOCABULAIRE

Un **parallèle** est un cercle situé dans un plan parallèle à celui de l'équateur. Il donne la **latitude** : de 0° à 90°Nord et de 0° à 90°Sud.

Un **méridien** est un demi-cercle qui relie le pôle Nord et le pôle Sud. Il donne la **longitude** : de 0° à 180°Ouest et de 0° à 180°Est.

1 Chercher Sur le globe ci-contre, les parallèles et les méridiens sont dessinés de 10° en 10°. Par exemple, la latitude du point M est 20°Nord et sa longitude 20°Ouest.

a. **Donnez** la latitude et la longitude du point B.

....

b. **Donnez** les coordonnées géographiques du point C.

....

c. **Placez** le point E de latitude 20° Sud et de longitude 30° Est.

d. **Placez** le point F de coordonnées géographiques (40°N ; 10°O).

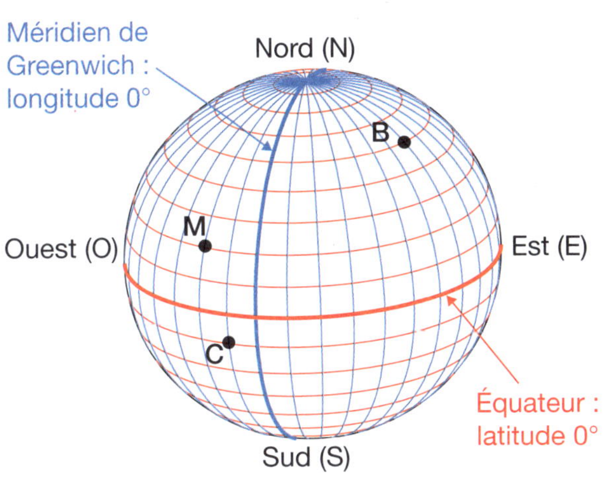

2 Représenter Sur ce globe, le point A marque la position d'Anchorage, le point P celle de Saint-Pétersbourg.

Placez sur le schéma ci-contre les mots suivants : *équateur*, *parallèle 60°N*, *méridien 150°O*, *méridien 30°E*.

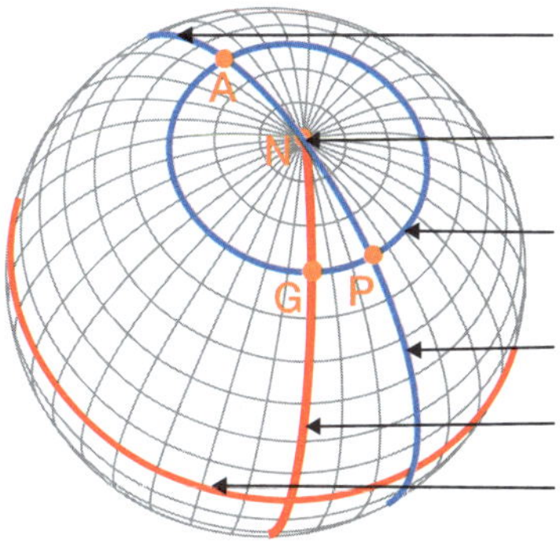

CALCUL DE LA LONGUEUR DE L'ARC DE PARALLÈLE $\overset{\frown}{AGP}$

G est le point d'intersection du méridien de Greenwich et du 60e parallèle nord.

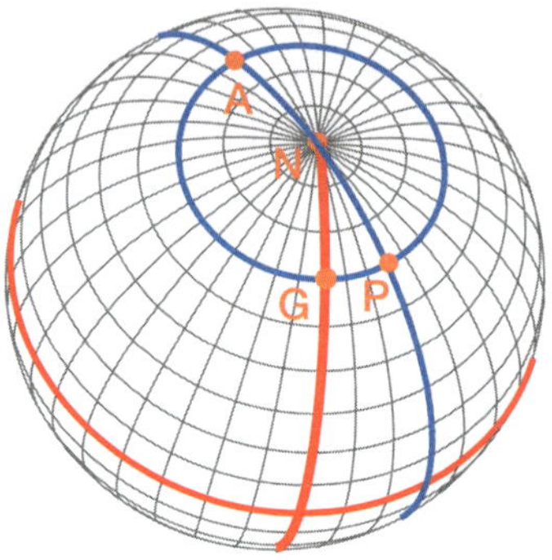

3 Représenter Le cercle bleu ci-contre représente la vue de dessus du 60e parallèle nord. C'est un cercle de centre O′. Son rayon mesure 3 185 km.

a. **Cochez** les réponses exactes.

- L'angle $\widehat{AO'P}$ mesure : ☐ 360° ☐ 180° ☐ 90°.
- Donc l'arc $\overset{\frown}{AGP}$ est :

☐ un demi-cercle ☐ un quart de cercle ☐ un cercle.

b. **Calculez**, en km, la longueur de l'arc $\overset{\frown}{AGP}$.
Arrondissez à l'unité.

....

....

....

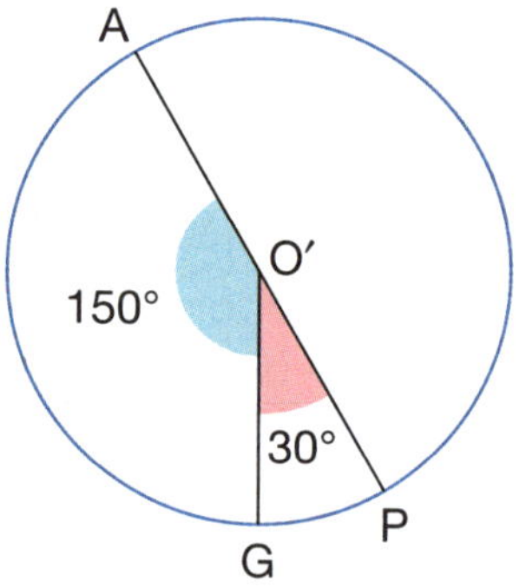

CALCUL DE LA LONGUEUR DE L'ARC DE MÉRIDIEN $\overset{\frown}{PNA}$

4 Représenter Calculer a. **Complétez :** le méridien tracé en rouge ci-dessous est un .... cercle de rayon .... km.

b. **Montrez** que la longueur d'un méridien de la sphère terrestre, arrondie au km, est égale à 20 012 km.

....

....

5 Calculer a. **Calculez** la mesure de l'angle $\widehat{NOP}$ sachant que $\widehat{NOF}$ = 90° et $\widehat{POF}$ = 60° (c'est la latitude du point P).

....

....

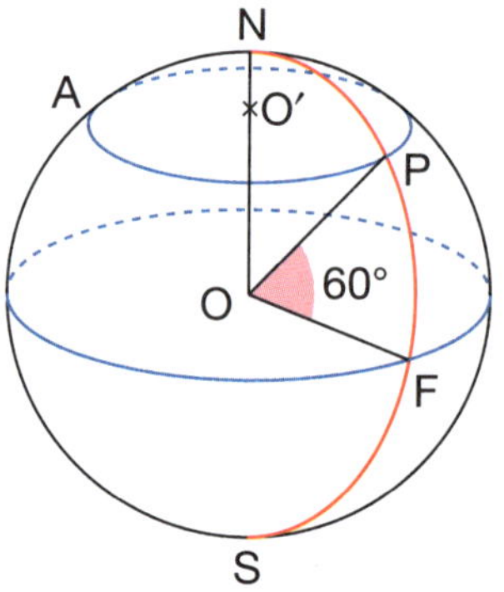

b. La longueur d'un arc de méridien et la mesure de l'angle au centre sont proportionnelles. **Calculez** la longueur de l'arc $\overset{\frown}{PN}$ à l'aide du tableau de proportionnalité ci-dessous.

	Méridien	**Arc $\overset{\frown}{PN}$**
Longueur de l'arc (en km)	20 012	x
Mesure de l'angle au centre (en °)	180	....

....

....

c. Les arcs $\overset{\frown}{PN}$ et $\overset{\frown}{AN}$ ont la même longueur. **Calculez** la longueur de l'arc $\overset{\frown}{PNA}$.

....

EN CONCLUSION

6 Communiquer **Répondez** à la problématique.

....

....

Activité 3 Obtenir des sections planes de solides

Question flash

Voici une liste de noms :

pavé - disque - carré - cube - rectangle - sphère - cône - losange.

- Donnez les noms des solides : ....

- Donnez les noms des figures planes : ....

SITUATION

La France compte de nombreuses variétés de fromages. Mathias choisit parmi les formes suivantes les fromages à mettre sur son plateau : cube, pavé droit, cylindre, boule. Lorsqu'on coupe un fromage avec un couteau, la surface plane obtenue s'appelle une section. Sur son plateau, Mathias fait des sections verticales dans les fromages.

Problématique

Quelles figures usuelles Mathias va-t-il obtenir comme sections ?

SECTIONS D'UN CUBE

foucherconnect.fr/22mpm23 **Ouvrez** le fichier « **C12_02_cube1.ggb** ». On a représenté un cube de fromage.

1 **a.** Représenter Mathias fait une première section verticale en mettant la lame du couteau parallèlement à (FG). La section verticale obtenue est le quadrilatère JKLM (en bleu).
Donnez la nature de ce quadrilatère.

....

foucherconnect.fr/22mpm24 **Ouvrez** le fichier « **C12_03_cube2.ggb** ».

b. Représenter Mathias fait une seconde section en mettant la lame du couteau sur le segment [FH]. La section verticale obtenue est le quadrilatère BFHD.
Donnez la nature de ce quadrilatère.

....

c. Chercher En choisissant une troisième position pour le couteau, pensez-vous que Mathias puisse obtenir comme section verticale une autre figure usuelle ? ....

Si oui, la ou lesquelles ? ....

SECTIONS D'UN PAVÉ DROIT

2 Le fromage ci-contre est un pavé droit ABCDEFGH.

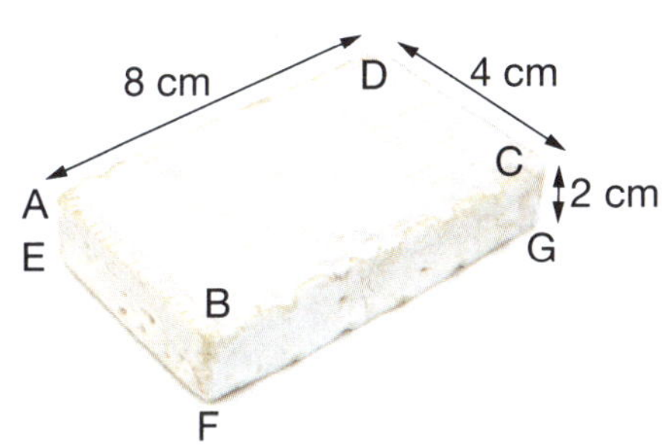

a. Chercher Mathias fait une section verticale parallèlement aux arêtes [AB] et [DC]. **Indiquez** le nom de la figure plane usuelle obtenue comme section.

....

Précisez ses dimensions.

....

b. Chercher Calculer Mathias fait une autre section verticale en plaçant le couteau sur [AC].
Donnez le nom de la figure plane obtenue comme section.

Calculez ses dimensions.

c. Chercher En choisissant une troisième position pour le couteau, pensez-vous que Mathias puisse obtenir comme section verticale une autre figure plane usuelle ?

SECTIONS D'UN CYLINDRE

3 Chercher Mathias coupe un fromage de forme cylindrique perpendiculairement à son axe.
Donnez la nature de la section obtenue.

4 Chercher Raisonner Il coupe ensuite ce cylindre parallèlement à son axe.

a. **Faites** une conjecture sur la nature de la section qu'il va obtenir.

b. foucherconnect.fr/22mpm25 **Ouvrez** le fichier « **C12_04_cylindre.ggb** ».
La droite noire est l'axe du cylindre. Le plan P est parallèle à l'axe du cylindre.
Donnez la nature de la section obtenue.

c. **Déplacez** le plan P à l'aide du curseur h. **Notez** vos observations sur la nature de la section.

5 Chercher En choisissant une troisième position pour le couteau (ni parallèle, ni perpendiculaire à l'axe), pensez-vous que Mathias puisse obtenir comme section verticale une autre figure plane usuelle ? Vous pouvez faire des essais dans le fichier GeoGebra.

SECTIONS D'UNE BOULE

6 Chercher Mathias coupe une boule de fromage.
Quelle que soit la position de la section, on obtient la même figure usuelle.
Indiquez le nom de cette figure.

EN CONCLUSION

7 Communiquer **Répondez** à la problématique.

L'essentiel

Représenter l'espace

- On peut représenter un solide par une figure en **perspective cavalière** ou par un **patron**.
- Pour se repérer dans un pavé droit, on a besoin d'une origine et de trois coordonnées : **abscisse, ordonnée** et **altitude**, écrites dans cet ordre.

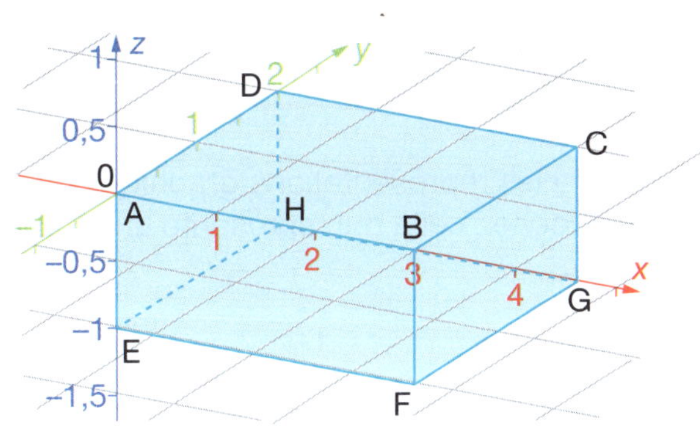

Exemples

F(3 ; 0 ; –1)   G(3 ; 2 ; –1)   C(3 ; 2 ; 0)

Se repérer sur la sphère terrestre

- La Terre peut être assimilée à une sphère de rayon 6 370 km environ. Un point M de sa surface est repéré par sa **latitude** et sa **longitude** qui sont ses **coordonnées géographiques**. Ce sont des mesures d'angles.
- Le parallèle de latitude 0° est l'**équateur**. La latitude d'un point est comprise entre 0° et 90° Nord ou Sud.
- Le méridien de longitude 0° est le **méridien de Greenwich**.

La longitude d'un point est comprise entre 0° et 180° Est ou Ouest.

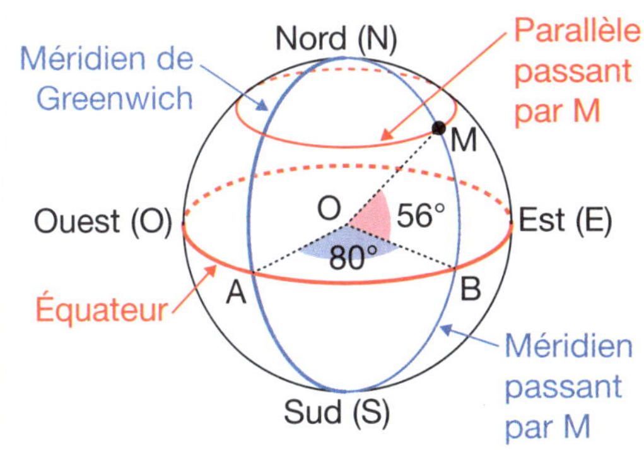

Exemple

Latitude du point M = $\widehat{MOB}$ = 56°. Le point M est sur le parallèle 56° Nord.
Longitude du point M = $\widehat{AOB}$ = 80°. Le point M est sur le méridien 80° Est.
Les coordonnées géographiques du point M sont (56°N ; 80°E).

Obtenir des sections planes de solides

Cube	Cube	Pavé droit	Cylindre
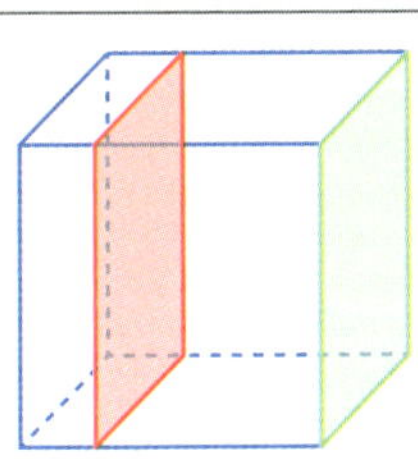 Section par un plan parallèle à une face : carré	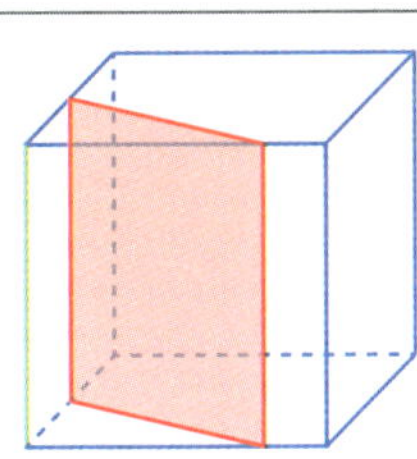 Section par un plan parallèle à une arête : rectangle	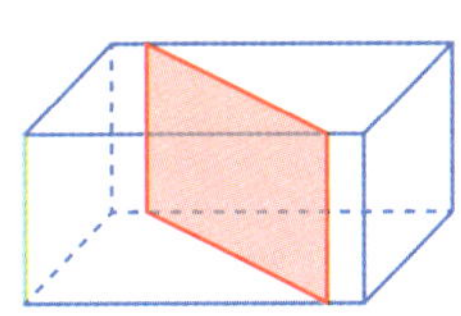 Section par un plan parallèle à une arête : rectangle	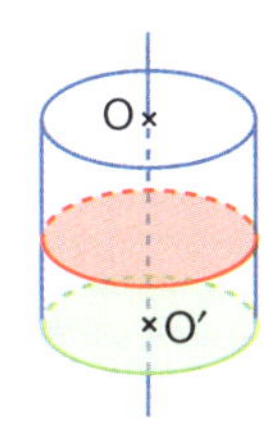 Section par un plan parallèle à la base : disque
Cylindre	**Pyramide**	**Cône**	**Boule**
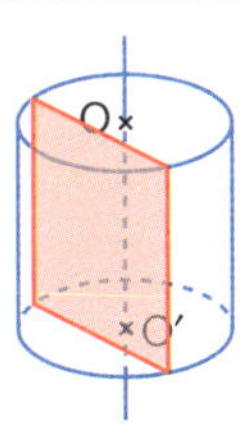 Section par un plan parallèle à l'axe : rectangle	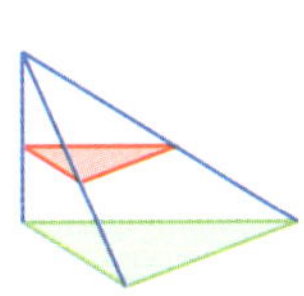 Section par un plan parallèle à la base : polygone de même nature que la base	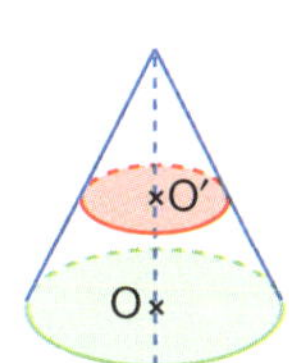 Section par un plan parallèle à la base : disque	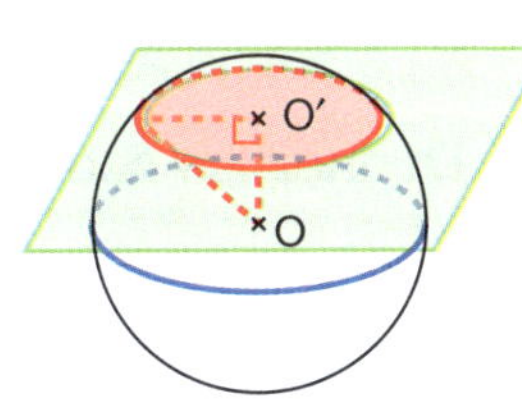 Section par un plan quelconque : disque

VÉRIFIER SES ACQUIS
foucherconnect.fr/22mpm26

Exercices

AUTOMATISMES

Sans calculatrice ni brouillon, répondez aux 2 questions du rituel indiqué par votre professeur.

Rituel 1 (2')

1. Parmi les représentations graphiques ci-dessous, cochez celle qui représente une fonction linéaire.

□ 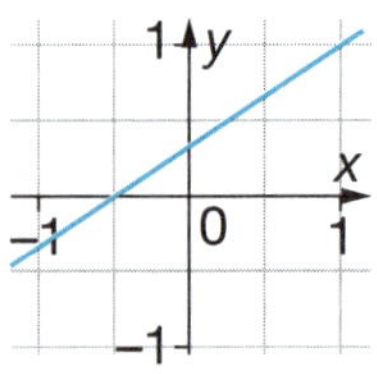

□ 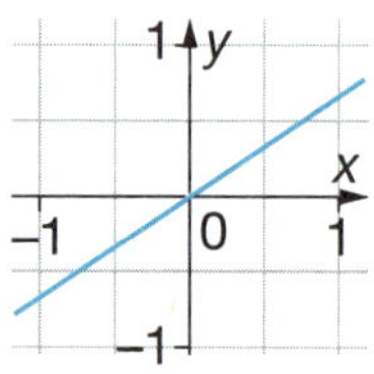

□ 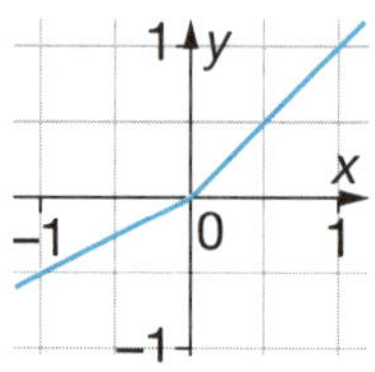

2. Factorisez $x^2 - 8^2$.

....

Rituel 3 (2')

1. Dans le triangle AGF, on sait que (EH) parallèle à (FG) et AF = 7 cm ; AE = 4,9 cm et FG = 3 cm.

La figure n'est pas à l'échelle.

Calculez EH.

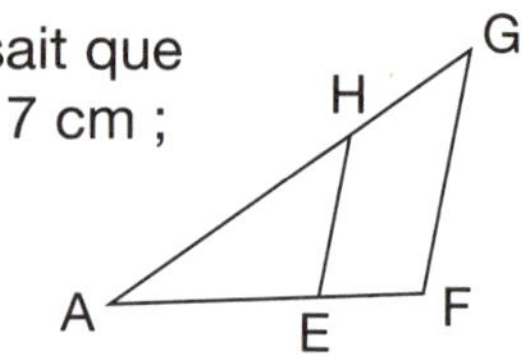

....

....

2. Résolvez les équations $3x = 8$ et $4 + x = -3$.

....

Rituel 2 (2')

1. Calculez le volume d'un pavé droit de dimensions 5 cm, 2 cm et 0,5 cm.

....

2. Développez $2x(3x - 5)$.

....

Rituel 4 (2')

1. La fonction f est définie par $f(x) = 2x - 3$. Cochez l'image de –1 par f.

□ –5 □ –1 □ 5

2. Calculez 25 % de 600 €.

....

Représenter l'espace

1 * **a.** Dans chaque dessin, ajoutez les traits pleins pour obtenir une représentation du solide en perspective cavalière.

①

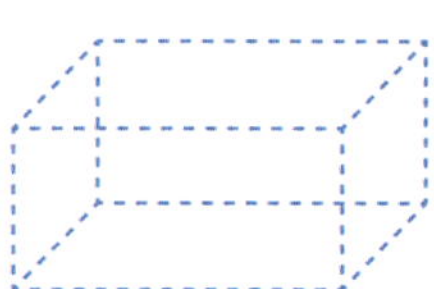

②

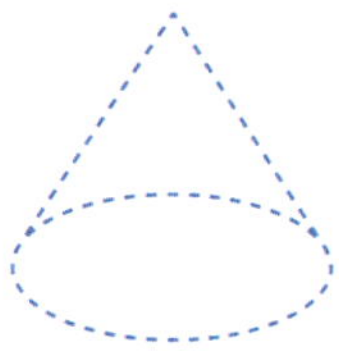

③

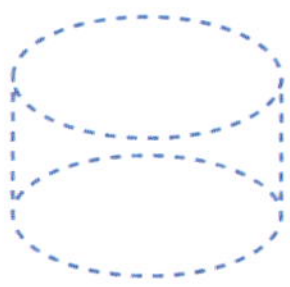

④

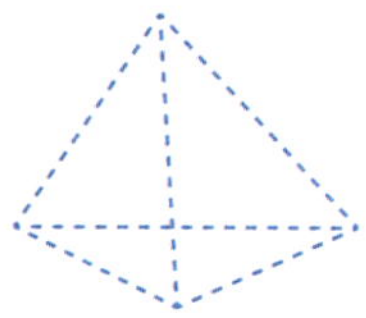

b. Donnez le nom de chacun de ces solides usuels.

① : .... ② : .... ③ : .... ④ : ....

2 ** Le solide ABCDEFHG est un pavé droit.

a. Donnez les coordonnées de chaque point.

....

....

b. Placez les points suivants dans le repère donné.
K(0 ; 4 ; 2), L(2 ; 0 ; 5), M(4 ; 4 ; 5).

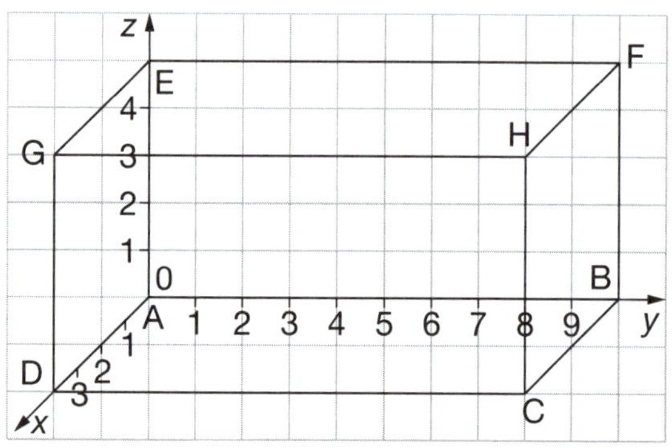

Se repérer sur la sphère terrestre

3 * Sur la sphère ci-contre, les parallèles et les méridiens sont dessinés de 10° en 10° en partant respectivement de l'équateur et du méridien de Greenwich.

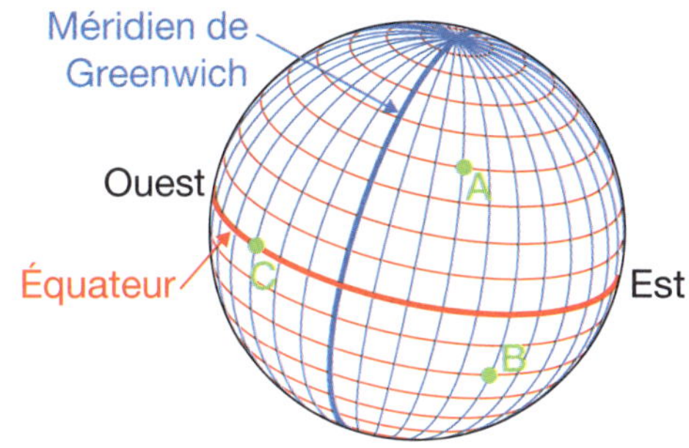

a. Lisez sur le dessin les coordonnées géographiques des points A, B, C.

Point A : latitude .... ; longitude ....

Point B : latitude .... ; longitude ....

Point C : latitude .... ; longitude ....

b. Placez sur le dessin les points D, F, G suivants : D(30°Nord ; 20°Ouest), F(0° ; 60°Est), G(20°Nord ; 0°).

4 ** a. On assimile la Terre à une sphère de centre O. Les points C et D sont sur le même méridien (longueur d'un méridien : environ 20 000 km).
La latitude de C est 62° Nord et celle de D 34°Sud.

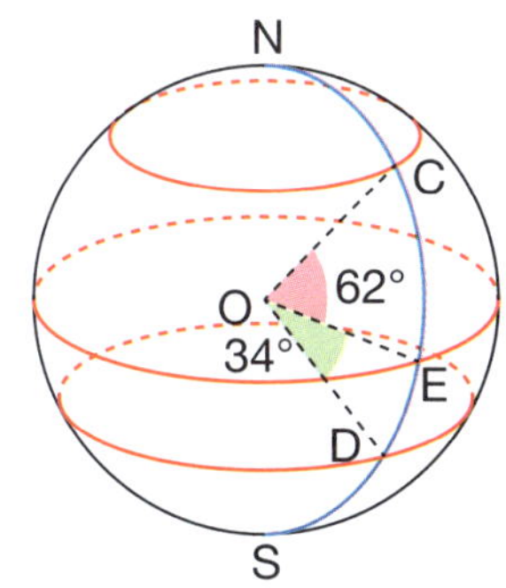

b. Calculez la mesure de l'angle $\widehat{COD}$. ....

c. Calculez la longueur de l'arc $\overset{\frown}{CD}$. Arrondissez au km.

....

Obtenir des sections planes de solides

5 * Chacun des solides ci-dessous est coupé par un plan.
Complétez le dessin de la section et coloriez-la.

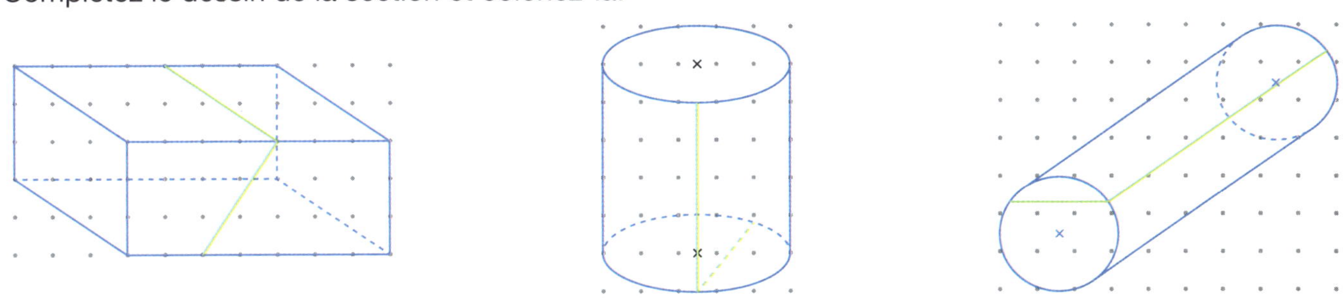

6 ** Une sphère de centre O a un rayon de 3,5 m. Elle est coupée par un plan distant de 0,7 m de O.

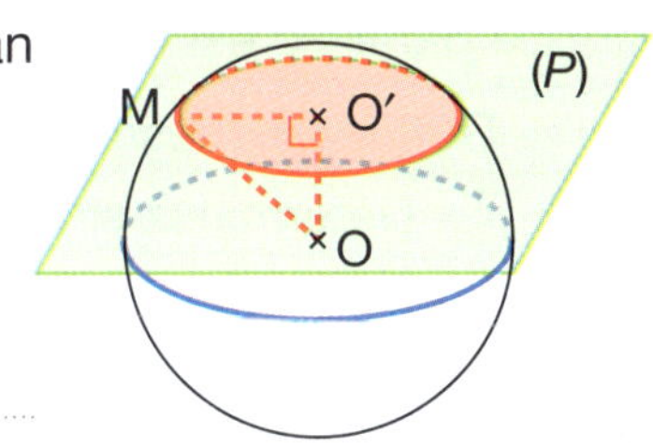

a. Complétez : OM = ... m ; OO′ = ... m.

b. Calculez le rayon O'M de cette section (arrondi au centimètre).

....

Autoévaluation **Cochez la bonne réponse parmi les trois propositions.**

a. Le point M a pour coordonnées (–2 ; 3 ; 5) dans un repère de l'espace. Le nombre 5 est :
☐ son altitude ☐ son abscisse ☐ sa longitude.

b. Sur la sphère terrestre, le point A a pour coordonnées géographiques (53°Sud ; 18°Ouest).
18°Ouest est : ☐ la latitude de A ☐ la longitude de A ☐ l'altitude de A.

c. La section d'une boule par un plan est : ☐ une ellipse ☐ un cercle ☐ un disque.

d. Si deux villes sont situées sur le même méridien, elles ont la même :
☐ pression atmosphérique ☐ latitude ☐ longitude.

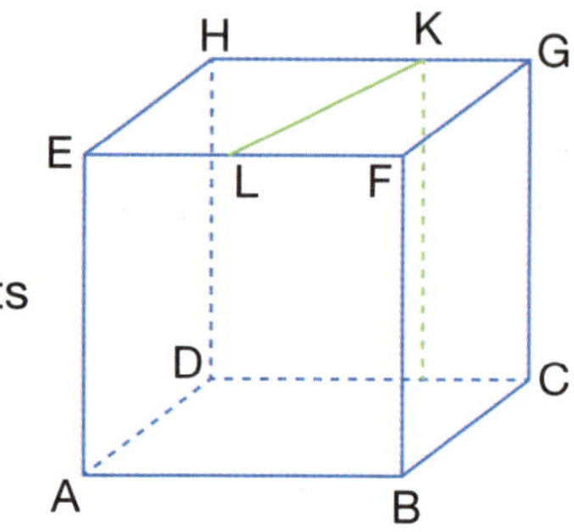

7 * ABCDEFGH est un cube. Le point K est sur [HG], le point L est sur [EF].

a. On coupe ce cube par un plan parallèle à l'arête [BF] et passant par les points K et L.
La section est : □ verticale □ horizontale □ autre.

b. Dessinez sur le schéma ci-contre la section KLMN obtenue.

8 * Une applique lumineuse est formée d'un demi-cylindre de 16 cm de diamètre et 12 cm de hauteur.

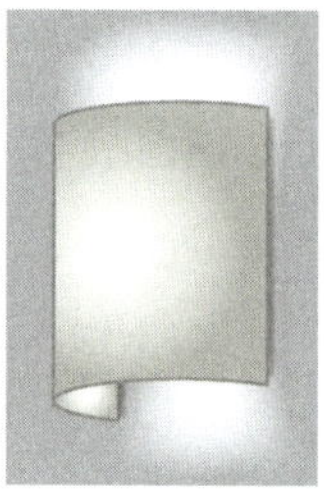

Dessinez un patron à l'échelle 1/5 de cette applique.

Calculs : ....

9 * Le robot Rapidéclair surveille différents points du globe. Il a sa base au point de coordonnées géographiques (32°Nord ; 12°Ouest). Après chaque mission, Rapidéclair revient à sa base.
Indiquez les coordonnées géographiques du point d'arrivée de chacune de ses missions.

	Déplacement de la base au lieu de la mission	**Latitude du point d'arrivée**	**Longitude du point d'arrivée**
a.	Rapidéclair reste sur le même parallèle et se déplace de 60° vers l'ouest.		
b.	Rapidéclair reste sur le même parallèle et se déplace de 60° vers l'est.		
c.	Rapidéclair reste sur le même méridien et se déplace de 40° vers le nord.		
d.	Rapidéclair reste sur le même méridien et se déplace de 40° vers le sud.		

10 ** On considère un point M situé sur le parallèle de latitude 43° Nord.
Ce parallèle est un cercle $\mathscr{C}$ de centre H. On rappelle OM = 6 370 km.

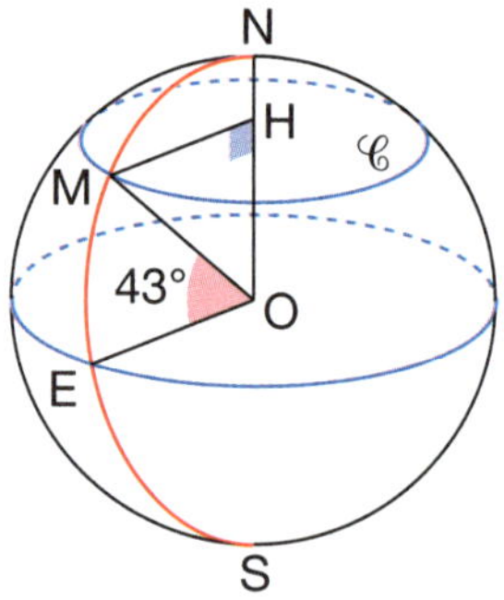

a. Donnez la mesure de l'angle $\widehat{MOH}$. ....

b. Déterminez sin $\widehat{MOH}$. Arrondissez au millième.

....

c. Dans le triangle rectangle MOH, déduisez-en, arrondi au km, le rayon MH du cercle $\mathscr{C}$.

....

d. Les coordonnées géographiques de Toulouse en France sont (43°Nord ; 1°Est). Celles de Toronto au Canada sont (43°Nord ; 79°Ouest).
En utilisant la question c., calculez la distance parcourue pour aller de Toulouse à Toronto en restant sur le parallèle 43°N.

....

11 * Parmi les affirmations ci-dessous, cochez les deux propositions fausses.

- ☐ La section d'un cube de côté 4 cm par un plan peut être un carré de côté 4 cm.
- ☐ La section d'un cylindre par un plan peut être un rectangle.
- ☐ La section d'un cône par un plan peut être un disque.
- ☐ La section d'une pyramide par un plan peut être un disque.
- ☐ La section d'un cube par un plan peut être un rectangle.
- ☐ La section d'une boule par un plan peut être une ellipse.

12 ** SCRATCH Alexis est tailleur de pierre. Il dispose d'un pavé droit de calcaire ABCDEFGH de dimensions 30 cm × 25 cm × 20 cm.

Il coupe ce bloc par un plan parallèle à l'arête [EH] selon le schéma ci-dessous.

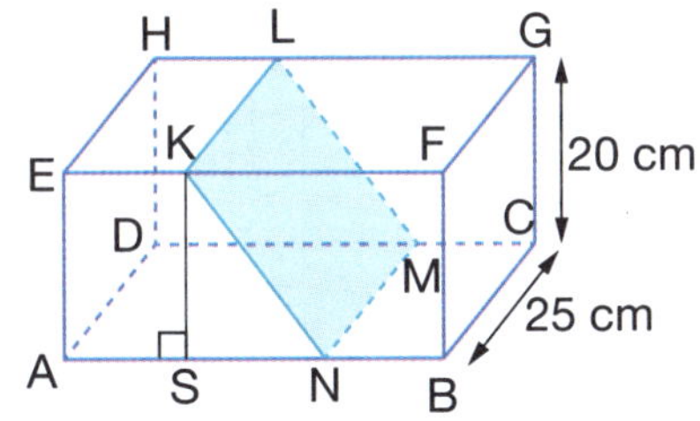

a. Donnez la nature de la section KLMN.

....

Pour des raisons esthétiques, Alexis veut que cette section soit un carré. Pour tailler au bon endroit, il doit connaître la longueur SN. Il va la déterminer à l'aide d'un programme Scratch.

b. Complétez : Si KN = ... cm, alors KLMN est un carré.

c. foucherconnect.fr/22mpm27 Ouvrez le fichier « **C12_05_pierre.sb3** ».

Cochez la réponse exacte.

L'écriture mathématique du bloc ci-contre est : 

☐ $\sqrt{400} + SN^2 = 25$ ☐ $\sqrt{400 + SN^2} = 25$ ☐ $\sqrt{400 + SN^2} = 25$

d. La longueur SN est un nombre entier compris entre 12 et 18.
Exécutez le programme pour différentes valeurs de SN.

Relevez la valeur de SN pour laquelle KLMN est un carré : ....

13 *** Prise d'initiative Un menuisier a taillé une boule en bois de 10 cm de diamètre pour la disposer sur une rampe d'escalier. Il découpe ensuite la boule de centre O suivant un plan pour la fixer en bas de la rampe. La surface ainsi obtenue est un disque de centre O′ et de diamètre AB = 5 cm.

Calculez à quelle distance *h* du centre de la boule le menuisier doit réaliser la découpe. Arrondissez au millimètre. Laissez des traces de vos recherches.

....

....

....

....

....

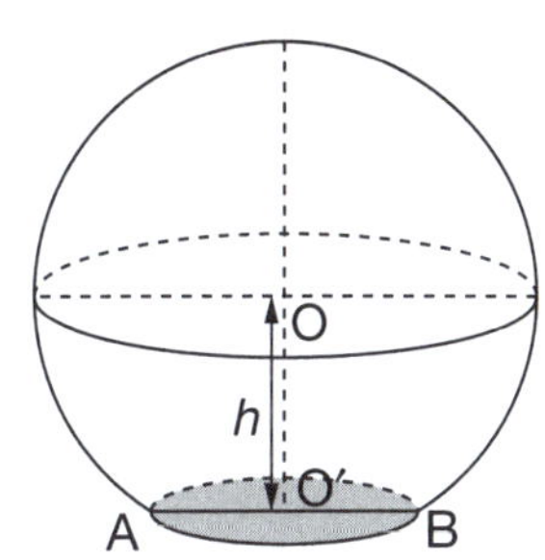

Vers les métiers... du bâtiment

SITUATION 1

Marches d'escalier

On donne le schéma à main levée de la maquette d'un escalier de trois marches horizontales identiques.

Largeur de l'escalier : 4 cm

Hauteur de marche : 1 cm

Profondeur de marche : 1,2 cm

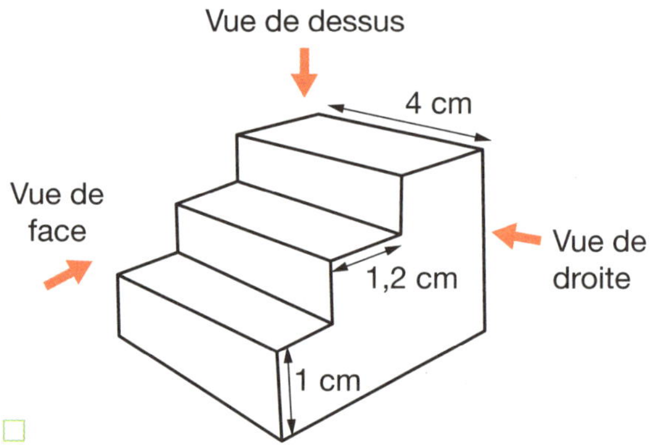

a. Cochez le dessin où la vue de face est exacte (dessin en vraie grandeur).

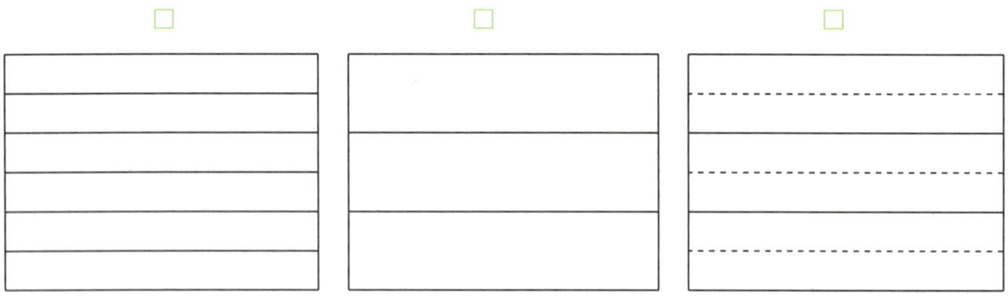

b. Dessinez en vraie grandeur la vue de droite et la vue de dessus.

SITUATION 2

Machine à commande numérique

Estelle doit programmer une machine à commande numérique pour percer une pièce métallique ayant la forme d'un pavé droit. Les sommets du pavé sont donnés dans le repère d'origine E. Les coordonnées sont en cm.

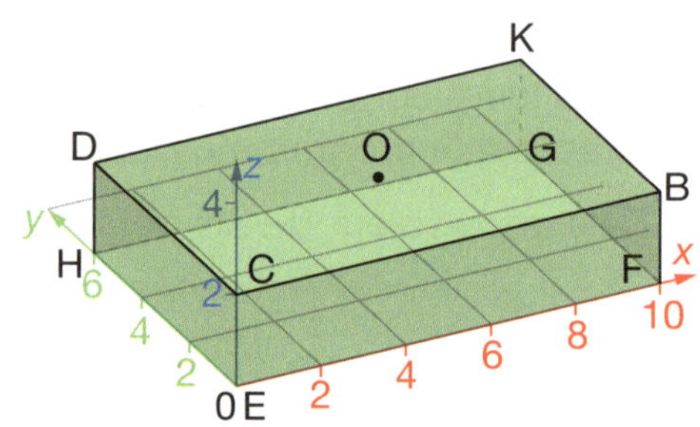

a. Donnez les coordonnées des huit sommets du pavé.

....

....

b. La pièce doit être perforée au centre de sa face supérieure au niveau du point O. Donnez les coordonnées du point O qu'Estelle doit entrer dans la machine.

....

c. Le perçage se fait verticalement sur une profondeur de 1 cm jusqu'au point O′. Donnez les coordonnées du point O′.

....

ZOOM MÉTIERS

Ces connaissances sont utiles dans certains métiers du bâtiment et dans la conduite des machines à commande numérique. Une bonne représentation des solides dans l'espace est aussi nécessaire dans les métiers liés à la conception et à la fabrication d'objets.

Vers le brevet

Nom : .... Prénom : ....

Classe : .... Date : ....

Exercice 1

Représenter On considère le pavé droit ABCDEFGH représenté dans le repère d'origine A.
Les axes sont gradués avec la même unité.
L est le centre de la face EFGH.

a. Donnez les coordonnées des points B, C, G et L.

....

b. Placez le point M milieu du segment [EH]. Donnez les coordonnées du point M.

....

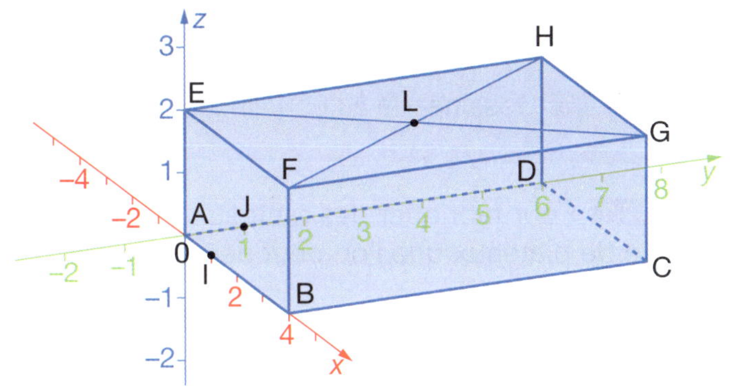

Exercice 2

Représenter **Calculer** On sectionne un cube de 5 cm d'arête.
Camille doit répondre aux deux questions suivantes :
« *Donnez la nature de la section obtenue. Calculez ses dimensions.* »
Voici la réponse de Camille :
« *La section obtenue est un carré de 5 cm de côté.* »
Indiquez l'erreur commise par Camille et corrigez-la.

....

....

....

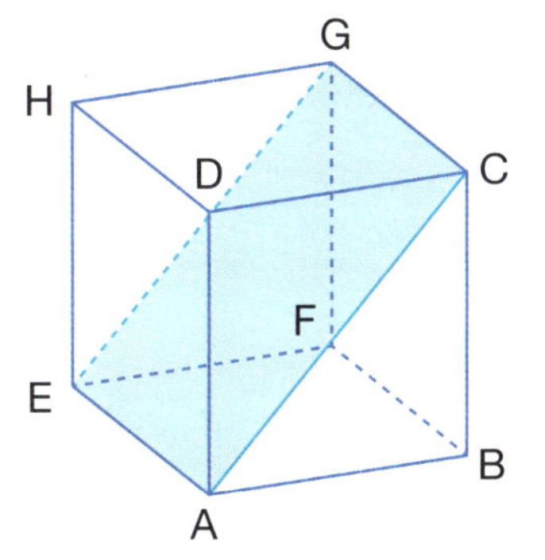

Exercice 3

Calculer On assimile la Terre à une sphère de rayon 6 370 km.

1 Montrez que la longueur de l'équateur arrondie à l'unité est 40 024 km.

....

2 A et B sont deux points de l'équateur tels que la longitude du point A est 28°E et celle du point B 62°E.
M est le point de l'équateur de longitude 0°.

a. Complétez : $\widehat{MOA}$ = ... ; $\widehat{MOB}$ = ...

b. Vérifiez par un calcul que la mesure de l'angle $\widehat{AOB}$ est 34°.

....

c. Calculez la longueur de l'arc de cercle $\overset{\frown}{AB}$. Arrondissez à l'unité.

....

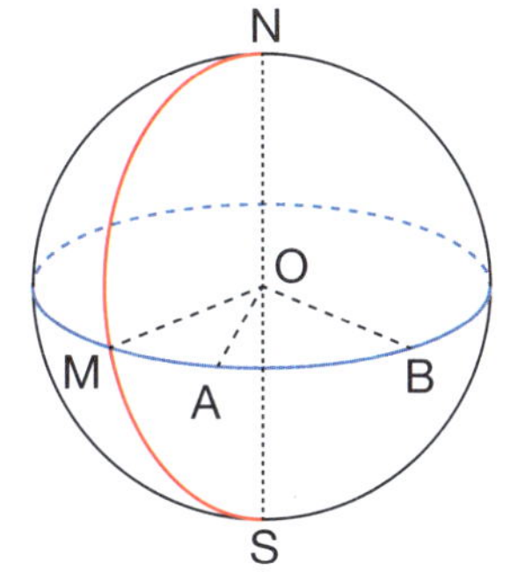

Vous pouvez utiliser le tableau de proportionnalité ci-dessous.

	Équateur	**Arc $\overset{\frown}{AB}$**
Longueur de l'arc (en km)	40 024	x
Mesure de l'angle au centre (en °)	360	....

Exercice 4

Un tronc d'arbre est assimilé à un cylindre de 150 cm de hauteur. Le rayon du disque de base mesure 30 cm.

1 On coupe ce tronc perpendiculairement à son axe.

a. **Modéliser** Donnez la nature de la section obtenue.

....

b. **Représenter** Dessinez-la à l'échelle 1/20.

....

c. **Calculer** Pour fabriquer des plateaux circulaires, on scie ainsi des cylindres d'épaisseur 6 cm. Calculez le nombre de plateaux que l'on peut découper dans ce tronc.

....

2 Pour réaliser un bac à fleurs, on coupe le tronc parallèlement à son axe (OO′) de façon que la hauteur du bac soit de 40 cm.

a. **Modéliser** Donnez la nature de la section.

....

b. **Chercher** On veut déterminer la largeur AB du bac à fleurs. Complétez les dimensions sur les schémas ci-dessous.

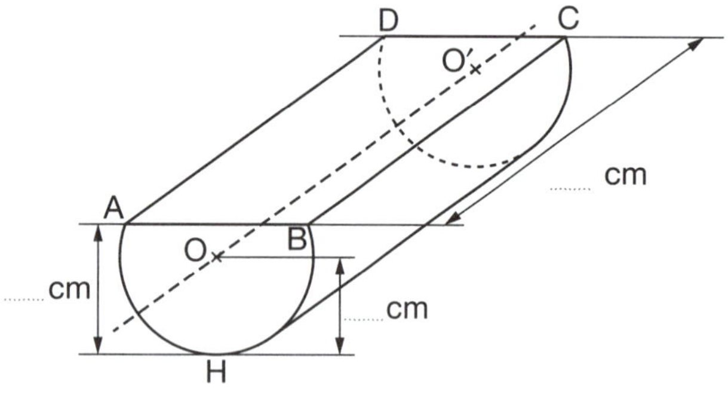

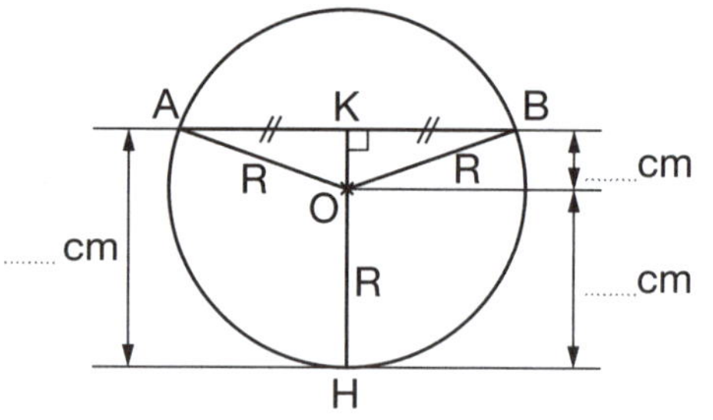

c. **Calculer** **Raisonner** Montrez que AK ≈ 28,3 cm (valeur arrondie au dixième).

....

....

d. **Communiquer** Donnez la largeur de l'ouverture du bac.

....

Grille d'évaluation

foucherconnect.fr/22mpm28

Compétences travaillées	Connaissances et capacités associées	Questions	Appréciation du niveau d'acquisition		
			rouge	orange	vert
Chercher	• Extraire d'un document les informations utiles.	4 2b.			
Modéliser	• Utiliser une simulation géométrique.	4 1a. 2a.			
Représenter	• Utiliser des représentations de solides.	1 2 4 1b.			
Raisonner	• Utiliser un raisonnement logique.	2c.			
Calculer	• Calculer avec des nombres de manière exacte ou approchée.	2 3 4 1c 2c			
Communiquer	• Expliquer par écrit la démarche utilisée.	4 2d.			

Sujet de DNB 1

Nom : ....

Prénom : ....

Classe : ....

Durée : 2 heures

Notation : sur 100 points

Exercice 1 (10 points)

Parmi les réponses proposées pour chaque question, entourer la réponse exacte.

	Questions	Réponse A	Réponse B	Réponse C
1.	Un multiple commun à 12 et 8 est :	4	48	80
2.	On considère la fonction f définie par $f(x) = -2x + 7$. L'image par f de $\frac{1}{2}$ est :	6	8	$\frac{7}{2}$
3.	La figure sur laquelle on a représenté une flèche et son image par une rotation de centre O et d'angle 90° est :	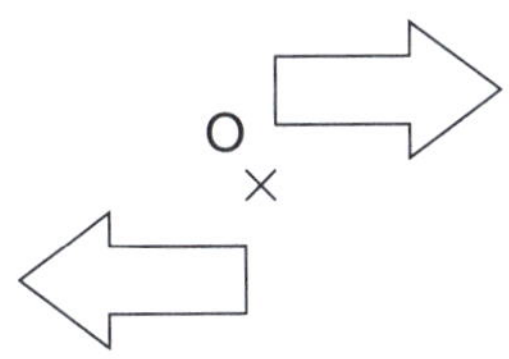	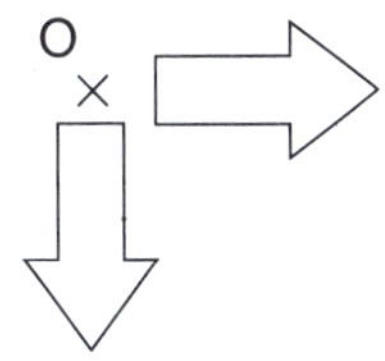	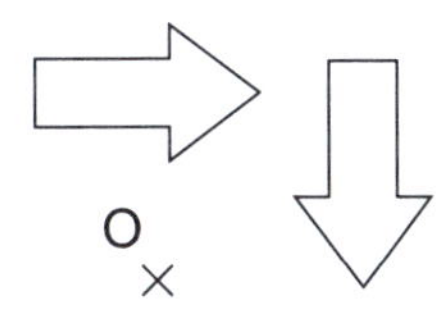
4.	Pour tout nombre n, on a l'égalité : $n^2 - 9 =$	$(n-3)^2$	$(n-3)(n+3)$	$(n-9)(n+9)$
5.	Dans un triangle ABC rectangle en A, sachant que AB = 5 m et AC = 3 m, la longueur BC arrondie au dixième est :	6,0 m	4,0 m	5,8 m

Exercice 2 (20 points)

À La Réunion, un scientifique mène une étude sur les tortues vertes, une espèce classée « en danger ». Afin de surveiller la croissance des tortues, elles sont régulièrement mesurées. Voici les données relevées par ce scientifique en 2021 sur un groupe de 16 tortues femelles.

Longueur de la carapace en cm	80	90	100	110	120	130
Effectif	1	2	4	5	2	2

1 Calculer l'étendue de cette série statistique.

....

....

2 **a.** Déterminer, par la méthode de votre choix, la longueur moyenne de la carapace obtenue avec ces données. Arrondir le résultat à l'unité.

....

....

b. La taille moyenne de la carapace des tortues vertes mâles est inférieure de 10 % à la taille moyenne de la carapace des tortues vertes femelles. Calculer la taille moyenne de la carapace dans un groupe de tortues vertes mâles.

....

....

3 a. Déterminer, par la méthode de votre choix, la médiane de la série statistique donnée dans le tableau.

b. Écrire une phrase pour interpréter ce résultat.

4 L'île de la Réunion a pour coordonnées géographiques (20° Sud ; 55° Ouest).
Sur le globe ci-contre, les parallèles et les méridiens sont dessinés de 10° en 10°.
Marquer d'un point R sur ce globe terrestre la position de l'île de la Réunion.

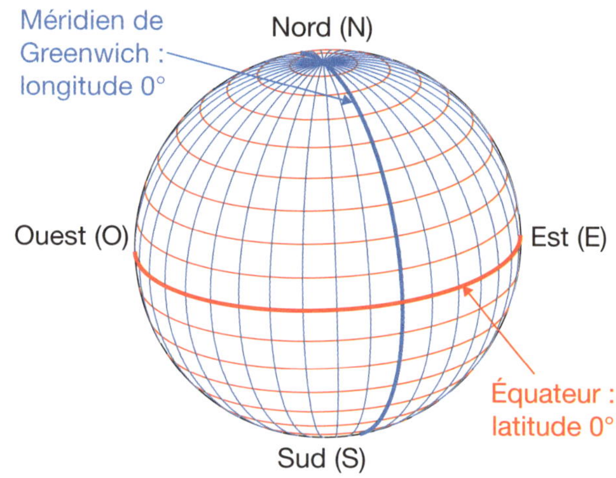

Exercice 3 (15 points)

Voici un programme de calcul :

Choisir un nombre.
Prendre le carré du nombre de départ.
Ajouter le triple du nombre de départ.
Soustraire 4 au résultat.

1 Vérifier que si on choisit 5 comme nombre de départ, on obtient 36.

2 On donne ci-contre un script écrit avec Scratch. Compléter les lignes 5 et 6 pour que ce script corresponde au programme de calcul précédent.

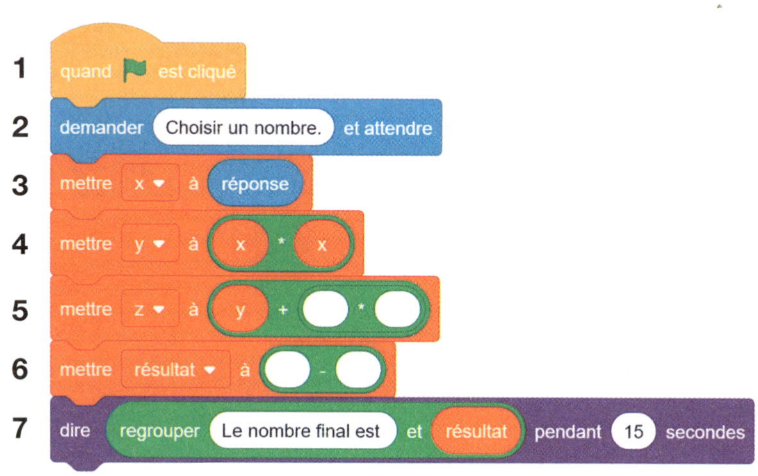

3 Le nombre de départ est noté x. Exprimer le résultat final F en fonction de x.

4 a. Développer et réduire $(x - 1)(x + 4)$ pour vérifier que F peut aussi s'écrire sous cette forme.

b. Déduire de la question 4a. le ou les nombres à choisir au départ pour que F soit égal à 0.

Exercice 4 (10 points)

Dans un jeu de société, les 100 jetons sont de même forme, de même couleur, indiscernables lorsqu'ils sont à l'envers. De l'autre côté, une lettre de l'alphabet est inscrite.
Le tableau ci-dessous donne le nombre de jetons du jeu pour chacune des voyelles.

Voyelles du jeu	A	E	I	O	U	Y
Effectif	9	15	8	6	6	1

On choisit un jeton au hasard dans ce jeu.

1. Calculer la probabilité d'obtenir la lettre U.

2. Calculer la probabilité d'obtenir une voyelle.

3. Calculer la probabilité d'obtenir une consonne.

Exercice 5 (10 points)

Un agriculteur veut construire un abri contre un mur existant pour garer un tracteur d'une largeur de 2 m et d'une hauteur de 2,5 m. Pour réaliser cet abri, il doit connaître la longueur de la poutre [EF] à acheter.
L'angle $\widehat{FED}$ mesure 30°.
Calculer la mesure EF de la poutre. Arrondir au cm.
Pour cet exercice, toute trace de recherche, même incomplète, sera prise en compte dans l'évaluation.

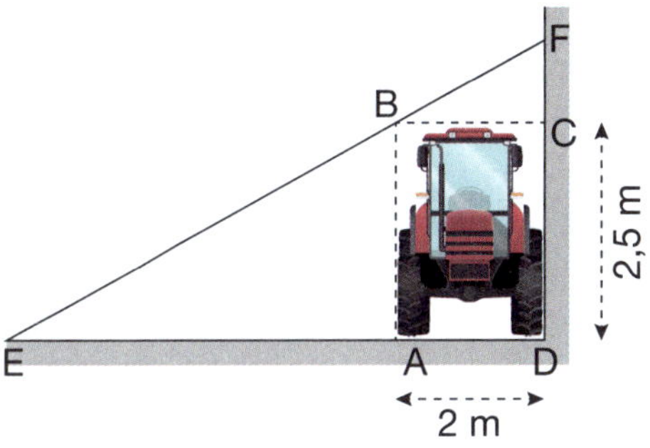

Exercice 6 (20 points)

Le directeur d'une salle de spectacles souhaite déterminer le prix d'une place lui assurant la meilleure recette, c'est-à-dire la rentrée d'argent la plus importante. Quand le prix de la place est fixé à 20 €, il y a 500 spectateurs. Le directeur a constaté que chaque réduction de 1 € du prix de la place attire 50 spectateurs de plus.

1. **a.** Calculer le nombre total de spectateurs pour une réduction de 2 € du prix de la place.

b. Calculer la recette correspondante.

2. On note R la fonction donnant la recette (en €) en fonction du montant x de la réduction (en €). On donne $R(x) = -50x^2 + 500x + 10\,000$ pour x compris entre 0 et 13.

a. Calculer $R(2)$.

b. Que vous permet de vérifier ce résultat ?

3 La courbe ci-contre est la représentation graphique de la fonction R.
Par lecture graphique, répondre aux questions ci-dessous. On fera apparaître sur le graphique les tracés nécessaires à la lecture.

a. Déterminer l'image de 10 par la fonction R.

b. Déterminer le ou les antécédents de 10 800 par la fonction R.

c. Interpréter ce résultat pour cet exercice.

d. Quelle est la recette maximale ?

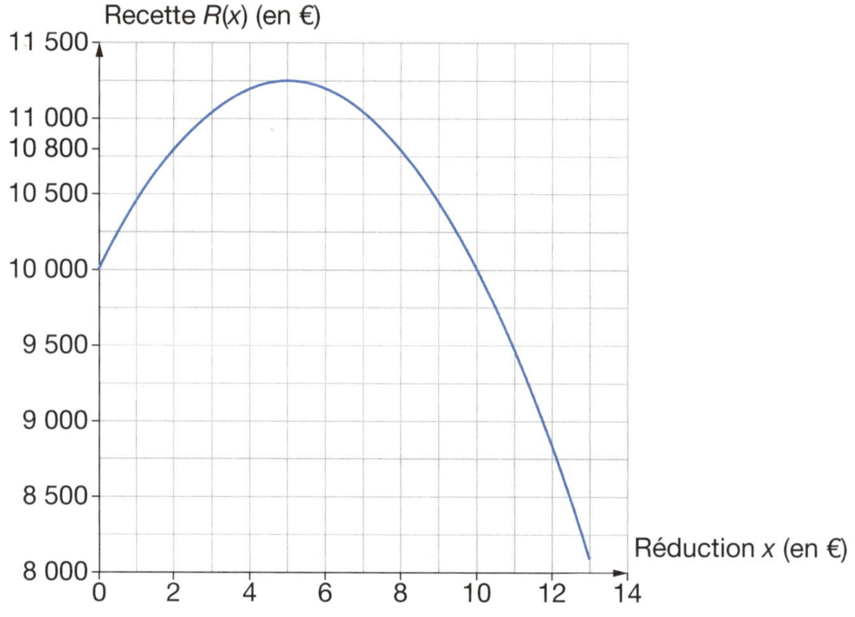

Quel est alors le prix de la place ?

Exercice 7 (15 points)

Une usine de fabrication de bougies reçoit des cubes de cire d'abeille d'arête 6 cm.
À l'usine, on découpe les cubes de cire d'abeille afin d'obtenir des cylindres de hauteur 6 cm et de diamètre 6 cm avec lesquels on fera des bougies en installant une mèche.

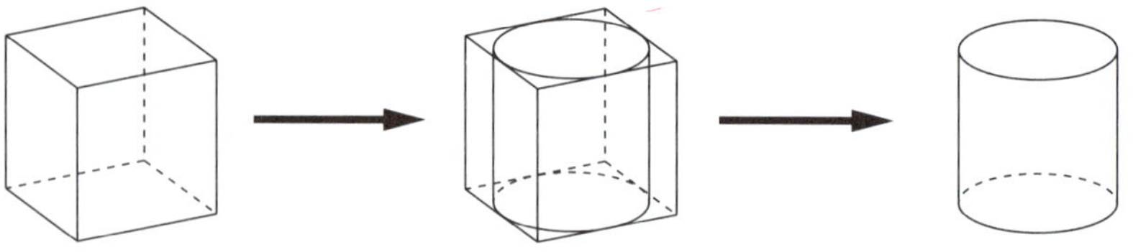

On ne tiendra pas compte de la masse, du volume et du prix de la mèche dans la suite de l'exercice.

a. Calculer le volume, en cm^3, d'un cube de cire d'abeilles d'arête 6 cm.

b. Montrer que le volume d'une bougie est d'environ 170 cm^3.
On rappelle que le volume V d'un cylindre de rayon R et de hauteur h est donné par la formule $V = \pi \times R^2 \times h$.

c. En découpant les cubes de cire d'abeille d'arête 6 cm pour former des bougies cylindriques, la cire perdue est réutilisée pour former à nouveau d'autres cubes de cire d'abeille d'arête 6 cm.
Combien de cubes au départ doit-on découper pour pouvoir reconstituer un cube de cire d'abeille d'arête 6 cm avec la cire perdue ?

Sujet de DNB 2

Nom : ....

Prénom : ....

Classe : ....

Durée : 2 heures

Notation : sur 100 points

Les exercices 1, 2, 3, 4 et 5 sont obligatoires.
Vous devrez ensuite choisir parmi les exercices suivants :

- l'exercice 6 ou l'exercice 7 ;
- l'exercice 8 ou l'exercice 9.

Vous devrez donc, au total, réaliser 7 exercices pour un total de 100 points.

Exercice 1 (5 points)

Parmi les réponses proposées pour chaque question, entourer la réponse exacte.

Questions		Réponse A	Réponse B	Réponse C
1.	La notation scientifique de 2 600 est :	$2{,}6 \times 10^2$	$2{,}6 \times 10^3$	$2\,600 \times 10^0$
2.	$\sqrt{100}$ est égal à :	1	10	50
3.	La solution de l'équation $x + 2 = -6$ est :	-8	-4	-3
4.	Parmi les noms suivants, entourer le nom du solide :	cercle	disque	sphère
5.	$P = U \times I$. Si la tension U est en volt (V) et l'intensité I en ampère (A) alors P est en :	VA	V/A	A/V

Exercice 2 (20 points)

Une des épreuves d'un tournoi sportif pour des élèves de troisième est une course en forêt.
Le plan du parcours ci-dessous est remis aux élèves qui participent à l'épreuve. Les élèves doivent partir du point A et se rendre au point E en passant par les points B, C et D. Le point C est le point d'intersection des droites (AE) et (BD).
On donne AC = 400 m, EC = 1 000 m et AB = 300 m.

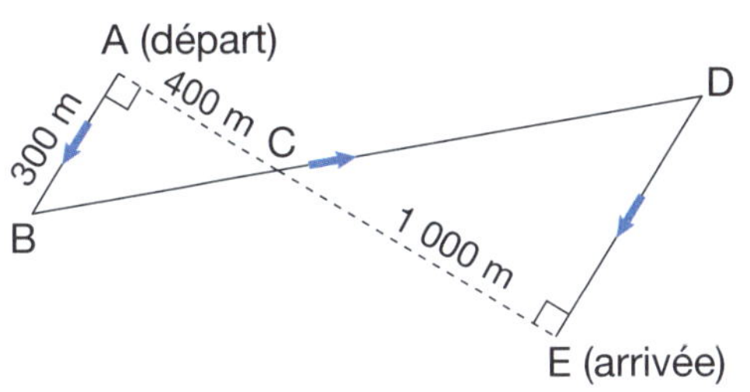

1 Calculer, en m, la longueur BC.

....

....

....

....

....

....

2 Montrer que ED = 750 m.

....

....

....

....

3 Calculer, en m, la longueur CD.

4 Déterminer, en m, puis en km, la longueur totale du parcours.

Exercice 3 (15 points)

Une autre épreuve du tournoi consiste à réaliser un 100 m à la nage à la piscine. Voici la série des temps, exprimés en secondes, réalisés par les 12 élèves d'un groupe :
73,23 • 74,04 • 73,61 • 74,52 • 73,35 • 72,93 • 74,56 • 74,07 • 73,62 • 74,44 • 72,55 • 73,12

1 Lisette est arrivée 3e à cette épreuve. Déterminer le temps de Lisette.

2 Expliquer si l'affirmation suivante est correcte : « Pour ce groupe d'élèves, le temps moyen, arrondi au centième est égal à 73,67 s et le temps médian est compris en 73,61 et 73,62 s. »

Exercice 4 (10 points)

La géothermie est un système de récupération de l'énergie terrestre. Cette technique permet par exemple de produire de l'électricité grâce à la chaleur des nappes d'eau souterraines.
Le graphique ci-contre donne la production brute d'électricité renouvelable par filière, en 2019, en pourcentage de la production totale qui est de 113 000 GWh.
Pour rappel : 1 gigawattheure est noté 1 GWh.

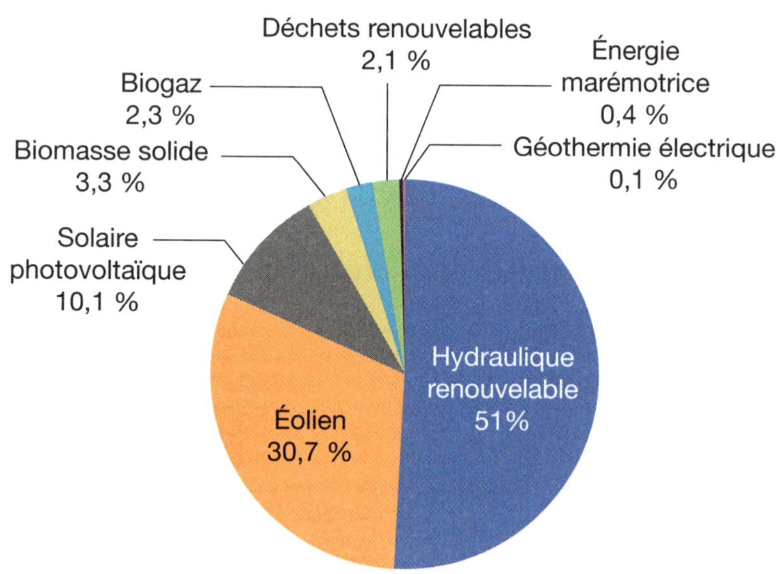

1 Montrer qu'en 2019 la production brute d'électricité produite par la géothermie est de 113 GWh.

2 Entre 2019 et 2020, la production brute d'électricité produite par la géothermie a augmenté de 11 %. Calculer, en GWh, la production brute d'électricité produite par la géothermie en 2020.

Exercice 5 (15 points)

On dispose de deux urnes :

- une urne bleue contenant trois boules bleues numérotées 2, 3 et 4 ;
- une urne rouge contenant 4 boules rouges numérotées 2, 3, 4 et 5.

On s'intéresse à l'expérience aléatoire suivante : on tire au hasard une boule bleue et on note son numéro ; on tire au hasard une boule rouge et on note son numéro. On précise que le tirage qui permettrait d'obtenir (3 ; 4) est différent du tirage (4 ; 3).

On définit l'événement suivant : E « On obtient un double ».

1 Compléter le tableau ci-dessous des différents tirages possibles.

Boule bleue \ Boule rouge	2	3	4	5
2	(2 ; 2)	(2 ; 3)	(2 ; 4)	....
3	....	....	....	....
4	....	....	....	....

2 Donner la ou les issue(s) qui réalisent l'événement E.

....

3 Justifier que la probabilité p(E) d'obtenir un double est de 0,25.

....

4 On souhaite simuler cette expérience 1 000 fois. Pour cela on a écrit le script ci-contre.

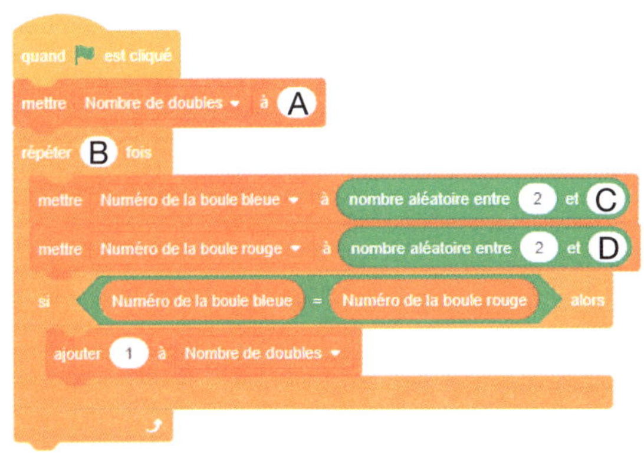

a. Donner le nom des 3 variables qui ont été créées.

....

....

b. Indiquer par quels nombres il faut remplacer les lettres A, B, C et D pour que ce script affiche le nombre de doubles si l'on simule l'expérience 1 000 fois.

....

5 On souhaite obtenir l'écriture décimale de la fréquence d'apparition du nombre de doubles obtenus. Parmi les 3 instructions ci-dessous, indiquer celle qu'il faut placer à la fin du script principal après la boucle « Répéter ». ....

Proposition 1	Proposition 2	Proposition 3
dire (Nombre de doubles)	dire ((Nombre de doubles) / (1000))	dire ((Nombre de doubles) / ((2) * (100)))

Exercice 6 (15 points)

Dans un lycée, un professeur organise un tournoi sportif pour les élèves de troisième. Il veut répartir les 126 garçons et les 90 filles par groupes. Il souhaite que chaque groupe comporte le même nombre de filles et le même nombre de garçons.

1 Décomposer en produits de facteurs premiers les nombres 126 et 90.

....

2 Trouver tous les entiers qui divisent à la fois les nombres 126 et 90.

....

3 En déduire le plus grand nombre de groupes que le professeur pourra constituer.

4 Déterminer le nombre de filles et le nombre de garçons qu'il y aura dans chaque groupe.

Exercice 7 (15 points)

Aurélien est imprimeur sur étoffe et un de ses clients souhaite imprimer le motif ABCD ci-contre sur un tissu rectangulaire de longueur 315 cm et de largeur 270 cm.
La figure ci-contre est une partie d'un pavage dont le motif de base est le carré ABCD. Le carré ABCD, de centre O, est partagé en 4 polygones superposables, numérotés de 1 à 4.

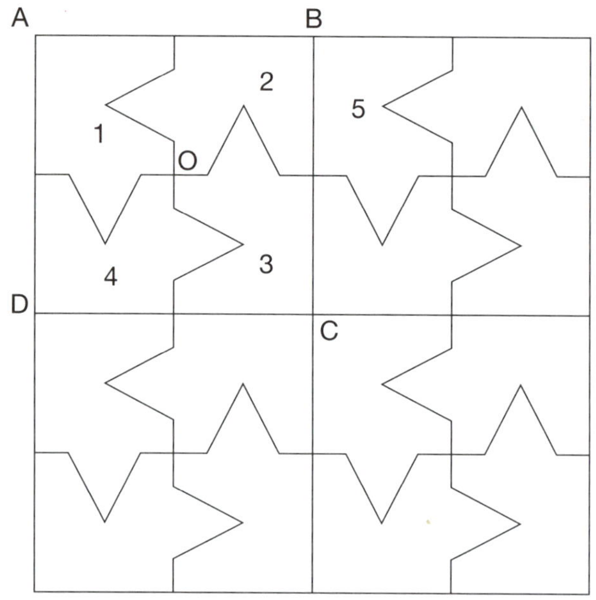

1 Dans le carré ABCD, donner le numéro de l'image du polygone 1 par la symétrie centrale de centre O.

2 Dans le carré ABCD, donner l'angle de la rotation de centre O qui transforme le polygone 1 en polygone 2.

3 Donner le nom de la transformation qui, partant du polygone 1, permet d'obtenir le polygone 5.

4 Le tissu sur lequel Aurélien travaille doit être entièrement recouvert de carrés ABCD, sans découpe et de sorte que le côté du carré ABCD mesure un nombre entier de cm.

a. Montrer qu'on peut choisir des carrés de 9 cm de côté.

b. Calculer le nombre de carrés de 9 cm qui seront alors imprimés dans ce tissu.

Exercice 8 (20 points)

La centrale géothermique de Rittershoffen en Alsace a été inaugurée en juin 2016. Dans cette centrale, on a creusé un puits pour capter de l'eau chaude sous pression, à 2 500 m de profondeur, à une température de 170 °C.
Ce puits a la forme du tronc de cône représenté ci-contre. On calcule le volume d'un tronc de cône grâce à la formule suivante :

$$V = \frac{\pi}{3} \times h \times (R^2 + R \times r + r^2)$$

où h est la hauteur du tronc du cône, en m,
R est le rayon de la grande base du cône, en m,
r est le rayon de la petite base du cône, en m.

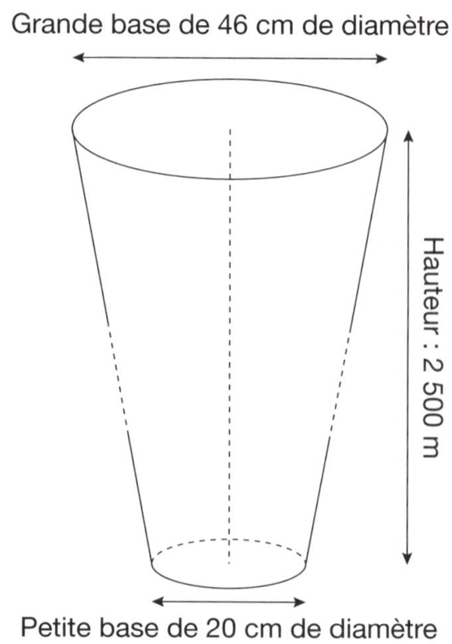

1 Donner, en m, les valeurs de h, R et r.

h = ... m

R = ... m

r = ... m

2 Vérifier que le volume du puits est environ égal à 225 m^3.

....

....

....

....

....

....

3 Pour installer ce puits, il faut creuser un trou dans la terre. Quand elle est dans le sol, la terre est tassée. Mais lorsqu'on l'extrait du sol, son volume augmente de 30 %. Calculer le volume de terre qu'il faudra stocker après le forage du puits.

....

....

....

....

Exercice 9 (20 points)

Lisa travaille dans un zoo et s'occupe du parc des lémuriens. Une fois par semaine, pour couvrir leurs besoins en protéines, des croquettes leur sont distribuées. Lisa est responsable de l'achat des croquettes et elle a le choix entre deux fournisseurs : ZooShop et LémurLand qui proposent les tarifs suivants :

- ZooShop : 2 € le kilogramme de croquettes sans frais de livraison.
- LémurLand : 1,5 € le kilogramme avec 50 € de frais de livraison.

Lisa fait une commande par mois.

1 Complétez le tableau suivant.

Nombre de kilogrammes achetés	20	50	150	200
Montant à payer à ZooShop en €	....	....	....	....
Montant à payer à LémurLand en €	....	....	....	....

2 On note f et g les fonctions qui au nombre x de kilogrammes de croquettes achetées chaque mois associent respectivement les montants à payer, en €, aux fournisseurs ZooShop et LémurLand.

a. Donnez l'expression de la fonction f. ....

b. Parmi les trois fonctions ci-dessous, cocher celle qui correspond à la fonction g.

☐ $g(x) = 50x + 1,5$ ☐ $g(x) = 1,5x + 50$ ☐ $g(x) = 1,5x - 50$

3 Dans le repère ci-dessous, identifiez les fonctions *f* et *g*.

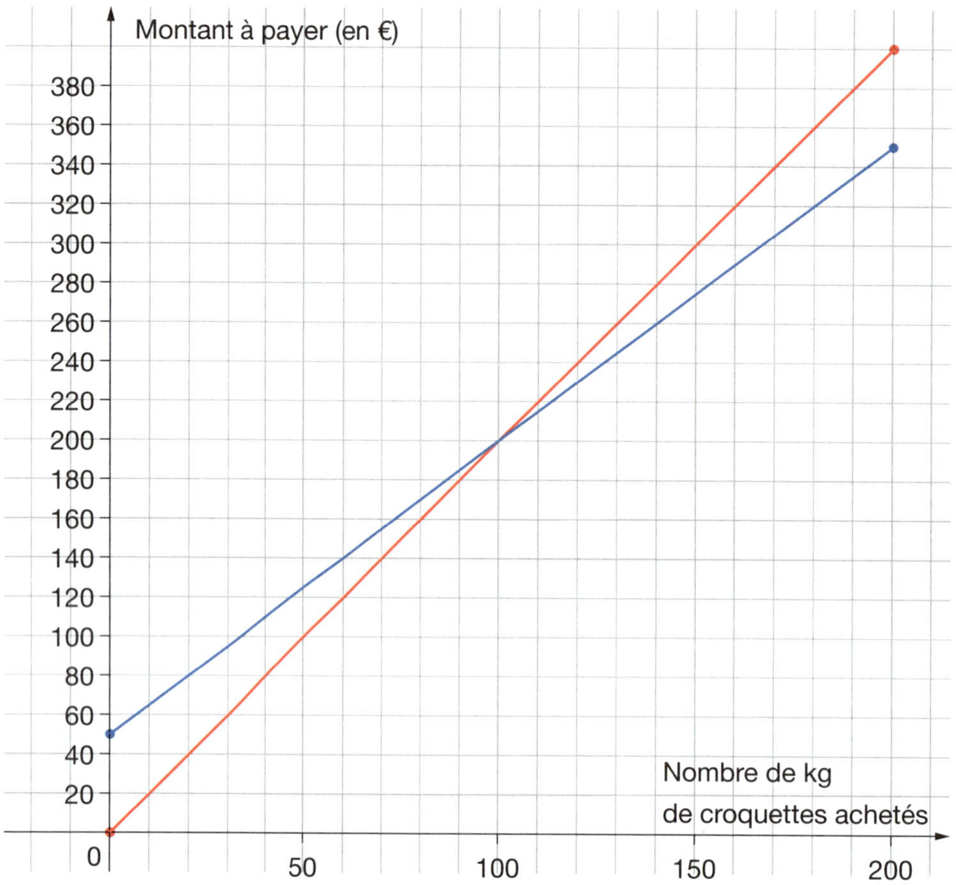

- La courbe représentative de la fonction *f* est le segment de droite :

☐ rouge ☐ bleu.

- La courbe représentative de la fonction *g* est le segment de droite :

☐ rouge ☐ bleu.

4 Déterminer graphiquement pour combien de kilogrammes achetés, le prix payé chez ZooShop est égal au prix payé chez LémurLand. Donner ce prix. Laisser les traits utiles à la lecture.

....

....

....

FICHE

01 Programmer avec Scratch

Scratch est un langage de programmation à base de blocs.
Le tuto ci-contre est une vidéo qui vous présente les différentes parties de l'écran d'ouverture du logiciel Scratch.

TUTO LOGICIEL
Découvrir Scratch
foucherconnect.fr/22mpm65

Je découvre

Pour la construction des programmes demandés dans les pages suivantes, les étapes à respecter sont :

① Choisissez le ou les lutins intervenant dans le programme.

② Créez les variables du programme (onglet Code, puis catégorie Variables).

③ Recherchez dans l'onglet Code les blocs d'instructions dont vous avez besoin.

④ Faites-les glisser dans la zone du programme.

⑤ Assemblez ensuite les blocs dans un ordre permettant le fonctionnement du programme.

TUTO LOGICIEL
Créer et utiliser une variable
foucherconnect.fr/22mpm66

Coup de pouce La couleur des blocs vous aide à trouver dans quelle catégorie ils sont rangés.

Cliquez sur le drapeau vert pour exécuter votre programme ou suivez toute autre indication donnée en début de programme.

J'applique

Voici quelques-uns des blocs fréquemment utilisés dans les programmes que vous aurez à construire. Après avoir ouvert le logiciel Scratch, indiquez devant chaque bloc le numéro de la catégorie dans laquelle il se trouve.

Catégorie (sous l'onglet Code)	Numéro
Mouvement	1
Apparence	2
Événement	3
Contrôle	4
Capteurs	5
Opérateurs	6
Variables	7
Stylo*	8

* Si cette catégorie n'apparaît pas dans votre liste, cliquez sur l'icône des extensions en bas à gauche, puis sur Stylo.

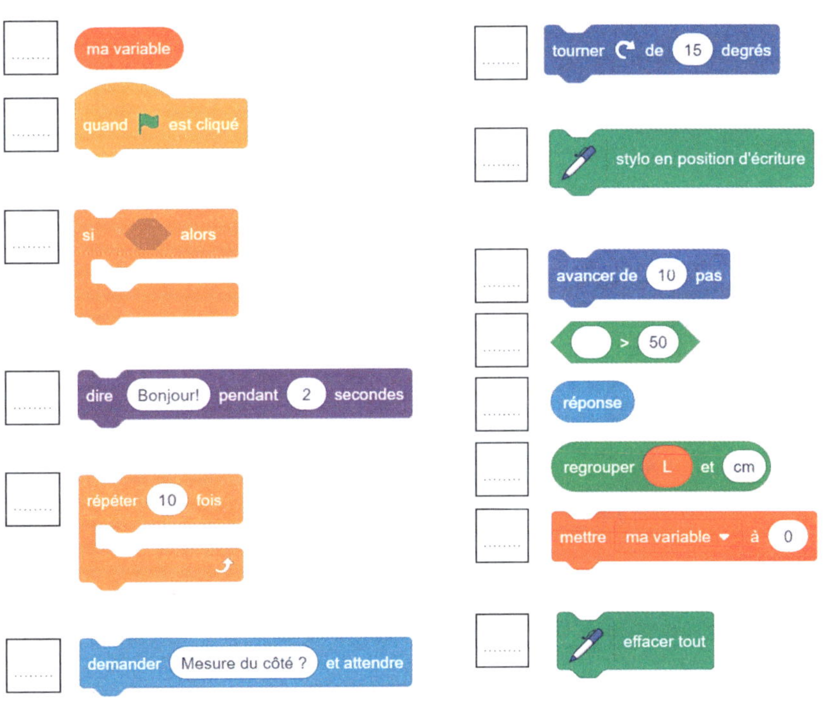

FICHE

02 Créer et utiliser une variable

SCRATCH

Mattéo est menuisier. Dans son atelier, il fabrique des cylindres en bois, de rayon de base 3 cm et de hauteur 5 cm. Pour commander le bois nécessaire, il doit connaître le volume d'un cylindre. On donne : volume d'un cylindre = $\pi \times \text{rayon}^2 \times \text{hauteur}$. Le programme ci-dessous permet le calcul du volume d'un cylindre. Vous allez construire ce programme.

Je découvre

a. Donnez les 3 variables du programme ci-contre.

....

b. Indiquez les blocs qui permettent de donner une valeur à R et à h. ....

c. À quoi sert le bloc F ? ....

....

d. Quel bloc affiche la réponse ? ....

e. Construisez ce programme dans Scratch.

f. Exécutez le programme en cliquant sur le drapeau vert.

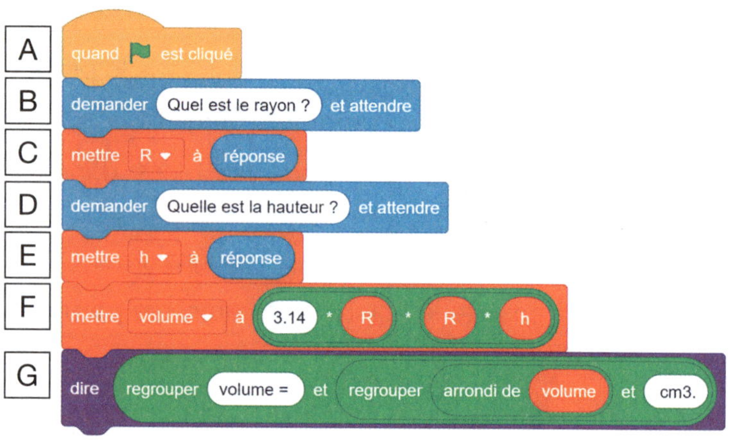

g. Donnez le volume ainsi obtenu, arrondi au cm³, pour un cylindre de Mattéo. ....

Mémo

Dans un programme, une **variable** sert à stocker une valeur qui peut varier. Les variables sont créées avant l'assemblage des **blocs** dans un programme Scratch.
Le nom de la variable peut être une lettre, un mot, un groupe de mots.

J'applique

Un pantalon coûte 48 € (prix initial). Il est vendu avec une remise de 40 % du prix initial.
a. Entourez ci-dessous le programme qui permet de calculer le prix de vente.

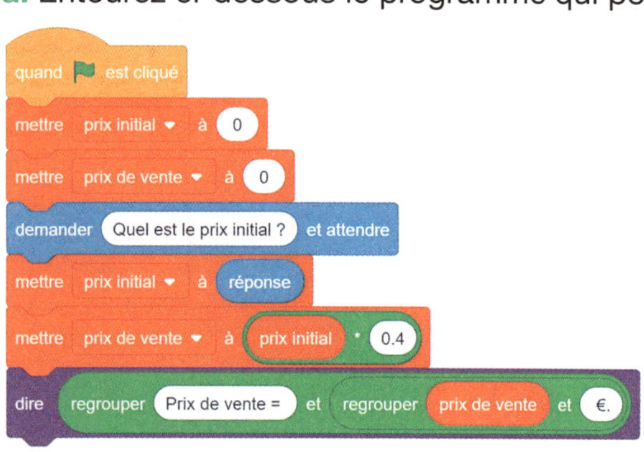

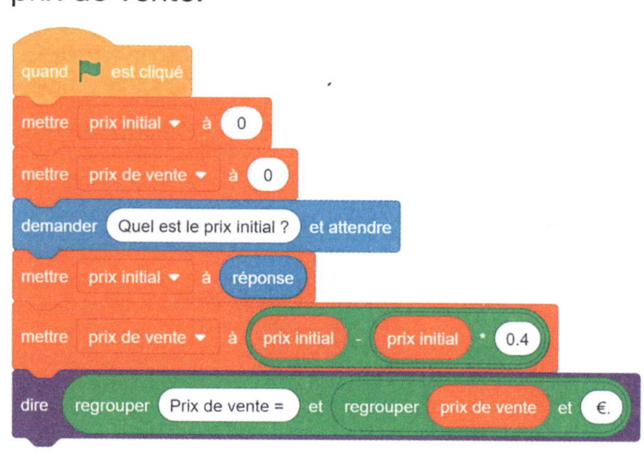

b. Construisez ce programme dans Scratch.

c. Donnez le prix de vente. ....

FICHE 03

Créer une boucle

Séverine veut acheter une console dont le prix est 229 €. Elle a 50 € d'économies. Elle arrive à augmenter cette somme de 26 € chaque mois. Séverine voudrait savoir au bout de combien de mois elle pourra acheter sa console.
Le programme ci-dessous permet le calcul du nombre de mois. Vous allez construire ce programme.

Je découvre

a. Que représente la variable n de ce programme ?

....

b. Quelle est l'autre variable ?

....

c. Que fait la boucle du bloc D ? ....

....

d. Que permet de faire le bloc E ?

....

e. Construisez ce programme.

f. Exécutez le programme en cliquant sur le drapeau vert.

g. Dites dans combien de mois Séverine pourra acheter sa console. ....

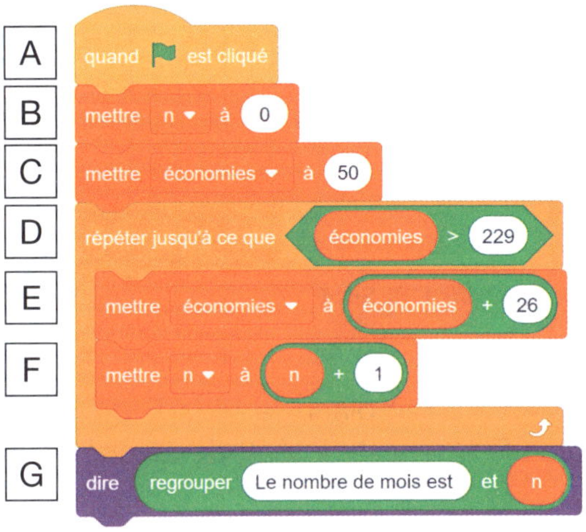

Mémo

- Une **boucle** est une technique permettant au programme d'exécuter une série d'instructions autant de fois qu'indiqué dans le bloc. L'ordinateur exécute dans l'ordre les **instructions** de la boucle ; puis, une fois arrivé à la fin de la boucle, il repart à la **première** instruction de la boucle si le nombre de répétitions n'est pas atteint.
- Dans Scratch, trois blocs permettent de faire des boucles.

J'applique

a. Imaginez un énoncé qui demande d'écrire le programme ci-contre.

....

....

....

b. Construisez ce programme et exécutez-le pour différents nombres.

c. Si le nombre choisi au départ est ...., le résultat obtenu à la fin est ....

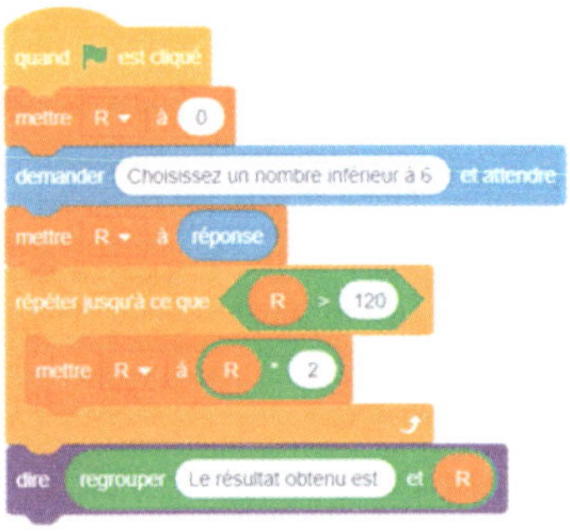

FICHE

04 Utiliser une instruction conditionnelle

SCRATCH

La petite sœur d'Emma a du mal à retenir ses tables de multiplication. Emma a créé un programme qui, elle l'espère, va aider sa sœur à les apprendre.

Je découvre

a. Nommez la ou les variables utilisées. ....

b. Un nombre entier aléatoire entre 1 et 10 est un entier compris entre 1 et 10 choisi au hasard par le logiciel.
Citez tous les nombres x possibles.

....

c. Expliquez ce que fait le programme dans le bloc E.

....

....

d. Que se passe-t-il si la réponse est fausse ?

....

e. Emma remplace le bloc E de son programme par le bloc F. Quel est l'intérêt de ce changement ?

....

f. Réalisez le programme d'Emma avec les blocs A, B, C, D et F.

g. Testez ce programme.

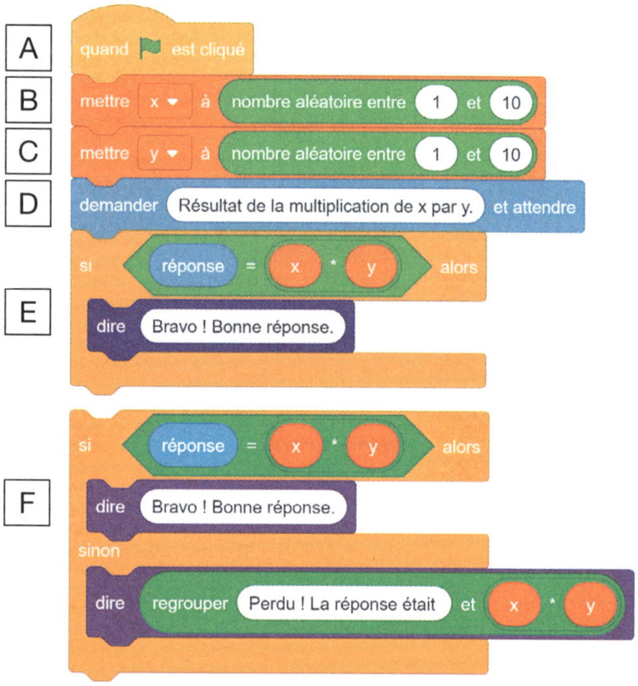

Mémo

- L'instruction « **Si… alors** » permet de tester une condition, c'est-à-dire une phrase qui commence par si. Si la condition est vérifiée, alors une ou plusieurs instructions sont exécutées. Si la condition n'est pas vérifiée, il ne se passe rien.

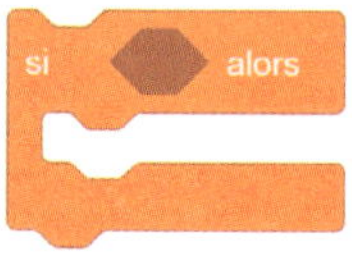

- La structure « Si alors » peut être complétée par l'instruction « Sinon ». Elle devient « **Si alors Sinon** ». Si la condition est vérifiée, les instructions indiquées sont exécutées. Si la condition n'est pas vérifiée, d'autres instructions sont exécutées.

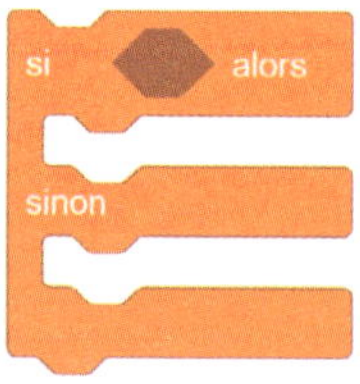

J'applique

Malik joue à un jeu de société où, pour pouvoir commencer à bouger ses pièces, il doit obtenir 6 en lançant un dé cubique. Si le 6 sort, Malik peut commencer à bouger ses pièces. S'il obtient un autre chiffre, il passe son tour.
Construisez le programme qui simule le lancer de dé de Malik et lui indique s'il peut commencer à bouger ses pièces ou s'il doit passer son tour.
Exécutez le programme.

FICHE

05 Dessiner avec Scratch

Hugo doit imaginer un programme écrit avec Scratch pour dessiner la figure géométrique en forme d'escargot ci-contre.
Il va d'abord s'entraîner sur deux figures plus simples.
Dans les figures de cette page, la flèche rouge indique la position et l'orientation du lutin au départ.

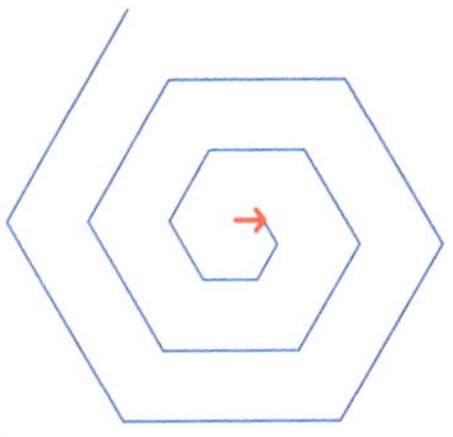

Je découvre

a. Donnez le nombre d'instructions dans la boucle du programme ① ci-contre.

....

①

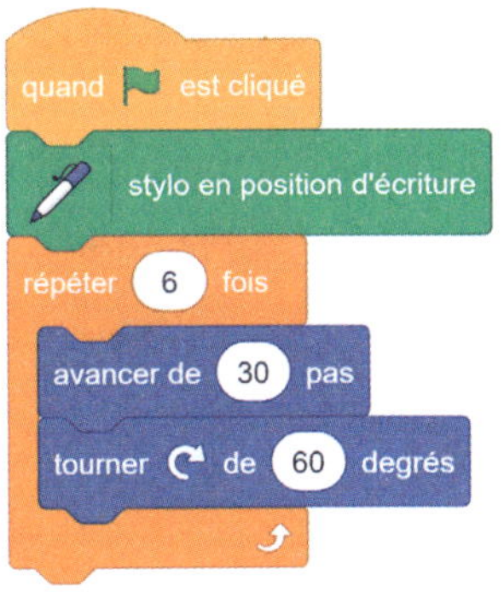

b. Entourez le dessin obtenu avec ce programme.

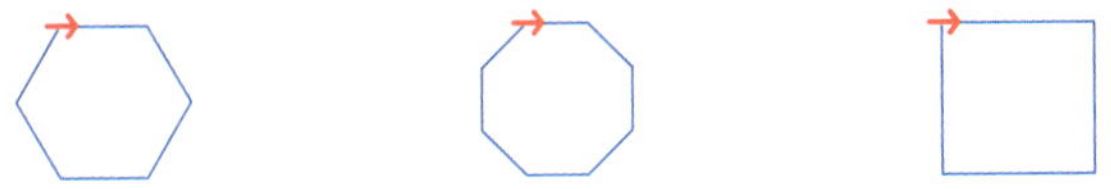

c. Le programme ② permet de construire un triangle équilatéral. Réalisez ce programme après avoir complété le 4e bloc.

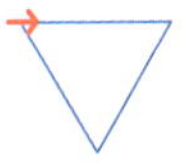

②

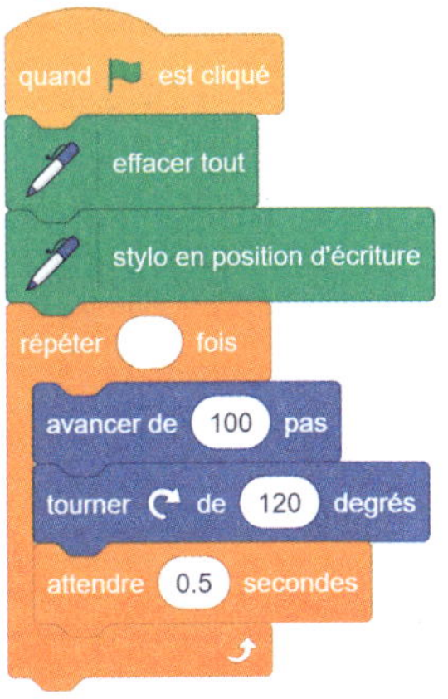

d. Quel est l'intérêt d'avoir mis dans ce programme l'instruction « attendre 0,5 seconde ».

....

....

....

....

Mémo

- Les instructions utilisées pour réaliser des figures géométriques avec Scratch se trouvent dans la catégorie Stylo.
- Ces instructions permettent entre autres de choisir la taille du stylo, c'est-à-dire l'épaisseur du trait, sa couleur, d'abaisser ou de relever le stylo.

J'applique

Voici les blocs dont Hugo a besoin pour créer le programme permettant la construction de la figure en forme d'escargot de la situation.
Construisez ce programme après avoir mis les blocs dans le bon ordre.
Exécutez le programme.

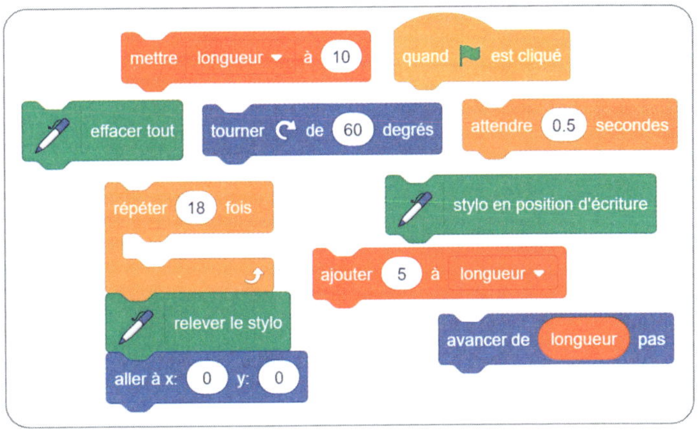

FICHE 06

Créer et utiliser un bloc d'instructions

L'objectif est d'écrire le programme qui permet d'obtenir le dessin ci-contre. On voit qu'il est formé de trois triangles équilatéraux identiques.
Le programme souhaité ne doit pas contenir 3 fois le script du dessin du triangle.

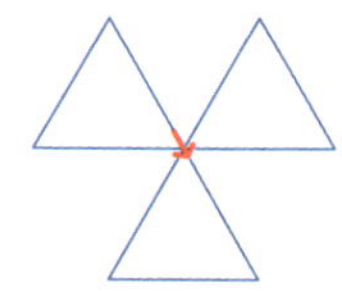

Je découvre

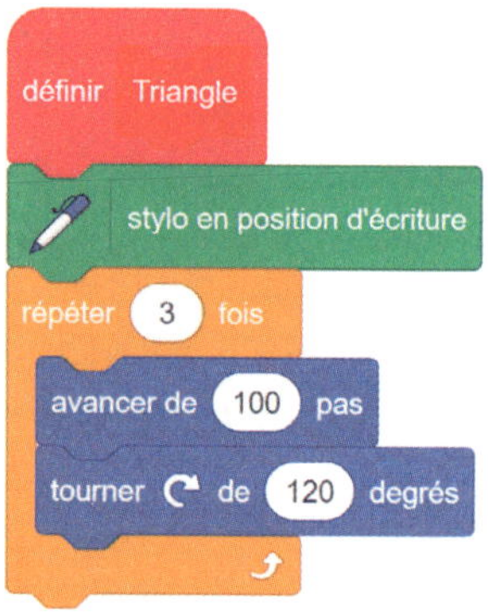

a. Les instructions pour dessiner le triangle sont groupées dans un nouveau bloc appelé Triangle. C'est ce bloc qui va être utilisé dans le programme.

Donnez la mesure du côté du triangle : .... pas.

Pourquoi le triangle est-il équilatéral ? ....

....

b. Ouvrez le logiciel Scratch et créez le bloc Triangle.

c. Le programme ci-contre est celui qui permet de réaliser le dessin souhaité.

Combien de fois la boucle se répète-t-elle ? ....

Pourquoi ? ....

d. Expliquez pourquoi il faut tourner de 120° pour passer d'un triangle à l'autre.

....

....

e. Réalisez le programme et exécutez-le.

Mémo

- La création de blocs personnalisés est utile pour des programmes longs. Ils permettent d'éviter les répétitions lorsqu'on doit utiliser plusieurs fois les mêmes instructions.
- Pour créer un nouveau bloc dans Scratch, on clique sur Variables dans l'onglet Code, puis sur Créer un bloc.

J'applique

Construisez un programme qui permet de réaliser le dessin ci-contre.
Les triangles sont équilatéraux de côté 80 pas.
Aide : terminez le programme principal par le bloc `s'orienter en direction de 60` .

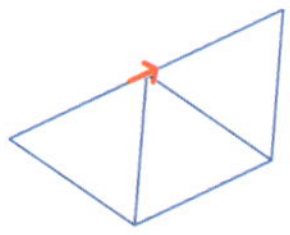

Consolidation

1 Effectuer des calculs

Mémo 1

- Dans une suite de calculs, il faut respecter les priorités des opérations :
  – les calculs entre parenthèses sont à effectuer en premier ;
  – les multiplications et divisions sont prioritaires sur les additions et les soustractions. Les multiplications et divisions sont donc à effectuer avant les additions et soustractions.
- L'énoncé peut contenir des indications sur les calculs à effectuer (termes spécifiques, verbes d'action…).

Exemples

- La consigne « Calculer le total des revenus. » indique qu'il faut faire la somme des revenus.
- Pour effectuer le calcul suivant : 15 + 3 × (6 + 12 ÷ 4), il faut commencer par les calculs entre parenthèses tout en respectant les priorités d'opérations.
  5 + 3 × (6 + 12 ÷ 4) = 5 + 3 × (6 + 3) = 5 + 3 × 9 = 5 + 27 = 32

J'applique

1 Inscrivez à côté de chaque terme le symbole de l'opération correspondante : +, –, ×, ÷

somme	différence	double	4 de moins ....
quotient	moitié	ôter	rapport ....
retirer	fraction	ajouter	retrancher ....
produit	triple	tiers	total ....
quart	10 fois plus	5 de plus	3 fois moins ....

2 Effectuez sans calculatrice les calculs suivants :

- Quotient de 100 par 4 = ...
- Retrancher 155 à 500 : ....
- 20 – 5 × 2 = ...
- 50 ÷ 2 – 4 × 5 = ...
- 7 + 2 × 3 = ...
- 3 + 9 + 6 ÷ 2 = ...
- 5 + (7 – 5 × 2) = ...
- 4 × (6 + 3 × 2) = ...
- 60 ÷ (7 + 4 × 2) = ...
- (56 – 42) ÷ 7 ÷ 2 = ...
- 9 + (8 × 2 – 4 × 5) – 6 × (2 × 4 + 2) = ...
- 8 × (20 – 6 × 2) ÷ (2 + 2 × 3) = ...

Mémo 2

- Pour multiplier sans calculatrice un nombre décimal :
  – par 10 ou 100, il faut déplacer la virgule respectivement de 1 ou 2 rangs vers la droite ;
  – par 0,1 ou 0,01, il faut déplacer la virgule respectivement de 1 ou 2 rangs vers la gauche.

Exemples

0,99 × 10 = 9,9 ; 6,75 × 100 = 675 ; 71,8 × 0,1 = 7,18 ; 1,2 × 0,01 = 0,012

J'applique

3 Complétez, sans utiliser la calculatrice, les calculs suivants :

- 1,3 × .... = 130 ;
- 0,55 × 10 = ... ;
- 100 × .... = 10 ;
- 699 × .... = 6,99 ;
- 26 × 0,01 = ... ;
- .... × 100 = 327,8 ;
- 0,25 × .... = 0,025 ;
- .... × 0,1 = 0,51.

2 Utiliser les nombres et les lettres

Mémo 1

- Les entiers naturels permettent de compter le nombre d'unités : 0, 1, 2, 3, 4, 29, 113…
- Les entiers relatifs sont des entiers précédés d'un signe – ou + (facultatif) : – 1, – 35, +14, 111…
- Les nombres décimaux possèdent un nombre fini de chiffres après la virgule.

10,453 : 10 est la partie entière, 0,453 est la partie décimale ; 4 est le chiffre des dixièmes, 5 celui des centièmes et 3 celui des millièmes.

Exemples

- 6,75 est un nombre décimal ; 6 est la partie entière et 0,75 la partie décimale.
- – 3 est un entier relatif ; – 3,1 et $\frac{+11}{4}$ sont des nombres décimaux relatifs.

J'applique

1 Cochez la ou les propositions correctes :

Choisir un nombre entier relatif non nul : ☐ –5 ☐ –3,2 ☐ 0 ☐ 1 ☐ $\frac{1}{2}$ ☐ +10.

La partie décimale de 4,75 est : ☐ 4 ☐ 75 ☐ 0,75.

Le chiffre des centièmes de 125,264 est : ☐ 1 ☐ 2 ☐ 4 ☐ 5 ☐ 6.

Mémo 2

- L'opposé d'un nombre a est $-a$.
- L'inverse d'un nombre a ($\neq 0$) est $\frac{1}{a}$. L'inverse du quotient $\frac{a}{b}$ est $\frac{b}{a}$ (avec $a \neq 0$ et $b \neq 0$).

Exemples

- L'opposé de 4 est –4. L'opposé de –2,7 est –(–2,7) = +2,7.
- L'inverse de 3 est $\frac{1}{3}$. L'inverse de $\frac{5}{6}$ est $\frac{6}{5}$.

J'applique

2 **a.** Donnez les opposés des nombres suivants : • 6 : …… • –4,7 : …… • $\sqrt{13}$: …… • $-\frac{7}{3}$: ……

b. Donnez les inverses des nombres suivants : • 9 : …… • –2 : …… • $\sqrt{5}$: …… • $\frac{2}{3}$: ……

Mémo 3

- En mathématiques, les lettres permettent de nommer un objet (droite, fonction…), représenter une grandeur (longueur…), symboliser une unité (m, g…), désigner une inconnue (x) ou une variable (temps t). L'énoncé permet d'identifier à quoi correspond la lettre.
- Conventions d'écriture : $1 \times a$ s'écrit a ; $2 \times a$ s'écrit $2a$; $a \times a$ s'écrit a^2.

Exemple

« L'aire $\mathscr{A}$ du triangle ABC est 24 m² ». Dans cette phrase, $\mathscr{A}$ représente une grandeur ; A, B et C désignent des points et m² indique l'unité dans laquelle l'aire est exprimée.

J'applique

3 Placez chaque lettre en gras de la phrase ci-dessous, dans la catégorie qui lui correspond.

« Le volume ***V*** d'une pyramide $\mathscr{P}$ de sommet **S** est donné par la formule $V = \frac{B \times h}{3}$, ***V*** en **m³**, ***B*** l'aire de la base en **m²** et ***h***, la hauteur en **m** ».

Nom d'un objet : …… Nom d'une grandeur : …… Nom d'une unité : ……

4 En utilisant les conventions d'écriture, simplifiez les expressions suivantes :

- $4 + 3 \times x =$ ……
- $1 \times a + 3 \times a =$ ……
- $0 \times y - 2 \times x =$ ……
- $a \times b \times c =$ ……
- $x \times x + 2 \times a \times x + a \times a =$ ……
- $\pi \times R \times R \times h =$ ……

3 Repérer un point sur un axe, dans un plan

Mémo 1

- Un axe est une droite orientée comportant une origine (point O) et une unité de longueur (distance OI).
- Un point situé sur cet axe est repéré par son abscisse.

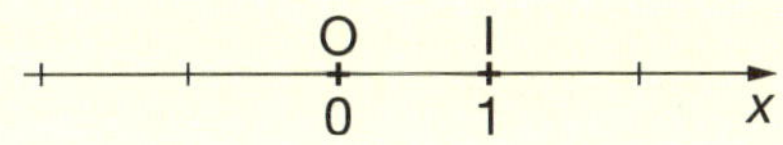

Exemple

L'abscisse du point A est 2,5, cela se note A(2,5).
L'abscisse du point B est –3.

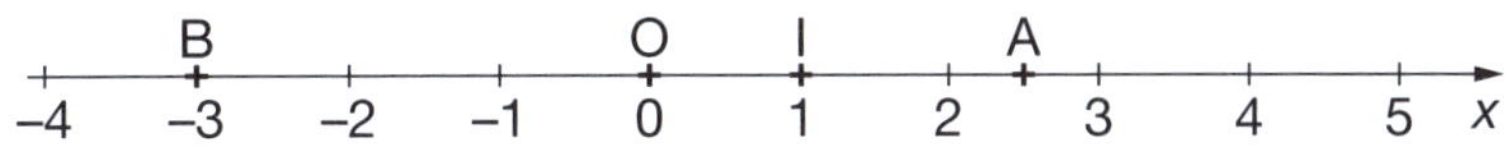

J'applique

1 Donnez l'abscisse des points A, B, C, D, E et F.

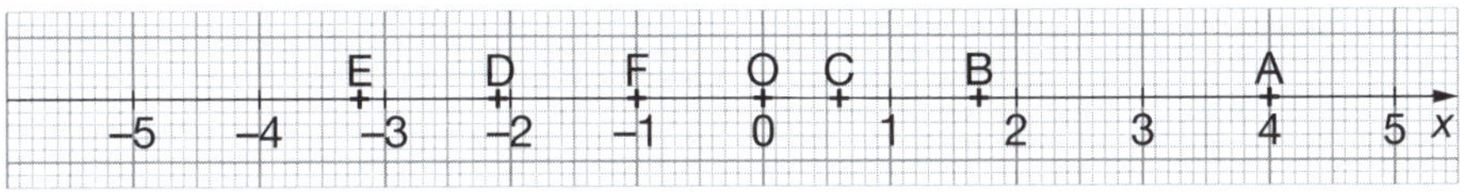

A (..........), B(..........), C(..........), D(..........), E(..........) et F(..........).

2 Donnez l'abscisse des points G, H, J, K et L.

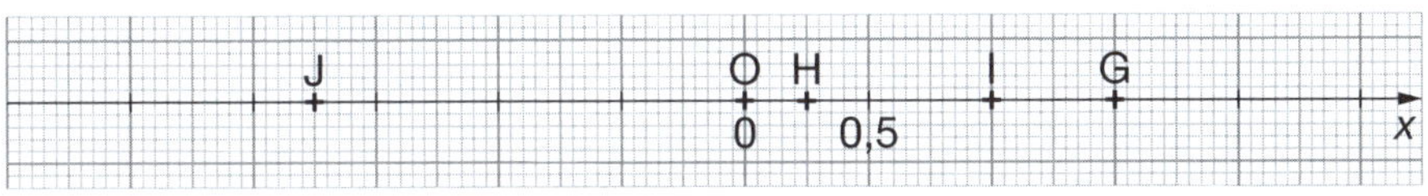

....

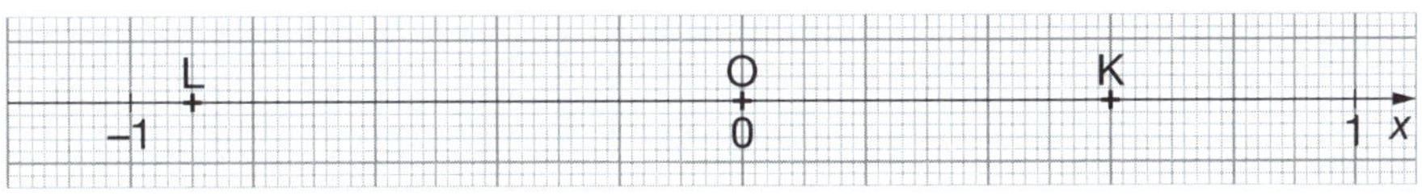

....

Mémo 2

- Pour repérer un point dans un plan, on utilise un repère constitué de deux axes perpendiculaires. L'axe horizontal est l'axe des abscisses ; l'axe vertical est l'axe des ordonnées.
- La position d'un point est donnée par ses coordonnées, c'est-à-dire le couple (abscisse ; ordonnée) donné dans cet ordre.

Exemple

- Le point M a pour coordonnées (3 ; –1).
  Son abscisse est 3, son ordonnée est –1.
- Le point N a pour abscisse –2 et pour ordonnée 1,5 ; ses coordonnées sont (–2 ; 1,5).

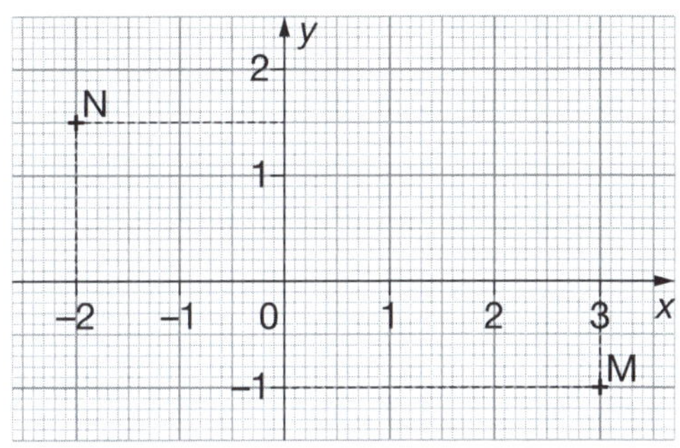

J'applique

3 **a.** Cochez la proposition correcte :

L'abscisse du point P est ☐ 2 ☐ 2,5.

L'ordonnée du point P est ☐ 2 ☐ 2,5.

Les coordonnées du point P sont ☐ (2,5 ; 2) ☐ (2 ; 2,5).

Les coordonnées du point R sont

☐ (2 ; 3) ☐ (–3 ; –2) ☐ (–2 ; –3).

Le point de la droite (*d*) qui a pour abscisse –1 est le point

☐ S ☐ T ☐ U.

b. Donnez les coordonnées des points S, T et U.

....

....

....

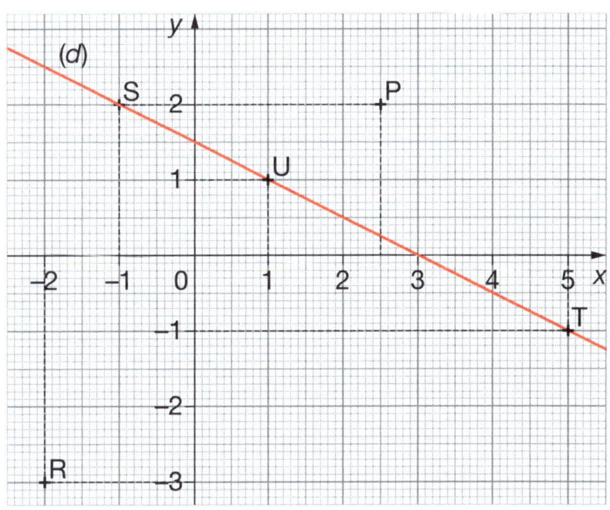

4 Maîtriser les bases de la géométrie

Mémo 1

- Une droite est un ensemble de points alignés ; elle est illimitée. Elle se note avec une ou deux lettres entre parenthèses, par exemple (*d*) ou (AB).
- Une demi-droite est une portion de droite limitée d'un côté et illimitée de l'autre. La demi-droite d'origine A passant par le point B se note [AB).
- Un segment de droite est une partie de droite limitée par deux points de cette droite. Le segment d'extrémités A et B se note [AB], sa longueur est AB.

Exemple

Sur le schéma, les objets géométriques suivants ont été tracés : la droite (BE) notée (*d*), la demi-droite [AC) et le segment [AB].

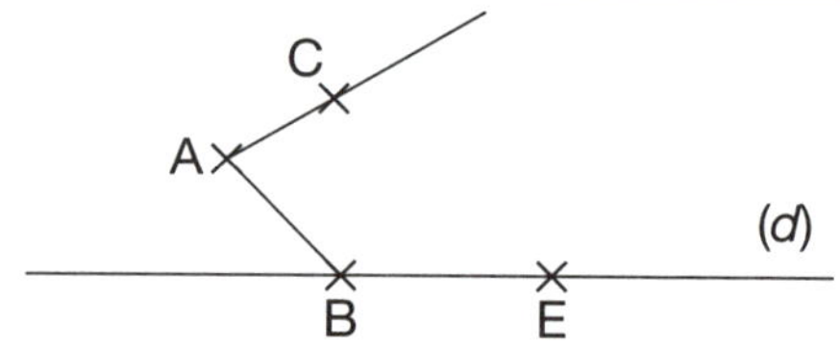

J'applique

1 À partir des points ci-contre, tracez le segment [FH], la demi-droite [GF) et la droite (GH).

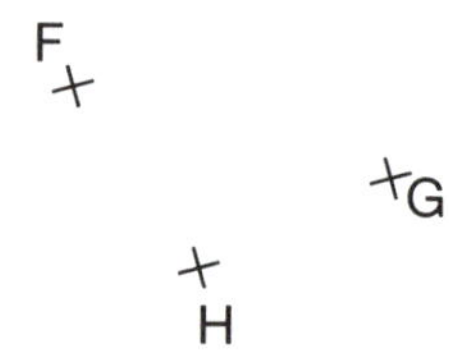

Mémo 2

- Deux droites sont sécantes si elles ont un point d'intersection.
- Deux droites sont perpendiculaires si elles se coupent en formant un angle droit.
- Deux droites qui n'ont pas de point d'intersection sont parallèles.

Exemple

Sur le dessin, les droites (d_1) et (d_2) sont sécantes.
Les droites (d_1) et (d_3) sont perpendiculaires. Les droites (d_3) et (d_4) sont parallèles.

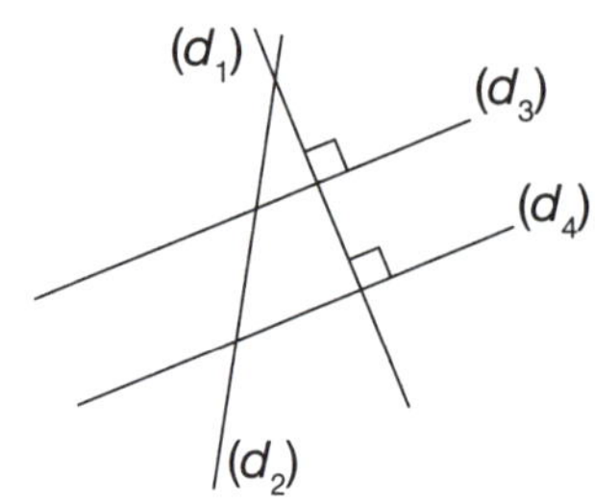

J'applique

2 À partir du dessin du quadrilatère ABCD ci-contre, citez des droites :

– sécantes : ....

– parallèles : ....

– perpendiculaires : ....

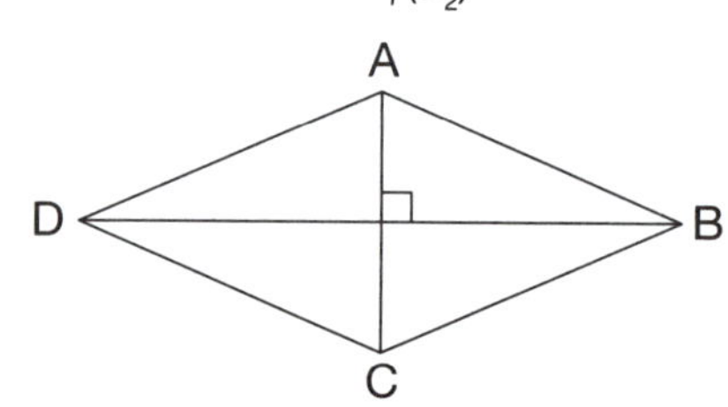

Mémo 3

- La somme des angles d'un triangle est égale à 180°.
- Une hauteur d'un triangle est une droite passant par l'un des sommets et perpendiculaire au côté opposé.
- La médiatrice d'un segment est la droite perpendiculaire au segment et passant par son milieu.

Exemple

Dans le triangle ABC, la hauteur issue du sommet A est la droite (AH).
La droite (*d*) est la médiatrice du segment [BC].
$\widehat{A} + \widehat{B} + \widehat{C} = 97° + 30° + 53° = 180°$

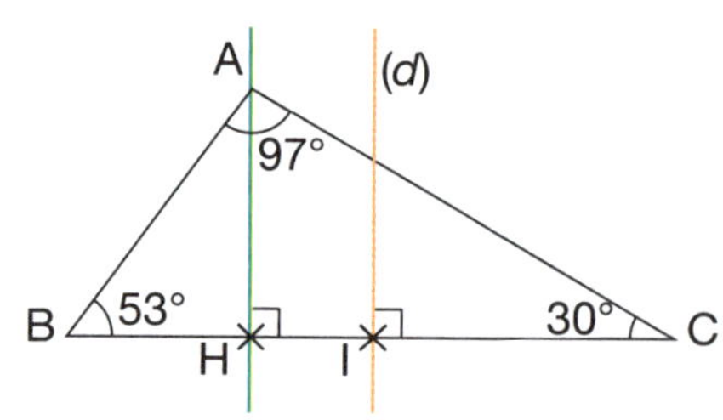

J'applique

3 À partir du dessin du triangle ci-contre, cochez les réponses exactes :

– la médiatrice du segment [AB] est : □ (d_1) □ (d_2) □ (d_3) □ (d_4) □ (d_5) □ (d_6) ;

– la hauteur issue de B est : □ (d_1) □ (d_2) □ (d_3) □ (d_4) □ (d_5) □ (d_6) ;

– les 3 hauteurs se coupent en un même point : □ vrai □ faux ;

– les 3 médiatrices se coupent en un même point : □ vrai □ faux.

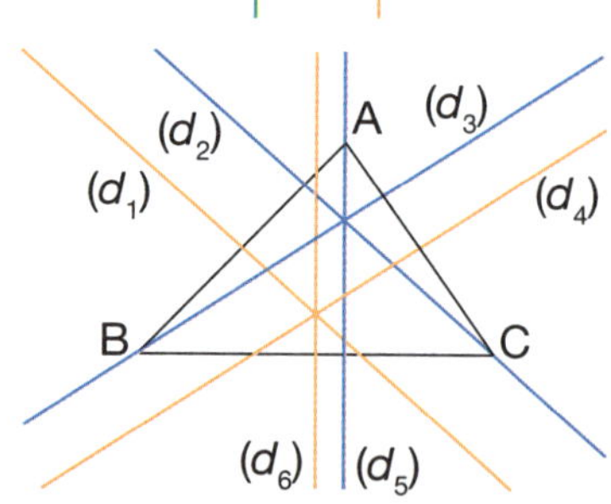

5 Convertir des unités de masse, de longueur, d'aire et de volume

Mémo 1

- Les grandeurs physiques peuvent s'exprimer à l'aide de différentes unités. En fonction de la situation, on choisit l'unité la plus adaptée.
- Convertir dans une autre unité revient à exprimer la grandeur étudiée dans une unité différente de celle qui est donnée, mais cela ne change en rien la quantité donnée.

Exemple

Une brique de lait mesure 17 cm de hauteur ou 0,17 m ou 170 mm.

Une brique de lait contient 1 L de lait ou 100 cL ou 1 000 mL.

Une brique de lait pèse 1,030 kg ou 1 030 g. Quelles que soient les unités choisies pour exprimer la hauteur, la contenance ou la masse, la brique reste la même.

Mémo 2

- Pour passer d'une unité à une autre, c'est-à-dire convertir, il est possible d'utiliser un tableau de conversion. Pour cela, on repère le chiffre des unités du nombre dans l'unité qui est donnée, on place ce chiffre dans la colonne de l'unité considérée, on place ensuite les autres chiffres du nombre (en respectant le nombre de chiffres par unité de mesure). Le résultat est le nombre dont le chiffre des unités est dans la colonne de l'unité souhaitée.

Exemples

Unités de masse :

kg	hg	dag	g	dg	cg	mg
0	0	0	2	5	6	0

2,56 g = 2 560 mg = 0,002 56 kg

Unités de longueur :

km	hm	dam	m	dm	cm	mm
0	0	0	1	5	7	0

15,7 dm = 1,57 m = 0,001 57 km = 1 570 mm

Unités d'aire :

km²		hm²		dam²		m²		dm²		cm²		mm²	
	0	0	0	1	2	6	0	0	0	0	0		

12,6 dam² = 1 260 m² = 12 600 000 cm² = 0,001 26 km²

Unités de volume et contenance : 1 dm³ = 1 L

km³			hm³			dam³			m³			dm³			cm³			mm³		
														L	dL	cL	mL			
											0	3	2	5	0	0	0			

325 dm³ = 0,325 m³ = 325 000 cm³

325 L = 32 500 cL = 325 000 mL = 325 dm³

J'applique

Convertissez :

- 10 g = ... mg
- 0,58 kg = ... g = ... mg
- 21 hg = ... kg = ... g

Convertissez :

- 56 dm = ... m = ... cm
- 0,15 km = ... m = ... cm
- 28 mm = ... cm = ... m

Convertissez :

- 259 cm² = ... mm²
- 1,3 m² = ... cm²
- 5,55 km² = ... m²

Convertissez :

- 24 m³ = ... dm³
- 51,4 dam³ = ... m³
- 12 dm³ = ... mm³
- 268 mL = ... L
- 0,06 L = ... cL = ... mL

6 Convertir des unités de temps

Mémo 1

- Pour exprimer une durée, il existe diverses unités : seconde (s), minute (min), heure (h), jour (j), année…
- 1 heure = 60 minutes ; 1 minute = 60 secondes ; 1 jour = 24 heures.

Exemples

Un trajet en train a duré 2 h ou 120 minutes ou 7 200 secondes.

La Terre décrit une orbite elliptique autour du Soleil en 365 jours et 6 heures soit 8 766 heures.

J'applique

1 Complétez les égalités suivantes :

1 année = ... jours ; 1 année = ... heures ; 1 h = ... s ;

.... jours = 84 heures ; .... h = 25 200 s ; 55 min = ... s.

Mémo 2

- Pour passer de l'écriture sexagésimale d'une durée à son écriture décimale et vice versa :

heures et minutes → écriture décimale en h	écriture décimale en h → heures et minutes
– prendre la partie entière pour le nombre d'heures ; – diviser le nombre de minutes par 60 pour obtenir la parte décimale.	– prendre la partie entière pour le nombre d'heures ; – multiplier la partie décimale par 60 pour obtenir le nombre de minutes.

Exemples

3h 18 minutes = $3 + \frac{18}{60} = 3 + 0{,}3 = 3{,}3$ h ; 5,85 h = 5 h + 0,85 × 60 minutes = 5 h 51 min.

J'applique

2 Convertissez les durées suivantes :

- 4 h 42 min = ... + ... = ... + ... = ... h
- 39 min = ...
- 1 h 20 min = ...
- 7,5 h = ... h + ... × ...... min = ... h ...... min
- 5,25 h = ...
- 0,6 h = ...

Autoévaluation Corrigés

Chapitre 1 : a. 5 et 9 ; b. 2 et 9 ; c. 2 ; d. Faux ; e. Faux ; f. 3 × 3 × 5 × 47
Chapitre 2 : a. $1{,}789 \times 10^3$; b. – 8 ; c. 10^{-1} ; d. 4,58
Chapitre 3 : a. $3x - 21$; b. $10x^2 + 3x - 1$; c. $(x + 2)(x - 2)$; d. $(x + 12)(4x + 1)$; e. 400
Chapitre 4 : a. Vrai ; b. – 1 ; c. Vrai ; d. supérieurs ou égaux à 3
Chapitre 5 : a. 13 ; b. 3 ; c. 18 ; d. 18 ; e. Faux
Chapitre 6 : a. Oui ; b. Non ; c. ★ ; d. 3 ; e. obtenir 3 ou ○
Chapitre 7 : a. 16 ; b. 2 ; c. $k(5) = 11$; d. 4 est l'antécédent de –10; e. linéaire ; f. affine ; g. de coefficient directeur égal à –1 ; h. de coefficient directeur égal à –3 et d'ordonnée à l'origine égale à 5
Chapitre 8 : a. 75 m³ ; b. 4 500π ; c. 60 m³ ; d. 34,4 g/L
Chapitre 9 : rotation, homothétie, symétrie centrale, symétrie axiale
Chapitre 10 : a. Elles sont parallèles ; b. Oui ; c. KA ≈ 59,0 cm ; d. HP ≈ 2,8 cm
Chapitre 11 : a. $\tan \hat{B}$; b. $BE = \frac{5{,}7}{\tan 78°} \approx 1{,}21$ cm ; c. BG ≈ 5,83 cm
Chapitre 12 : a. son altitude ; b. la longitude de A ; c. un disque ; d. longitude

MB / EG

Achevé d'imprimer par Grafica Veneta à Trebaseleghe - Italie - Dépôt légal n° 16466-0/03 - Juillet 2024